Stefan Woltersdorff
Straßburg für Leser

Morstadt-Führer
für Urlaub und Freizeit
Band 14

Stefan Woltersdorff

Die andere Frankreich-Reise

Straßburg für Leser

Ein literarischer Führer durch die Stadt und ihr Umland

Morstadt

Verlagsort: Kehl
Karten: Bernd Matthes, Berlin
Layout und Satz: F. X. Stückle, Ettenheim
Druck und Bindung: Westermann Druck Zwickau GmbH
Umschlaggestaltung und Illustrationen: Martina Foßhag, Kassel
Fotos: Hermann Lersch, Willstätt

ISBN 3 - 88571 - 259 - 8

Für mein Straßburger Patenkind Tim

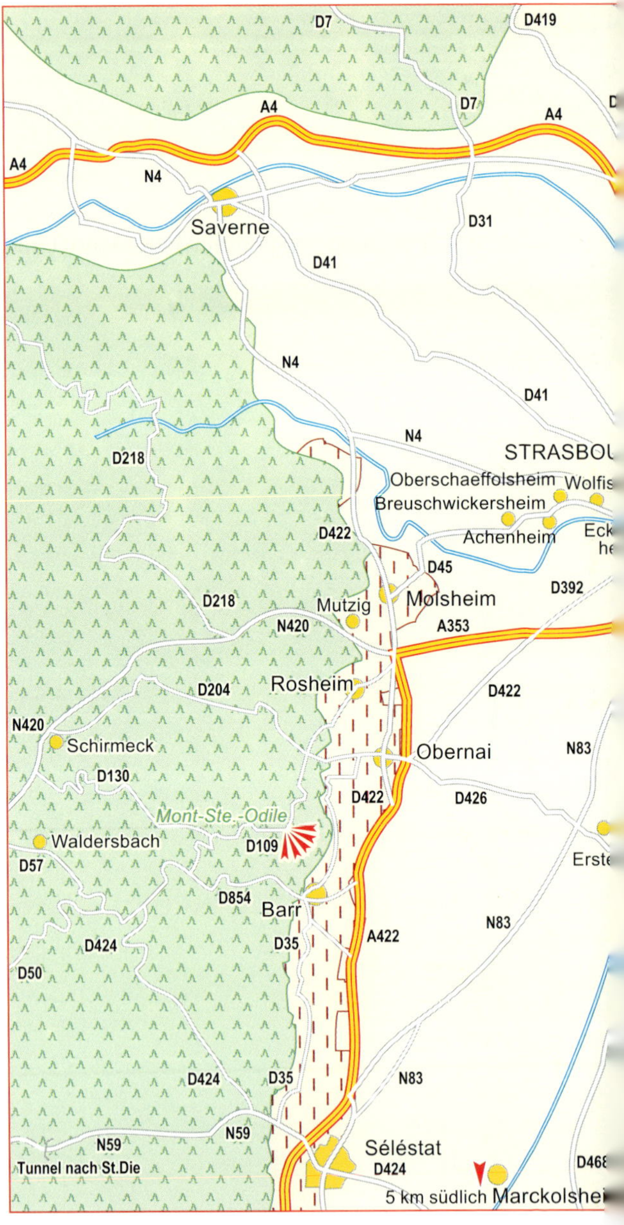

D7
D419
A4
D7
A4
A4
N4
Saverne
D31
D41
N4
D41
N4
STRASBOU
Oberschaeffolsheim
Wolfis
Breuschwickersheim
Achenheim
Eck
he
D218
D422
D45
Molsheim
D392
D218
Mutzig
N420
A353
D204
Rosheim
D422
N420
Schirmeck
Obernai
N83
D130
D422
D426
Mont-Ste.-Odile
Waldersbach
D109
Erste
D57
D854
Barr
N83
D35
A422
D424
D50
D424
D35
N83
N59
N59
Séléstat
D424
D468
Tunnel nach St.Die
5 km südlich Marckolshei

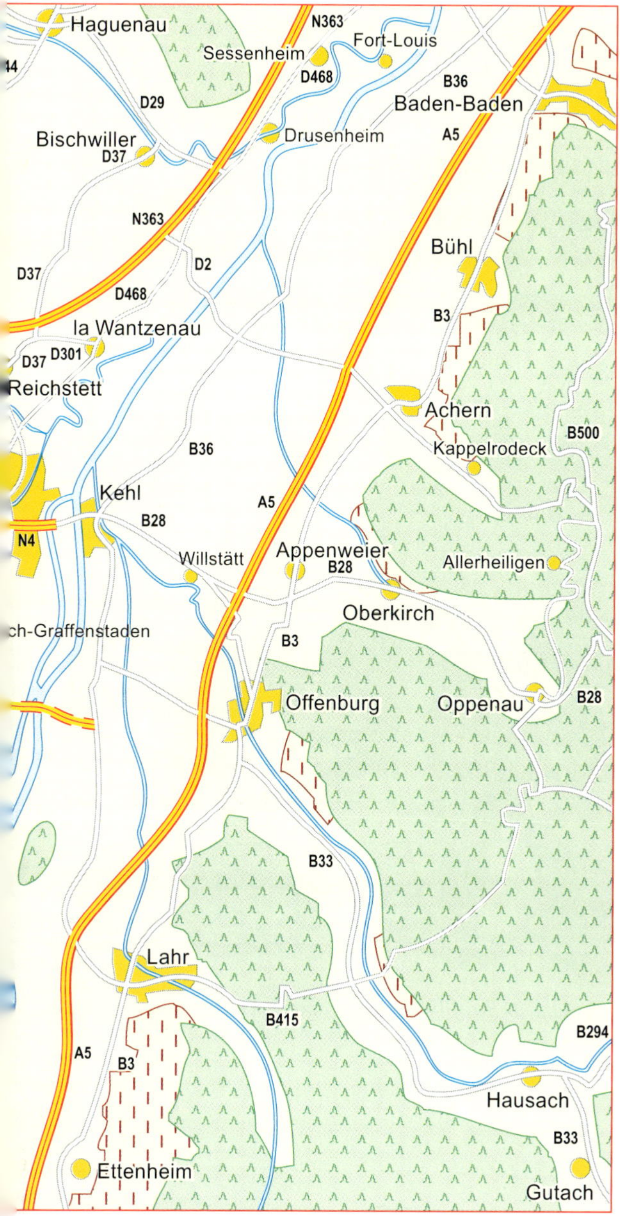
Haguenau
N363
Fort-Louis
Sessenheim
D468
B36
Baden-Baden
D29
Drusenheim
A5
Bischwiller
D37
N363
Bühl
D2
D37
D468
B3
la Wantzenau
D37
D301
Reichstett
Achern
B500
Kappelrodeck
B36
Kehl
A5
B28
N4
Appenweier
Allerheiligen
Willstätt
B28
Oberkirch
ch-Graffenstaden
B3
Offenburg
Oppenau
B28
B33
Lahr
B415
B294
A5
B3
Hausach
B33
Ettenheim
Gutach

Goethe als Student in Straßburg (nach einem Kupferstich aus der Zeit um 1780)

Inhaltsverzeichnis

Vorwort 10

Zeittafel 13

Vor, in und auf dem Münster 17

Literatur und Revolution – die südliche Altstadt . . 55

Bürger und Bürgerschrecks – die nördliche Altstadt 86

Militärs und Pazifisten – die Krutenau 120

Blick zurück und Aufbruch – das „Quartier Allemand“ 150

Büchermacher und Bücherverbrenner – die Nachbarstadt Kehl 182

Literarische Exkursionen ins Umland 214

Literaturverzeichnis 243

Personenregister 247

Vorwort

Straßburg oder Strasbourg ist eine der am häufigsten besuchten Städte Europas, und das nicht erst seit Beginn des Massentourismus. Schon im 18. Jahrhundert war es fester Bestandteil adliger „Cavalierstouren“. Im 19. Jahrhundert entdeckten die europäischen Romantiker die Stadt auf ihren „Rheinreisen“. Im Vormärz und dann erneut in der Nazizeit war Straßburg Zufluchtsort für unfreiwillig Reisende aus Deutschland und Österreich.

Auch viele Schriftsteller haben sich in Straßburg aufgehalten. Manche haben hier ihr Leben verbracht, andere haben nur kurz vorbeigeschaut, und etliche sind auch nur im Geiste dort gewesen. Eine Fülle literarischer Texte zeugt von den Bindungen, die Schriftsteller aus den verschiedensten Ländern und Jahrhunderten zu Straßburg hatten und haben. Sie haben die Stadt gleichsam in ein unsichtbares Netz aus Texten „eingesponnen“, die in ganz unterschiedlichen Sprachen verfasst worden sind.

Da sind zunächst einmal die Humanisten wie Sebastian Brant, Beatus Rhenanus und Erasmus von Rotterdam, aber auch die barocken „Poetae“ des Straßburger Gymnasiums, die vorwiegend auf Latein schrieben. Mit der Reformation Luthers begann sich das Hochdeutsche als Kultur- und Literatursprache durchzusetzen, das lange dominieren sollte. Daneben kamen aber auch schon früh Hugenottenflüchtlinge nach Straßburg, die die französische Literaturtradition der Stadt begründeten. Ihnen folgten im 18. Jahrhundert die französischen Aufklärer Voltaire, Rousseau und Beaumarchais, im 19. Jahrhundert die französischen Romantiker Nerval, Dumas und Hugo.

Für deutsche und österreichische Schriftsteller war das französische Straßburg vor allem ein wichtiger Zufluchtsort vor politischer Repression im eigenen Land. Während der Französischen Revolution zog es viele „deutsche Jakobiner“ in die Stadt am Rhein, z. B. Cotta, Kerner und Eulogius Schneider. In der „Metternich-Ära“ flüchteten viele deutsche Demokraten nach Straßburg, wie Börne, Herwegh und Büchner. Und auch während der Nazizeit wurde Straßburg ein wichtiges Zentrum der deutschen Emigranten, so für Brandler, Jacob und Hans Mayer.

Dieser literarische Stadtführer will und soll allerdings keine vollständige Literaturgeschichte Straßburgs bieten. Genauso wenig kann er einen „herkömmlichen" Reiseführer ersetzen, der dem Straßburg-Neuling zu einer ersten Orientierung verhilft. Stattdessen möchte dieses Buch zu einer literarischen Spurensuche vor Ort einladen, die den Stadt-Raum als „Text-Raum" erlebbar machen soll. Literaturgeschichtliche Vorkenntnisse sind hierfür nicht nötig. Die Autoren und einige ihrer Texte, die einen Bezug zu Straßburg aufweisen, werden in bunter Reihenfolge vorgestellt. Allein der Straßburger Stadtplan gibt die Gliederung vor.

Die Angaben zu den Autoren und Texten sind das Ergebnis intensiver Lektürearbeit, aber auch von Recherchen in den Archiven der Stadt Straßburg und des Départements Bas-Rhin. Damit versteht sich dieses Buch als eine Form von „Erinnerungsarbeit", die verhindern soll, dass die Geschichte und die Geschichten hinter den alten Fassaden Straßburgs in Vergessenheit geraten.

Die Zitate sind Büchern und Periodika entnommen, die im Literaturverzeichnis am Ende dieses Buches aufgeführt sind. Ich habe mich daher im laufenden Text auf die Angabe des Autorennamens und – soweit erfoderlich – des Kurztitels beschränkt.

Vorgeschlagen werden sechs „literarische Spaziergänge" durch unterschiedliche Viertel Straßburgs und seine deutsche Nachbarstadt Kehl. Je nach Gehgeschwindigkeit nehmen sie etwa zwei Stunden Zeit in Anspruch, aber natürlich kann man sich beim Bummeln durch die Gässchen auch deutlich mehr Zeit lassen. Die vorgeschlagenen Routen sind während mehrerer Jahre auf Stadtrundgängen erprobt und immer weiter verbessert worden. Sie enden jeweils – auch dies ein Ergebnis praktischer Erfahrung – in der Nähe netter Cafés oder Restaurants. Als Ergänzung werden in einem siebten Kapitel Ausflüge zu Zielen auf der deutschen oder französischen Rheinseite vorgeschlagen, die entweder bequem mit dem Fahrrad oder in höchstens 45 Minuten mit dem Auto (vom Stadtzentrum aus gerechnet) zu erreichen sind.

So wie die Stadt Straßburg selbst hat auch dieses Straßburg-Buch in inhaltlicher wie auch formaler Hinsicht Anregungen sowohl von deutscher wie von französischer Seite erhalten. Im 19. Jahrhundert entwickelten sich in beiden Ländern zwei sehr unterschiedliche Arten von „Reisebüchern“: Die deutsche Linie wird am besten durch den enzyklopädisch ausgerichteten „Baedeker“ verkörpert, die französische durch die literarischen „Reiseberichte“. Ich versuche hier einen „Mittelweg“ zwischen beiden zu gehen: nicht ganz so systematisch wie seine deutschen Vorbilder und nicht ganz so essayistisch wie seine französischen. Ich denke, dass diese Mischung dem Sujet „Literatur“, aber auch der Grenzstadt Straßburg angemessen ist.

Stefan Woltersdorff

Zeittafel

1176	Grundsteinlegung des Straßburger Münsters
1434–44	Aufenthalt Gutenbergs in der Stadt; Straßburg wird Zentrum des Buchdrucks
16. Jahrhundert	Humanisten in Straßburg (Brant, Fischart, Erasmus u. a.); Einführung der Reformation durch Bucer und Calvin
17. Jahrhundert	Blüte des Straßburger „Akademietheaters"; Barock-Autoren in Straßburg (Moscherosch, Scheffler, C. Gryphius)
1681	Anschluss Straßburgs an Frankreich; Elegante Plätze und Paläste entstehen
1750/60er	Aufklärer in Straßburg (Rousseau, Voltaire, Casanova, Thümmel)
1770er	„Stürmer und Dränger" in Straßburg (Goethe, Herder, Lenz, Wagner u. a.); Besuch von Marie Antoinette
1780er	Cagliostro in Straßburg; Druckerei von Beaumarchais in Kehl
1790er	Französische Revolution; „Deutsche Jakobiner" in Straßburg (Cotta, Forster, Kerner, Schneider u. a.)
1801/02	Gründung des Kunstmuseums auf Weisung Napoleons; Aufenthalt Hölderlins in Straßburg
1830/31	Deutsche Demokraten fliehen nach Straßburg (Börne, Büchner, Harring, Heine u. a.)
1830/40er	Mode romantischer „Rheinreisen" (Balzac, Dumas, Hugo, Mérimée, Nerval, Brentano, Grimm, Uhland u. a.)

1870/71	Belagerung der Stadt und Zerstörung der großen Bibliothek; Fontane als Kriegsberichterstatter in Straßburg
1871–1918	Straßburg ist Hauptstadt des deutschen „Reichslandes Elsass-Lothringen“; Bau der wilhelminischen „Neustadt“
1900–10	Blüte des „Elsässischen Theaters“; Curtius, Edschmid, Goll, Schweitzer u. a. studieren in Straßburg
1902	Gründung der Künstlervereinigung „Jüngstes Elsass“ (Arp, Flake, Grumbach, Schickele, Stadler, Wendel)
1911	„Elsass-Lothringen“ erringt Teilautonomie Verbot des „Cercle des étudiants“
1913	Zaberner Affäre und Skandalprozess in Straßburg; (Reaktionen u. a. von Lenin, Mühsam, Ossietzky, Schickele)
1914–18	Erster Weltkrieg; Döblin als Militärarzt in Straßburg; Räterepublik und Rückkehr Straßburgs zu Frankreich
1920er	Welle des „Autonomismus“ im Elsass; Französische Besetzung Kehls
1933–35	Deutsche Emigrantenkolonie (Brandler, Jacob, H. Mayer u. a.); Canetti in Straßburg
1940–44	Besetzung Straßburgs durch die Nazis; Vereinigung von Straßburg und Kehl zu „Groß-Straßburg“
1945	Erneute französische Besetzung Kehls (1954 Rückgabe an die BRD; 1997 endgültiger Abzug der französischen Truppen)
1950er	Straßburg wird Sitz des Europarates; Mario Praz und Wolfgang Koeppen in Straßburg

1970er	Regionalismus-Welle; literarische Renaissance (Finck, Matzen, Ungerer, Weckmann)
1990er	Einführung der zweisprachigen Straßenbeschilderung; Eröffnung des „Musée de l'Art Moderne et Contemporain“
2000	Wiedereröffnung des „Musée Historique“; Kleistpreis für die seit 1984 in Straßburg lebende Autorin Barbara Honigmann

Das Gutenberg-Denkmal auf dem Gutenbergplatz

Vor, in und auf dem Münster

Der erste Spaziergang führt uns zur Straßburger „Cathédrale“, wie sie die Franzosen nennen, bzw. zum „Münster“, wie es in Deutschland heißt. Sie ist das weithin sichtbare Wahrzeichen der Stadt und immer noch Höhepunkt einer jeden Straßburgreise. Der elsässische Schriftsteller René Schickele verglich sie einmal mit einem „Magneten, der alles im Umkreis anzieht“. Im Unterschied zu den folgenden Spaziergängen kann man diesen – zumindest seinen ersten Teil – auch im Sitzen machen, am besten auf einer Bank oder Caféterrasse auf dem Münsterplatz. Dafür wird es später doppelt so anstrengend, wenn wir die 328 Stufen zur Plattform hinaufsteigen.

Geschichte und Geschichten

Wenn Sie es sich bequem gemacht haben, beginnt unser Streifzug, zuerst noch nicht durch den Raum, sondern die Zeit, zurück zu den Anfängen der Kathedrale. Nachdem ihr romanischer „Vorgänger“ durch ein Feuer zerstört worden war, legte man im Jahr 1176 den Grundstein zu dem gotischen Neubau. Da sie ursprünglich als Bischofskirche geplant war, dürfte auch der damalige Bischof Konrad an der Zeremonie beteiligt gewesen sein. In seinem Gedicht „Der Münster zu Straßburg“ hat sich der Romantiker Achim v. Arnim (1781 – 1831) die Szene so ausgemalt:

Bischof Konrad wohl beraten
Kommt mit heil'gem Öl und Weine,
Mit dem Stabe, mit dem Spaten,
Legt geschickt die Gründungssteine;
Ringsum stehn die Arbeitsleute, –
Alle Geistlichen des Landes,
Alle Zünfte graben heute,
Selbst die Herren edlen Standes.
(zitiert nach Fontane, S. 1001)

Ob der Bischof und die „Herren edlen Standes“ damals tatsächlich so tatkräftig mit angepackt haben, ist natürlich mehr als fraglich. Doch um historische Wahrheit geht es Arnim wohl ohnehin nicht. Nicht das Mittelalter, sondern „sein“ Europa der Restaurationszeit hat er im Blick. Ihm stellt er das idealisierte Bild einer demokratischeren Gesellschaft gegenüber, in der alle sozialen Gruppen an dem „gemeinsamen Haus“ mitbauen.

In Wirklichkeit war das ausgehende Mittelalter eine Zeit großer sozialer Konflikte, die sich an der Fassade der Kathedrale auch ablesen lassen. Immer wenn es zu Veränderungen in der Stadtgesellschaft kam und eine neue „Clique“ an die Spitze der Macht gelangt war, wurde auch der Bauplan des Münsters verändert. In seinem historischen Roman „Ritter Gensfleisch zum Gutenberg“ aus dem Jahr 1954 lässt der DDR-Autor Claus Back einen Straßburger Bürger zu Wort kommen, der einem reisenden Scholar diese spannende Geschichte erzählt:

Ehemals sollte es zwei Türme haben. Doch als sie zur Hälfte gediehen waren, erkämpfte die Stadt sich die Freiheit vom Bischof. Von da an herrschten die städtischen Adelsgeschlechter im Rat. Sie wollten keine Türme mehr, sie begehrten nach höfisch französischer Art eine prunkvolle Schaufront. Der Zwischenraum zwischen den beiden Turmstümpfen wurde daher ausgefüllt, so daß eine breite, viereckige Fassade entstand. (Back, S. 23)

Als Architekt der berühmten Westfassade des Münsters, jenem Siegeszeichen des Straßburger Stadtadels, gilt Erwin von Steinbach. 1248 wurde mit ihrem Bau begonnen. Der junge Goethe (1744–1832), der sich als Student ein Jahr lang in Straßburg aufgehalten hat, war davon hingerissen. In der Sturm- und Drang-Schrift „Von deutscher Art und Kunst“ aus dem Jahr 1774 hat er „Meister Erwin“ ein literarisches Denkmal gesetzt:

Und nun soll ich nicht ergrimmen, heiliger Erwin, wenn der deutsche Kunstgelehrte, auf Hörensagen neidischer Nachbarn, seinen Vorzug verkennt, dein Werk mit dem unver-

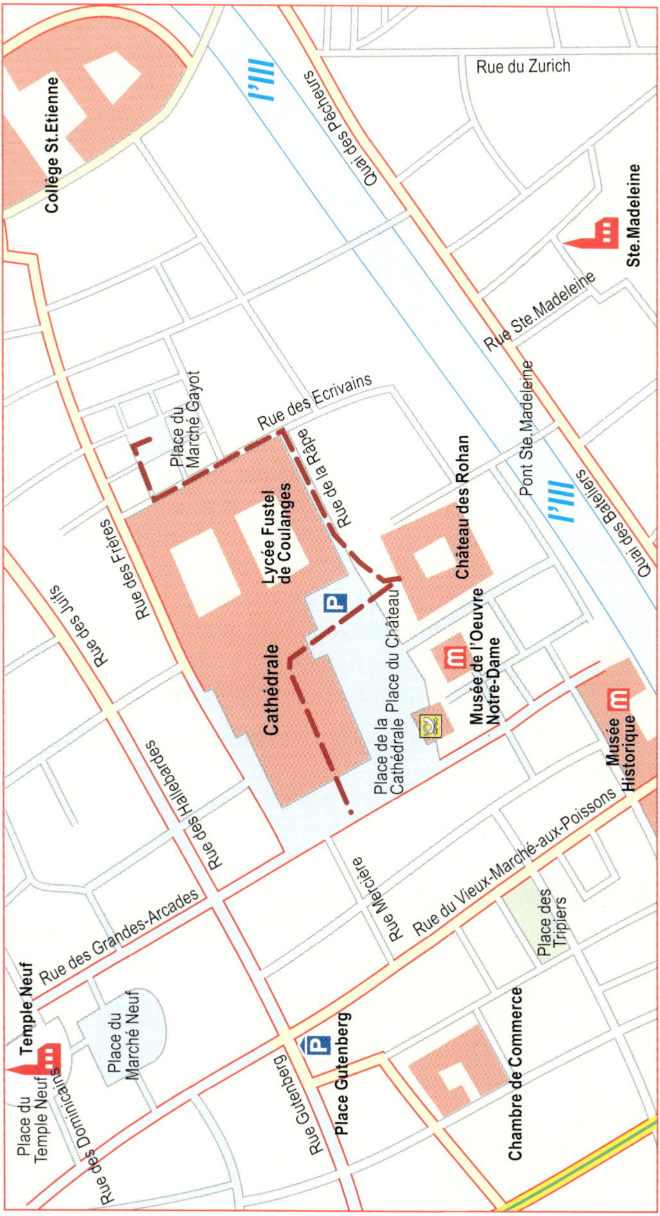

Collège St.Etienne
l'Ill
Quai des Pêcheurs
Rue du Zurich
Ste.Madeleine
Rue Ste.Madeleine
Rue des Ecrivains
Place du Marché Gayot
Lycée Fustel de Coulanges
Rue de la Râpe
Pont Ste.Madeleine
l'Ill
Quai des Bateliers
Château des Rohan
Rue des Frères
Rue des Juifs
P
Cathédrale
Place du Château
Place de la Cathédrale
Musée de l'Oeuvre Notre-Dame
Musée Historique
Rue des Hallebardes
Rue du Vieux-Marché-aux-Poissons
Rue Mercière
Place des Tripiers
Rue des Grandes-Arcades
Temple Neuf
Place du Marché Neuf
Place du Temple Neuf
Rue des Dominicains
Rue Gutenberg
P
Place Gutenberg
Chambre de Commerce

standnen Worte gothisch verkleinert. Da er Gott danken sollte, laut verkündigen zu können, das ist deutsche Baukunst, unsre Baukunst, da der Italiäner sich keiner eignen rühmen darf, vielweniger der Franzos. (Goethe, Bd. 18, S. 115)

Der etwas chauvinistische Text hat Goethe später einige Bauchschmerzen bereitet, seine Wirkung hat dies allerdings nicht geschmälert, im Gegenteil. Goethes euphorischer Bericht markiert den Anfang der Wiederentdeckung mittelalterlicher Baukunst, aber eben auch den Anfang des deutschen Nationalismus. Und selbst wenn Goethe es nicht gewollt hat: Hier beginnt der „Kampf um Straßburg", der keine hundert Jahre später, im Jahr 1870, in einen grausamen Krieg zwischen Deutschen und Franzosen münden sollte.

Doch zurück zur Baugeschichte des Münsters: Der Turm wurde erst 1439 fertiggestellt, etwa zur selben Zeit, als Gutenberg in der Stadt den Buchdruck erfand. Und wieder stand dahinter eine kleine „Revolution". Den Zünften war es gelungen, die adligen Patrizier zu entmachten und selbst die Plätze im Rat zu besetzen. Nun wollten sie auch das Münster nach ihrem Geschmack vollenden. Das Richtfest hat Claus Back in bunten Farben geschildert:

Am Johannistag des Jahres 1439 vollendete Meister Hans Hültz den Straßburger Riesenturm. Noch ragten in höchster Höhe von dem kleinen Umgang Gerüste empor. Noch war der Mörtel nicht fest geworden, der die gewaltige, aus einem Stück gemeißelte Kreuzblume hielt. Ihre Spitze stand einhundertsechsundvierzig Meter über der Erde. Aber die Leitern und Latten waren mit Kränzen und Bändern behängt, und Fahnen wogten um den Helm und alle Geschosse des Turms.

Blumen und brennende Kerzen schmückten das Innere des Münsters. Die Orgel dröhnte. Ein feierliches Hochamt mit Chören und Instrumentalmusik wurde gehalten. Bischof Wilhelm von Diest zelebrierte die Messe und segnete das Werk des Künstlers, der den Namen des heiligen Täufers trug, und empfahl Gottes gnädigem Schutz den höchsten Turm der Welt. (Back, S. 125)

In den folgenden Jahrhunderten erlebte das Münster noch so manche Veränderung, die kaum je etwas mit Religion, dafür aber fast immer etwas mit Politik zu tun hatte. Zum Beispiel an der Fassade, über die in stolzer Pose die in Stein gehauenen fränkischen und deutschen Kaiser reiten. Nur bei einem steht auch der Name dabei, und zwar in französischer Sprache: Louis XIV., der französische „Sonnenkönig", dessen Statue hinzugefügt wurde, nachdem unter seiner Herrschaft Straßburg französisch geworden war.

Auch sein Nachfolger Louis XV. hat sich der Kathedrale bedient, um die Macht des Königshauses zu feiern. 1725 heiratete er hier Maria Lesczynska. Allerdings nahm er an der Zeremonie selbst gar nicht teil, sondern ließ sich vom Herzog von Orléans „vertreten". Als sein Sohn, der spätere Louis XVI., sich anschickte, ebenfalls zu heiraten, reiste die von ihm Erwählte über Straßburg an den Hof nach Versailles. Es war die gerade fünfzehnjährige Erzherzogin von Österreich, besser bekannt unter ihrem französischen Namen Marie Antoinette. Zu diesem Anlass wurde die Kathedrale von oben bis unten beleuchtet. Was heute jeden Abend mit künstlichem Licht bewerkstelligt wird, war für die Menschen damals ein beeindruckendes Schauspiel. Goethe und eine gewisse Madame d'Oberkirch haben in ihren Memoiren davon berichtet:

Abends zogen wir durch die Straßen um die verschiedenen illuminierten Gebäude, besonders aber den brennenden Gipfel des Münsters zu sehen, an dem wir sowohl in der Nähe als in der Ferne, unsere Augen nicht genugsam weiden konnten. (Goethe, Bd. 14, S. 397)

Am Abend wurde die ganze Stadt hell erleuchtet; vom Dach bis hinunter zu ihren Fundamenten war die Kathedrale eine einzige Flamme: Jeder Teil ihres Schmuckwerks funkelte hell, wie ein Sternbild. (Oberkirch, S. 43f.; Übers. S.W.)

Henriette-Louise d'Oberkirch geb. Walder de Freudenstein (1754–1803) war eine Straßburgerin, die ganz in der Welt des „Ancien Régime" zu Hause war. Mit der „Neuen Zeit", die mit der Revolution anbrach, konnte sie dagegen nichts anfangen. Kein Wort darüber in ihren auf Französisch geschriebenen Memoiren. Umgekehrt war sie auch den neuen Herrschenden suspekt. 1793 wurde sie zusammen mit ihrer Tochter Marie aus Frankreich ausgewiesen.

Während der Französischen Revolution, genauer gesagt im Jahr 1793, wurde das Straßburger Münster in einen „Tempel der Vernunft“ umgewandelt. Einem Gerücht zufolge soll damals ein Straßburger Mädchen öffentlich enthauptet worden sein, weil es sich geweigert hatte, auf dem neuen Altar die allegorische Gestalt der „Freiheit“ zu mimen. Anti-Revolutionspropaganda? Goethe nahm die Geschichte immerhin so ernst, dass er darüber eine Tragödie schreiben wollte: „Das Mädchen von Oberkirch“. Es ist das einzige Stück in dem nun wahrlich nicht gerade schmalen Werk Goethes, das in Straßburg selbst spielt. Über zwei Szenen hinaus ist das Vorhaben allerdings nicht gediehen.

Nicht nur im Innern, auch äußerlich erlitt das Münster damals deutliche Veränderungen. 230 der rund 300 Figuren, die das Münster schmückten, wurden damals von den Revolutionären zerschlagen. Der Bruch mit der alten Herrschaftsordnung sollte dadurch für alle sichtbar werden. Was während der Jakobinerdiktatur mit dem Turm geschah, dem „armen Münsterzipfel“, erzählt der elsässische Schriftsteller René Schickele (1882–1949) in seinem Essay-Band „Die Grenze“ von 1932:

Während der französischen Revolution stellten die Jakobiner den Antrag, den Münsterturm abzutragen, weil es ein Hohn auf die Gleichheit sei.

„Nein!“ rief ein guter und kluger Mann (in seiner Art freilich ein Sozialverräter), „gerade das soll er: alles überragen, damit man ihn von weitem sieht, sogar vom andern Ufer des Rheins. Setzt ihm eine phrygische Mütze auf, und alles ist in Ordnung!“

So geschah es. Der Münsterturm überlebte die Schreckensjahre unter dem Schutz einer Jakobinermütze. Sie war aus Blech, und die Leute jenseits des Rheins nannten sie den „Kaffeewärmer“. (Schickele, Bd. 3, S. 635)

1835, das Münster stand mittlerweile wieder „barhäuptig“ da und ein großer Teil der Figuren war ersetzt, ereignete

Ein schmiedeeisernes Schild gegenüber dem Münster erinnert an die Errettung des Turmes vor dem drohenden Abriss während der Französischen Revolution.

sich ein Unglück, das am Turm viel größere Schäden anrichtete: Der Blitz schlug ein. Der deutsche Schriftsteller Kasimir Edschmid (1890–1966), der einen Teil seiner Kindheit und Jugend in Straßburg verbracht hat, erzählt davon in seinem Roman „Georg Büchner – eine deutsche Revolution", erschienen in seinem Todesjahr 1966. Seine Ich-Erzählerin ist Wilhelmine Jaeglé, die Verlobte von Georg Büchner:

… in diesem Augenblick zuckte ein Blitz herab, als stehe das Fenster in Flammen, es folgte ein Donner, der kein Ende nahm. Und neben dem Getöse am Himmel hörte ich ein Geknalle, als ob die Dächer über unserem Kopf und in der Nachbarschaft davonflögen.

Wir liefen auf die Holzgalerie, welche den Hof und die Gebäude dahinter umschloß, und sahen, daß es ins Münster eingeschlagen hatte. Der Turm war getroffen, und die Steine waren mit Gewalt von ihm weg bis auf weit entfernte Häuser geschlagen worden. Wir hatten über eine Stunde zu tun, als es nun zu regnen anfing, die Löcher zu stopfen, aus denen das Wasser in die Zimmer strömte. (Edschmid, Büchner, S. 298)

Die Schäden, die der Blitz verursachte, nehmen sich allerdings harmlos aus im Vergleich zu den Folgen des sechswöchigen Bombardements der Stadt durch deutsche Truppen im Jahr 1870. Auch das damals im Museum der Stadt aufbewahrte Original des blechernen „Kaffewärmers“ aus der Französischen Revolution wurde dabei zerstört. In seinem Reisebericht „Aus den Tagen der Occupation“ von 1871 lässt Theodor Fontane (1819–1898) einen Zeugen einer dieser „Bombennächte“ zu Wort kommen:

Die Nacht vom 25. auf den 26. August war die verderblichste. Gegen Mitternacht schlugen die Flammen aus dem von Granaten durchlöcherten Dach und loderten, von dem schmelzenden Kupfer genährt, neben der Pyramide des Turmes auf. Unbeschreiblicher Anblick! Ebenso schön wie grausig. Dazwischen krachten die Geschütze und zerschmetterten Teile des steinernen Zierwerks, das die Façade und die Seiten des Münsters schmückt. Das ganze Dach stürzte zusammen; im Innern des Gebäudes war am folgenden Morgen der Boden mit Trümmern überdeckt und durch die Löcher in der Wölbung des Schiffes schaute der klare Himmel. Die schöne Silbermannsche Orgel war von einer Granate durchlöchert, die prächtigen, gemalten Fenster waren zum großen Teil zertrümmert… (Fontane, S. 1003)

In den folgenden Jahren wurde die Kathedrale zwar wieder aufgebaut, doch die neuen deutschen Herren wollten sich ebenso baulich verewigen, wie es zwei Jahrhunderte vor ihnen der französische König getan hatte. Es wurde beschlossen, die Kathedrale mit einer neoromanischen Kuppel zu bekrönen, im Stil der romanischen Kaiserdome von Worms, Mainz oder Speyer. So sollte die Kathedrale auch architektonisch etwas nach Deutschland „verschoben“ werden. Im Innern ist diese Kuppel bis heute ein kalter, unverputzter Rohbau geblieben, ohne poetischen Reiz. Literarische Spuren hat sie nicht hinterlassen.

Blick auf die Kathedrale

Nicht die Kuppel, der 142 Meter hohe Turm ist es natürlich, der Schriftsteller aus aller Welt immer wieder fasziniert hat, und nicht nur diese. Schon von weitem sticht er denen ins Auge, die sich Straßburg nähern. Die deutsch-jüdische Autorin Barbara Honigmann, die 1984 aus Ost-Berlin nach Straßburg übergesiedelt ist, hat in ihrem „Roman von einem Kinde“ aus dem Jahr 1986 dem Münsterturm eine literarische Liebeserklärung gemacht:

Da liegt die Altstadt von Strasbourg, und weil es schon dunkel ist, sehe ich sie als Silhouette, die alten Häuser an dem Quai und dahinter dieses Durcheinander von Häusern und Dächern und Giebeln und Balkons und Treppen, so viele Formen einer chaotischen Ordnung, aus der ragt der Münsterturm wie der Zeigefinger Gottes, wahrhaftig, gegen den aufgerissenen Himmel, denn der Himmel ist hier über dem Rheintal immer aufgerissen. Bis auf den heutigen Tag gibt es in dieser Stadt kein Gebäude, das den Münster überragt oder nur annähernd an ihn herankommt, kein Hochhaus und keinen Schornstein. So sieht man ihn überall, von welcher Seite auch immer man kommt, weithin als erstes Zeichen der Stadt. (Honigmann, Roman von einem Kinde, S. 112f.)

Barbara Honigmann steht in einer langen Tradition literarischer „Turmgucker“. Den Anfang macht der Barockdichter Hans Jakob von Grimmelshausen (1621 – 1676), der lange Zeit in dem kleinen badischen Städtchen Oberkirch gelebt hat, nicht weit von Straßburg entfernt (siehe Seite 240). In seinem berühmtesten Roman „Die Abenteuer des Simplicius Simplicissimus" (1668) erzählt er, wie sein Held vom Gipfel des „Mooskopf", einem Schwarzwaldberg, ins Rheintal hinabschaut, „in welcher Gegend die Stadt Straßburg mit ihrem hohen Münsterturm gleichsam wie das Herz mitten mit einem Leib beschlossen hervorpranget".

Als Simplicius durch das vom Dreißigjährigen Krieg verwüstete Europa zog, war der Münsterturm noch ein „junger Hupfer" von nicht einmal 100 Jahren. Zu Zeiten des Deutsch-Italieners Clemens von Brentano (1778–1842) dagegen hatte er bereits vier Jahrhunderte „auf dem Buckel". In der Urfassung seiner wenig bekannten Erzählung „Chronika des fahrenden Schülers" von 1818 lässt dieser romantische Schriftsteller seinen Helden nach Straßburg kommen und den Turm bestaunen. Doch was er dort entdeckt, ist nicht das „Herz der Rheinebene", sondern eine Mischung aus Traum und Alptraum:

Besonders aber hat mein Herz der hohe Münsterturm erschüttert, als ich aus einem schattigen Baumgang herfürtrat und er so allmächtig vor mir in die Wolken ragte; alles Menschenwerk hat etwas Erschreckendes, und das Gemüt muß lange darauf verweilen, bis es Trost findet. (...) wenn ich so den ungeheuren Turm ansehe mit den vielen Säulen, Türmlein und Schnörkeln, die immer auseinander steigen und durchsichtig sind wie das Gerippe eines Blattes, ach, so kommt es mir vor wie der Traum eines tiefsinnigen Werkmeisters, vor dem er wohl selbst erschrecken würde, wenn er erwachte und ihn nun ausführen sollte... (Brentano, Bd. 2, S. 520f.)

Einige Jahre später, nämlich 1838, machte auch Gérard de Nerval (1808–1855), der germanophile französische Romantiker und Goethe-Übersetzer, auf seiner Rheinreise Station in Straßburg. Seine Eindrücke hat er in seinem Reisebericht „Lorely" festgehalten. Sie fallen im Stil etwas nüchterner aus als bei dem Deutschen, in der Sache aber nicht weniger begeistert:

Angesichts eines solchen Glockenturms kann man sagen, dass sich Straßburg mehr in die Höhe als in die Breite er-

streckt; dafür ragt dieser Glockenturm als einziger aus dem gleichförmigen Auf und Ab der Dächer heraus, kein anderes Bauwerk wagt es, sich auch nur über das erste Stockwerk der Kathedrale zu erheben, deren Schiff – überragt von seinem prächtigen Mast – friedlich über einem kaum bewegten Meer zu schweben scheint. (Nerval, S. 66f.; Übers. S. W.)

Ein Jahr nach Nerval besuchte sein Kollege Victor Hugo (1802–1885) die Stadt an der Ill. Auch er zeigt sich tief beeindruckt von dem Münsterturm. In seinem Reisebericht, dem fiktiven Briefroman „Le Rhin" (1845) vergleicht er ihn sogar mit der Cheops-Pyramide in Ägyten:

Die gewaltige Kathedrale, nach der großen Pyramide das höchste Gebäude, das eines Menschenhand je erbaut hat, zeichnete sich mit seiner großartigen Form klar vor dem Hintergrund einer dunklen Gebirgskette ab, deren Täler hier und dort im Sonnenlicht badeten. Das Werk Gottes für die Menschen, das Werk der Menschen für Gott, das Gebirge und die Kathedrale lagen im Wettstreit um Größe.

Nie habe ich etwas Imposanteres gesehen. (Hugo, S. 315; Übers. S. W.)

Auch für LeBrasseur, eine Figur aus Peter Sloterdijks „epischem Versuch" mit dem Titel „Der Zauberbaum" (1985), ist das Bauwerk mehr als nur ein „Kirchturm". Im Unterschied zu Hugo deutet dieser Arzt und Freimaurer ihn nicht als „Werk der Menschen für Gott", sondern im Gegenteil als blasphemisches Symbol ihrer Auflehnung gegen Gott und überhaupt jede Autorität. Sloterdijk datiert die fiktive Rede auf das Jahr 1785, vier Jahre vor dem Ausbruch der Revolution:

Seit diese Türme stehen, ist die Menschheit im Aufstand. Die demütige Maskerade kann nicht verhehlen, daß wir dem alten Gott das Messer an die Kehle gesetzt haben, um nach seinem Verbluten selber an seine Stelle zu treten. Geben Sie zu – der Turmbau von Babylon war ein armseliges Präludium zum Türmebau von Europa. Wir waren es, die den babylonischen Dilettantismus überwunden haben, um einen größeren Wurf zu versuchen, ein neubabylonisches

Experiment, das uns von ohnmächtigen Kreaturen zu eigensinnigen Göttern machen soll... (Sloterdijk, S. 53f.)

Neben dem Turm hat besonders die berühmte Westfassade des Münsters viele Autoren in ihren Bann gezogen. Noch dreißig Jahre nach seinem Straßburg-Aufenthalt hat Goethe sie in seiner Autobiographie „Dichtung und Wahrheit" im Geiste in ihre Bestandteile zerlegt und wieder zusammengesetzt. Besonders lobte der alternde „Klassiker" rückblickend die harmonischen Dimensionen der Fassade:

Je mehr ich die Fassade desselben betrachtete, desto mehr bestärkte und entwickelte sich jener erste Eindruck, daß hier das Erhabene mit dem Gefälligen in Bund getreten sei. Soll das Ungeheure, wenn es uns als Masse entgegentritt, nicht erschrecken, soll es nicht verwirren, wenn wir sein Einzelnes zu erforschen suchen: so muß es eine unnatürliche, scheinbar unmögliche Verbindung eingehen, es muß sich das Angenehme zugesellen. (Goethe, Bd. 14, S. 417f.)

Rund 150 Jahre nach Goethe stand ein anderer Schriftsteller vor dem Münster, der damals noch fast unbekannte Elias Canetti (1905 – 1994). Der in Bulgarien geborene, in England, der Schweiz und Österreich aufgewachsene jüdische Autor war damals für kurze Zeit aus Wien nach Straßburg gekommen. Besonders angetan war er von der steinernen Damenwelt am rechten Seitenportal der Hauptfassade. Es zeigt auf der linken Seite fünf „törichte" Jungfrauen, die von einem galanten Verführer mit einem Apfel gelockt werden. Das einfache Mittel zeigt Wirkung, die leichtfertigste von ihnen ist bereits dabei, ihr Kleid zu öffnen. Auf der rechten („richtigen") Seite geht es tugendhafter zu, aber auch langweiliger. Dort warten fünf „weise" Jungfrauen sittsam auf ihren „göttlichen" Bräutigam, einen bärtigen Greis, der wahrlich nicht verführerisch wirkt.

Eine Moralpredigt in Stein, sicher. Aber die Figuren entwickelten ein Eigenleben, das vielleicht nicht ganz im Sinne ihres Schöpfers war. Die sich kokett zierenden törichten Jungfrauen sind seit jeher viel beliebter als ihre steifen Schwestern gegenüber. Canetti hat sich prompt in eine der törichten verliebt. Im „Augenspiel“, dem zweiten Teil seiner Autobiographie aus dem Jahr 1985, berichtet er augenzwinkernd davon:

Die Figuren an den Portalen zogen mich an, die Propheten und besonders die törichten Jungfrauen. Von den weisen Jungfrauen war ich nicht berührt, ich glaube, es war das Lächeln der törichten, was mich für sie einnahm. In eine von ihnen, die mir die schönste schien, habe ich mich verliebt. Ich bin ihr später in der Stadt begegnet und führte sie vor ihr Abbild, das ich ihr als erster wies. Verwundert betrachtete sie sich in Stein, so hatte der Fremde das Glück, sie in ihrer Stadt zu entdecken und überzeugte sie davon, daß sie lange vor ihrer Geburt dagewesen war, lächelnd am Portal des Münsters, als törichte Jungfrau, die in Wirklichkeit, wie sich zeigte, gar nicht töricht war, es war ihr Lächeln, das den Künstler dazu verführt hatte, sie unter die sieben Linken ins Portal zu reihen. (Canetti, S. 69)

Egal, welchen Teil der Fassade man besonders schätzen mag, immer wieder fasziniert ihre Farbe, die besonders im Abendlicht rot aufglüht. Gérard de Nerval gehört zu den ersten, die darauf hingewiesen haben. In seinem Reisebericht „Lorely“ gerät der sonst eher spöttelnde Romantiker darüber ins Schwärmen:

... das, was der Stich nicht wiedergeben kann, das ist die merkwürdige Farbe dieses Gebäudes, errichtet aus diesem roten, harten Gestein, aus dem die schönsten Häuser des Elsass gemacht sind. Mit der Zeit nimmt dieser Stein eine dunkle Färbung an, die heute in allen voll- und halbplastischen Teilen der Kathedrale dominiert. (Nerval, S. 67f.; Übers. S. W.)

Auch der französische Diplomat und Dichter Paul Claudel (1868–1955), der 1912, kurz vor Ausbruch des Ersten Weltkriegs, das damals noch deutsche Straßburg besuchte, ließ sich von der Farbe der Kathedrale in den Bann ziehen. Von dieser Reise hat er ein Gedicht in Langversen mitgebracht, das er „Strasbourg“ genannt hat und das mit einem Hymnus auf die Kathedrale beginnt:

Das Münster, rötlich-schimmernd zwischen Aprilgebüsch, als sei es durchblutet, ein halbmenschlich Wesen,
Straßburgs riesiger Rosenengel, hochgereckt zwischen Rhein und Vogesen,
Birgt des Verheimlichten viel in seinem Buche und der nicht-erzählten Geschichten
Für das Kind, dessen Augen sich voll guten Willens zu diesem gewaltigen Bruder aufrichten … (Claudel, S. 245ff.)

Gut möglich, dass Claudel während seines Straßburg-Aufenthalts René Schickele (1883–1940) über den Weg gelaufen oder ihm im Theater begegnet ist (siehe Seite 91). Der elsässische Schriftsteller und Journalist lebte von 1911 bis 1913 in Straßburg, wo er als Romancier und Herausgeber der „Neuen Straßburger Zeitung" arbeitete. Ähnlich wie Claudel beschreibt er in seinem Fragment gebliebenen Roman „Grand' Maman" das Münster als „belebtes Wesen", allerdings nicht als Engel (wie Claudel), sondern – etwas prosaischer – als alternde, kokette Dame:

Das Münster trug das Kleid der schönen Herbstabende. Sehr gefallsüchtig trotz ihres Hochmuts, war die Schöne in Rosa und Lila gekleidet – schimmernd von guter Laune. Ihr Lachen strahlte über die alten Häuser. Die aber hatten schon so viel erlebt, daß nichts sie aus ihrer Verschlafenheit aufrütteln konnte. Sie hockten beisammen gleich verdrießlichen Frauen: „Eine Frechheit!" schienen sie zu sagen – „wie sich die jung macht! Und hat hundertmal so viel Jahre auf dem Buckel wie wir, das Rabenvieh!" (Schickele, Bd. 2, S. 867)

Der Topos von dem rot leuchtenden Münster ist mittlerweile etwas abgegriffen. Als Mario Praz (1896–1982), der bekannte Literaturwissenschaftler und Romantikforscher von der Universität Rom, 1956 nach Straßburg kam, war er von der Vorstellung von diesem Rot sogar so abgeschreckt, dass er sich nur widerwillig bis vors Münster schleppte. Doch schließlich erlag auch er dem magischen Licht. In seinem Buch „Il mondo che ho visto" (Die Welt, die ich sah) hat er seine Eindrücke beschrieben:

Der rote Sandstein der modernen Kathedrale von Liverpool hatte auf mich einen derart abschreckenden Eindruck gemacht, außerdem verband sich diese Farbe in meiner Vorstellung so eng mit dem Rhabarber der Torten gleichen Namens, eine der englischen Backwaren, an die ich mich am allerwenigsten gewöhnen konnte, dass ich doch einige Vorbehalte gegenüber der Kathedrale von Straßburg hegte; außerdem hatte mir ein befreundeter Diplomat, der dort einige Zeit gelebt hatte, versichert, dass diese Farbe ihm Zahnschmerzen verursache. (Mario Praz, nach der frz. Ausgabe, S. 320; Übers. S. W.)

Auf dem Münsterplatz

Die Kathedrale von Straßburg hat das Privileg, auf zwei Plätzen gleichzeitig zu stehen: dem Münsterplatz (Place de la Cathédrale) und dem Schlossplatz (Place du Château) an ihrer Südseite, der heute leider als Parkplatz genutzt wird. Im Dezember findet um die Kathedrale herum ein Teil des traditionellen „Christkindelsmärik“ statt, heute ein großer Touristenmagnet. Vor zweihundert Jahren ging es noch bescheidener zu, wie man dem Bericht von Madame d'Oberkirch entnehmen kann:

Wir verbrachten den Winter in Straßburg, und in der Weihnachtszeit gingen wir, weil es so Sitte ist, auf den Chriskindelsmarkt. Dieser Markt, der für die Kinder gedacht ist, findet in der Woche vor Weihnachten statt und dauert bis Mitternacht (...). Wenn der große Tag gekommen ist, schmückt man in jedem Haus den Tannenbaum mit Kerzen und Bonbons und mit großer Beleuchtung, man wartet auf den Besuch des Christkindels (des Jesuskinds), das die braven Kinder belohnt; aber man fürchtet sich vor dem Hanstrapp, der die unfolgsamen und bösen Kinde sucht und bestraft. (Oberkirch, S. 374f.; Übers. S. W.)

Als Madame d'Oberkirch noch Henriette von Waldner hieß, gehörte zu ihren Verehrern ein gewisser Jakob Lenz, der sich seit 1771 in der Stadt aufhielt. Ab 1774 wohnte der bedeutende Sturm-und-Drang-Dichter zur Untermiete bei Luise König am Münsterplatz Nr. 10, wo ihn sein damaliger Freund Goethe zweimal besuchte. Im Erdgeschoss des Hauses befand sich bis zum Jahr 2000 die im 15. Jahrhundert eröffnete „Pharmacie du Cerf". Sie war die älteste Apotheke Frankreichs und wahrscheinlich auch Europas. Luise König bewohnte die oberen Stockwerke. Sie war eine literaturbesessene ledige Dame und mit Henriette von Waldner befreundet. In ihrem Lenz-Roman „Vögel, die verkünden Land" aus dem Jahr 1985 hat die in der damaligen DDR lebende Literaturwissenschaftlerin Sigrid Damm die Wohnung der König in lebendigen Farben beschrieben:

Luise König ist zweiunddreißig Jahre, unverheiratet, Hausbesitzerin (…). Luise König schwärmt für die Literatur. Die Wände ihres Zimmers sind mit Schattenrissen von Dichtern geschmückt. Klopstock, Young und Ewald von Kleist. (Damm, S. 133)

Auch andere Schriftsteller haben hier am Münsterplatz gelebt. So zum Beispiel der Deutsche Kasimir Edschmid, dessen Onkel vor dem Ersten Weltkrieg gleich mehrere Häuser am Münsterplatz besaß und – je nach Laune – auch bewohnte. Oder der Elsässer Alfred Lickteig, Mitglied des „Stürmer"-Kreises um René Schickele. Er betrieb mit seinem Bruder eine Zahnarztpraxis am Münsterplatz Nr. 9. Ihn hat Schickele in seinem Essayband „Wir wollen nicht sterben!" aus dem Jahr 1921 so beschrieben:

Am Münsterplatz wohnt mein Freund L. Solang ich denke, wohnte er beim Münster. Er ist um den Bau herumgerückt mit seiner Wohnung; einmal hat er sich um ein paar Häuser in eine Seitengasse abdrängen lassen, es war die düsterste Zeit seines Lebens. Nun schwebt er, seit fünfzehn Jahren, über dem Hauptportal, wandert mit dem Licht, das der Sandstein einläßt wie kein andrer Stein, die rote Fassade hinauf und hinunter und lebt, ohne Übertreibung, nehmend und gebend, in Gemeinschaft mit Himmel und Erde der Christenheit, wie sie am schönsten war. (Schickele, Bd. 3, S. 496)

Lickteig wohnte im ersten Stock des Hauses. Auch im Erdgeschoss wurde Literaturgeschichte geschrieben. 1872, kurz nach der Annexion Elsass-Lothringens durch das Deutsche Reich, wurde das Verlagshaus Trübner gegründet, das von da an hier seinen Stammsitz hatte. Karl Trübner (1846–1907) verlegte u. a. die Essaybände des deutschen Journalisten und französischen Staatsbürgers Karl Hillebrand (1829–1884), zeitweiliger Sekretär von Heine in Paris. Ferner veröffentlichte Trübner die Habilitationsschrift von Ernst Stadler (1883–1914). Der Straßburger Germanist und berühmte expressionistische Lyriker analysierte darin die Shakepeare-Übersetzungen Wielands, was ihm einen Ruf an die Universität von Toronto einbrachte. Kurz vor seiner Abreise wurde er zum deutschen Militär einberufen. Wenige Monate später fiel er auf einem der furchtbaren Schlachtfelder in Flandern.

Eine andere Spezialität Trübners waren „Alsatica". So verlegte er das erste umfassende Lexikon des Elsässischen und das Reisehandbuch „Die Vogesen" von Curt Mündel, der in der „deutschen" Zeit erfolgreichste Elsassführer. Es war eine Liebeserklärung an die elsässische Landschaft, nach Meinung Ernst Stadlers „so ziemlich das Einzige, worin sich Elsässer und Altdeutsche verstehen konnten". Vor allem aber ist es der Vermittlung von Karl Trübner zu verdanken, dass die berühmte „Manessische Liederhandschrift", die prächtigste Sammlung deutscher Minnesänger, 1888 im Tausch gegen 23 aus der Bibliothek von Tours gestohlene karolingische Handschriften aus Frankreich nach Deutschland zurückgelangte. Entstanden ist sie übrigens vielleicht im Elsass. Heute ist sie das herausragendste Ausstellungsstück der Heidelberger Universitätsbibliothek.

Die Plattform

Das literarisch „dichteste" Stück der Kathedrale ist die Plattform auf dem unvollendeten Turm. Man erreicht sie gegen ein kleines Eintrittsgeld über einen separaten Aufgang an der rechten Ecke der Hauptfassade. Den Aufstieg über die 328 Stufen hat Otto Flake in seinem Roman „Freitagskind" (1913) als mörderische Tortur beschrieben, keine sehr ermutigende Lektüre also. Greifen wir daher lieber zu Victor Hugo, dessen Schilderung so richtig Lust macht:

Es ist eine wundervolle Sache, sich in dieser gewaltigen Masse aus Stein zu bewegen, die ganz von Luft und Licht durchdrungen ist, ausgehöhlt wie ein Spielzeug aus Dieppe, Leuchte und Pyramide zugleich, die bei jedem Windstoß vibriert und zuckt (...). Beim Aufstieg begegnete ich einem Besucher, der ganz bleich und zitternd herabstieg, halb von seinem Führer getragen. Und doch ist es völlig ungefährlich. (Hugo, S. 317f.; Übers. S. W.)

Was es bei dem Aufstieg noch alles zu entdecken gibt, beschreibt Peter Sloterdijk, genauer gesagt, sein passiver Held Jan van Leyden, der 1785 ins vorrevolutionäre Straßburg kommt. Den Gang über die Wendeltreppe hinauf zur Plattform erlebt er als magische „Initiation" in eine andere – allerdings nicht unbedingt christliche – Welt:

Sie begannen mit dem Aufstieg zum Turm durch eine Wendeltreppe, die als dunkler Schacht in engen Windungen steil durch den Pfeiler in die Höhe führte (...). Er kam sich vor wie ein Insekt im Panzer eines urzeitlichen Ungeheuers. Es fehlte nicht viel dazu, daß das Bauwerk mit einem entsetzlichen Knistern aus seiner Starre erwachte, sich reckte und dehnte, und mit apokalyptischem Hufschlag die Stadt und die umliegende Welt in Schutt legte (...). Dann wurde seine Aufmerksamkeit von den in die Quader geritzten Zeichen angezogen, die wie eine unauffällige Hieroglyphenschrift das ganze Turminnere überzogen. Es waren Halbmonde und Winkelmaße, rätselhaft ineinander verschachtelte Buchstaben und Pyramiden. (Sloterdijk, S. 48f.)

Im Lauf der Zeit haben viele berühmte Personen die Plattform erklommen und nicht wenige dort oben ihren Namenszug hinterlassen. Ihre zum Teil stark verwitterten Züge kann man an der Wand gegenüber vom Wärterhäuschen lesen: Herder, Klopstock, Voltaire, Lavater, Schubart, Friedrich Schlegel, Brentano, Schinkel und Ludwig

Uhland. Dieser Romantiker und Literaturprofessor aus Tübingen (1787 – 1862) hat Straßburg sogar zweimal besucht. In seinem Gedicht über das Münster gedenkt er einer besonderen Turmbesteigung, die in die Literaturgeschichte eingehen sollte:

Einst klomm die luft'gen Schnecken
Ein Musensohn heran,
Sah aus nach allen Ecken,
Hub dann zu meißeln an.

Von seinem Schlage knittern
Die hellen Funken auf;
Den Turm durchfährt ein Zittern
Vom Grundstein bis zum Knauf.
(...) (Uhland, S. 279f.)

Der „Musensohn", der den Turm „erzittern" ließ, ist natürlich niemand anderer als Johann Wolfgang von Goethe. Ob beim Meißeln im weichen Sandstein wirklich die Funken gesprüht haben? Auf jeden Fall kann er für sich in Anspruch nehmen, die Tradition literarischer Turmbesteigungen begründet zu haben. Im Unterschied zu heutigen Besuchern konnte Goethe noch bis auf die Turmspitze klettern, in den so genannten „Hals". Von da an, so behauptet Goethe zumindest in seiner Autobiographie „Dichtung und Wahrheit", sei er völlig schwindelfrei gewesen.

Die besagte Autobiographie entstand erst 1812, fast 40 Jahre nach der Besteigung. Und wie das so geht, ist die Erinnerung rückblickend etwas idealisiert, sowohl was die eigene Person als auch den Ausblick anbetrifft. Die Landschaft, an die der alte Goethe sich zu erinnern glaubt, ist eine idealisierte Rokoko-Natur, die mit der sumpfigen Rheinebene des 18. Jahrhunderts wenig zu tun hat. Mag sein, dass das Bild durch die Erinnerung an eine gewisse Friederike Brion beeinflusst wurde, deren Elternhaus irgendwo dort in der Ebene stand:

Und so sah ich denn von der Plattform die schöne Gegend vor mir, in welcher ich eine Zeitlang wohnen und hausen durfte: die ansehnliche Stadt, die weitumherliegenden, mit herrlichen dichten Bäumen besetzten und durchflochtenen Auen (...). Denkt man sich nun zwischen diesen üppig ausgesteckten Matten, zwischen diesen fröhlich ausgesäeten Hainen alles zum Fruchtbau schickliche Land trefflich bearbeitet, grünend und reifend, und die besten und reichsten Stellen desselben durch Dörfer und Meierhöfe bezeichnet, und eine solche große und unübersehliche, wie ein neues Paradies für den Menschen recht vorbereitete Fläche näher und ferner von teils angebauten, teils waldbewachsenen Bergen begrenzt; so wird man das Entzücken begreifen, mit dem ich mein Schicksal segnete, das mir für einige Zeit einen so schönen Wohnplatz bestimmt hatte. (Goethe, Bd. 14, S. 389f.)

Goethe fühlte sich auf dem Turm wie „auf einer Montgolfiere in die Luft erhoben". Sein Zeitgenosse Jean Paul (1763–1825), der eigentlich Friedrich Richter hieß, ließ diesen Traum Goethes Wirklichkeit werden, zumindest für eine seiner Romangestalten. In „Des Luftschiffers Gianozzos Seebuch" aus dem „Komischen Anhang" zu seinem vierbändigen Riesenroman „Titan" (1800–1893) schickt Jean Paul seinen Helden auf eine phantastische Ballon-Reise, die ihn auch nach Straßburg führt. Gianozzo kommt dreißig Jahre später nach Straßburg als Goethe, in der Zeit der Revolutionskriege. Als seine Gondel über das Münster treibt, findet er daher kein „neues Paradies", sondern ein blutiges Schlachtfeld vor, das er in apokalyptischen Bildern beschreibt:

Westlich seh' ich jetzt den Münster und, wie ich glaube, den Straßburger Telegraphen, dessen Zeigefinger des Todes fast erhaben und schauerlich ist; wie ein Parze regt er seine Schere – die Zunge der Völkerwage, der in- und deklinierende Kompaß der Zeit.

Der Donner rollet immer lauter und voller heran, und doch stehen die weißen Wettergebürge noch so niedrig im Himmel. – O Teufel, er kommt aus einer Schlacht! – Soldatenhaufen sprengen über Hügel – Landleute rennen – ein Dorf brennt als Wachfeuer – in einem Garten seh ich tote Pferde, und ein Kind trägt einen abgerissenen Arm fort. (Jean Paul, Bd. 3, S. 1005ff.)

Ein Jahr nach Goethes Tod stand Georg Büchner auf dem Turm. Er hat uns keine lyrischen Erinnerungen daran hinterlassen, zu sehr war er gedanklich beschäftigt mit den Menschen „dort unten“, denen er in seinem „Hessischen Landboten“ die später berühmte Parole ausgegeben hatte: „Friede den Hütten, Krieg den Palästen!“ Kasimir Edschmid, ein anderer deutscher Schriftsteller, hat diese Beschreibung nachgeliefert, freilich eine frei erfundene. Er stellte sich vor, wie Büchner dort oben eine Biene „gerettet“ hat und dabei fast selbst über die Brüstung gestürzt wäre. Zum Glück passt seine Straßburger Verlobte Wilhelmine Jaeglé auf ihn auf, die die Geschichte erzählt:

„Georg“, rief ich, und noch einmal „George“, als er mit einem Schwung auf die Brüstung sprang. Ich fürchtete, er werde hinunterfallen. Ich rief das zweitemal seinen Vornamen unwillkürlich französisch, denn ich hatte mich immer noch nicht an die deutsche Betonung gewöhnt. „Büchner“, rief ich schließlich, halb lachend, halb in Todesangst (...).

Er hielt die flache Hand hoch, um die betäubte Biene fliegen zu lassen. „Ich bin ganz schwindelfrei, Minni.“

„Komm trotzdem herunter.“

Er tat es sofort und setzte sich neben mich, die Arme auf dem warmen Stein der Brüstung. Die Plattform des Münsters war leer. Wir hörten die Orgel des Gottesdienstes unter uns von fernher. (Edschmid, Büchner, S. 127)

Im selben Jahr wie Büchner hielt sich auch Heinrich Heine (1797–1856) in Straßburg auf, allerdings nur für kurze Zeit. Ob er vor seiner Weiterfahrt nach Paris Zeit hatte, auf den Turm zu steigen, ist unbekannt. Im Geiste hat er es später auf jeden Fall nachgeholt. In der „Romantischen Schule“, seiner „Abrechnung“ mit dem deutschen Literaturbetrieb aus dem Jahr 1833, stellt sich Heine vor, wie er als großer „Magier“ vom Münsterturm aus dem deutschen „Spuk“, vor dem er zwei Jahre zuvor geflüchtet war, endlich ein Ende bereitet. Der folgende Absatz wurde übrigens in der deutschen Ausgabe des Buches von der Zensur gestrichen:

O! ich möchte mich auf den Straßburger Münster stellen, mit einer dreifarbigen Fahne in der Hand, die bis nach Frankfurt reichte. Ich glaube, wenn ich die geweihte Fahne über mein teures Vaterland hinüberschwenkte, und die rechten exorzierenden Worte dabei ausspräche: die alten Hexen würden auf ihren Besenstielen davonfliegen, die kalten Bärenhäuter würden wieder in ihre Gräber hinabkriechen, die Golems würden wieder als eitel Lehm zusammenfallen, der Feldmarschall Cornelius Nepos kehrte wieder zurück nach dem Orte, woher er gekommen, und der ganze Spuk wäre zu Ende. (Heine, Bd. 3, S. 465)

Wiederum nur wenige Jahre später stand Victor Hugo auf der Plattform. Seinen Aufenthalt dort oben hat er natürlich literarisch genauestens dokumentiert, wie alles in seinem Leben. Und in der Tat scheint ihm dort ein Gedanke „zugeflogen" zu sein, der weit in die Zukunft weist – die Idee eines vereinten Europas:

Man ist so hoch, dass die Landschaft keine Landschaft mehr ist; vielmehr glich sie einer Landkarte, wie ich es auch beim Blick vom Heidelberger Berg erlebt hatte, aber eine lebendige Landkarte, mit Nebeln, Rauchfahnen, Schatten und Lichtern, dem Zittern des Wassers und der Blätter, mit Wolken, Regenfällen und Sonnenstrahlen (...). Ich ging von einem Eckturm zum nächsten, und erblickte so der Reihe nach Frankreich, die Schweiz und Deutschland in einem einzigen Sonnenstrahl. (Hugo, S. 318f.; Übers. S. W.)

Die Vision hält keine Generation lang. 1871 steht wieder ein deutscher Schriftsteller auf dem Münsterturm und blickt abermals herab auf ein Schlachtfeld. Es ist Franz von Löber, der in das im deutsch-französischen Krieg zerstörte Straßburg gereist ist und seine Eindrücke in dem Buch „Aus Natur und Geschichte von Elsass-Lothringen" festgehalten hat. Zwar reicht seine Beschreibung nicht annähernd an die Sprachgewalt eines Jean Paul heran, doch die Zerstörungen, die er sieht, übertreffen bei weitem das, was Jean Paul sich überhaupt hatte vorstellen können:

In der Nähe des Steinthors und der Citadelle glich die Stadt einem Felde der Verwüstung, auf welchem ein plötzliches Erdbeben Alles mit einander niedergeworfen. Auf den Wällen sah es aus, als hätten zahllose wilde Eber gewüthet, und von den Mauern hingen die Fetzen herunter. (Franz von Löber, S. 93)

Zur gleichen Zeit hielt sich – wie bereits erwähnt – auch Theodor Fontane in Straßburg auf, übrigens weder als Tourist noch als „Dichter“, sondern als Kriegsberichterstatter der preußischen Armee. Natürlich versäumte auch er es nicht, den obligatorischen Aufstieg zur Plattform zu unternehmen. Allerdings interessierte er sich nur am Rande für die Spuren des Kriegsgeschehens, über das er ja eigentlich berichten sollte. Viel mehr faszinierte ihn das bunte Treiben auf der Plattform selbst:

Da stand ich denn nun und hielt jene Umschau, die schon so viele Tausende vor mir gehalten haben und hoffentlich noch halten werden. Zwischen Schwarzwald und Vogesen schweifte das Auge hin und her, folgte dem Lauf des Flusses, der Straßen und Bahnen, blickte unmittelbar abwärts auf den Häuserwirrwarr der großen Stadt und ruhte zuletzt wieder aus auf der Plattform selbst, auf der es wie ein Jahrmarktstreiben von Besuchern war. Kommende und Gehende, Malkontente und Enthusiasten, Fernrohrkucker und Kartenausbreiter, – zu Häupten der bunten Menge aber flogen die Münstertauben blitzend auf und ab, um sich in dem Zacken- und Fensterwerk der nachbarlichen Turmspitze zu verlieren. Sie nisten dort. (Fontane, S. 1002ff.)

Als Tourist verbindet man mit dem Elsass natürlich nicht in erster Linie die Großstadttauben, die es nun wahrlich auch woanders zu sehen gibt, sondern die berühmten Störche. Wenn man Glück hat, kann man einen solchen auch vom Münster aus sehen – zumindest die Spuren, die er hinterlassen hat. Dem deutschen Schriftsteller Otto Flake, der zu Beginn des 20. Jahrhunderts mehrere Jahre in Straßburg gelebt und studiert hat, ist es gelungen:

Die Dächer waren grau, von einem rosig überhauchten Grau, das die Vorstellung von Altem und Heimat gab (...).

Auf den Firsten waren große Storchennester; die Giebel der Dächer forderten zu einer Krönung heraus, und die Nester waren ein Sinnbild der Stadt geworden.

Weiße Spuren zogen sich von ihnen die Dächer hinab, und die Exkremente der großen Vögel gaben den grauen Ziegeln erst ihren eigentlichen Ton. Man hörte die Störche klappern und sah sie weiß und rot, in der Livree des Landes, neben den Kaminen stehen. (Flake, Freitagskind, S. 154f.)

Der vielleicht fleißigste aller Turmbesteiger und -beschreiber war Elias Canetti. Im Schicksalsjahr 1933 nahm er im mittlerweile wieder französischen Straßburg an einer Konferenz über Neue Musik teil. Doch wann immer er sich davon freimachen konnte, „joggte" er hinauf auf die Plattform, nach eigenen Angaben mitunter mehrmals täglich. Doch wurde seine Begeisterung getrübt durch die Angst vor einem neuen Krieg, der sich damals bereits abzuzeichnen begann:

Doch das eigentliche, was in diesen reichen Wochen geschah, in denen es an Menschen, Gerüchen und Tönen wimmelte, war die Besteigung des Münsters. Sie wiederholte ich täglich, ich ließ keinen Tag aus. Nicht bedächtig, nicht geduldig gelangte ich auf die Plattform oben, ich hatte es eilig, ich nahm mir nicht Zeit, atemlos kam ich oben an, ein Tag, der damit nicht begann, war für mich kein Tag und die Zählung der Tage bestimmte sich nach diesen Aufenthalten oben (...). Ich war dem Blick auf die rätselhaften Dächer der Stadt verfallen, aber auch jedem Stein, den ich beim Hinaufsteigen streifte. Ich sah Vogesen und Schwarzwald zusammen und täuschte mich nicht über das, was sie in diesem Jahr schied. Ich war noch von dem Krieg bedrückt, der vor fünfzehn Jahren geendet hatte und fühlte, daß wenige Jahre mich vom nächsten trennten. (Canetti, S. 70)

Der Innenraum

Nachdem wir von der Plattform wieder auf die sichere Erde herabgestiegen sind, betreten wir nun durch das Hauptportal die Kathedrale selbst, wo wir auf einer der Bänke

Der Münsterprediger Johann Geiler von Kaysersberg

ausruhen können. Kaum hat man den Eingang durchschritten, glaubt man sich erneut in einer „anderen" Welt: diesmal nicht über der Stadt, sondern jenseits von ihr. Als Hippolyte Taine 1882 seine Eindrücke niederschrieb, geriet der sonst eher nüchterne französische Historiker (18028–93) ins Schwärmen:

Ein seltsames Licht, ein dämmeriger Purpur erfüllt das riesige Schiff ... Auf beiden Seiten leuchten auf den Scheiben bis hinauf ins Gewölbe, so weit das Auge reicht, die violetten rötlichen Prozessionen, die ganze Geschichte, wie eine unserem armseligen Menschentum angemessene Offenbarung ... (zitiert nach Bock, S. 30)

Die vielleicht ausführlichste Beschreibung des Innenraums der Kathedrale durch einen Schriftsteller liefert uns Victor Hugo, dem auf seinem Rundgang kaum ein Detail entgeht. Von Euphorie ist bei ihm allerdings keine Rede. Missmutig bemäkelt er barocke und andere Einflüsse, die der Mittelalter-Fan in einer gotischen Kathedrale nicht leiden kann:

Die unsäglich verstümmelte Apsis ist im Geschmack von Rohan angelegt worden, diesem Trottel, dem Mann der Halsbandaffäre. Sie ist grauenhaft. Das Glasfenster, das man dort eingesetzt hat, zeigt ein weit verbreitetes Teppichmuster. Es ist abscheulich (...). Die Kanzel ist ein kleines Gebäude des 15. Jahrhunderts, spätgotisch, Gestalt und Stil sind bewundernswert. Leider hat man es auf dümmliche Art vergoldet. (Hugo, S. 316; Übers. S. W.)

Heute wäre Hugo zufriedener. Die barocken Zutaten wurden größtenteils wieder entfernt, ebenso wie die Vergoldung der Kanzel. Sie befindet sich im vorderen Teil des Langhauses auf der linken Seite. In den Jahren 1487 – 1510 las von ihr herab Johann Geiler von Kaysersberg (1445 – 1510) seiner Gemeinde die Leviten. Um auch wirklich verstanden zu werden, sprach der berühmte Prediger auf Deutsch, der Sprache des Volkes, damals eine Sensation.

Eine weitere Besonderheit seiner Predigten war, dass er nicht nur biblische, sondern auch literarische Texte interpretierte, genauer gesagt, den populären „Bestseller" des 15. Jahrhunderts, das „Narrenschiff" (1494; siehe Seite 129) des Straßburger Stadtschreibers Sebastian Brant (1457 – 1521). Einen Nachfolger Geilers hat Fontane bei seinem Straßburg-Aufenthalt im Jahr 1871 besucht. Doch hat sich der Preuße und Nachfahre französischer Hugenotten in dem katholischen Gottesdienst sichtlich unwohl gefühlt, wie der folgende Textauszug zeigt:

Ich wollte keinen von den Kniestühlen nehmen, die der erste Schritt zum Knien selber sind; ich setzte mich also auf die nach vorn hin vorspringende Kante eines Pfeilers und hörte zu.

Er predigte französisch und sprach sehr deutlich. Einen Teil seiner Rede glaub' ich gut verstanden zu haben (...). Nun begann die Zeremonie, die Monstranz wurde in der Mitte aufgestellt, Weihrauchwolken stiegen auf; die Rundung, in der die Hostie sich befand, leuchtete weit in das Mittelschiff hinein.

So wie ich dieses Leuchtens ansichtig wurde, beschlich mich ein Bangen. Ich wußte, daß nun bald der allgemeine Kniefall kommen würde, und da ich diesen nicht mitmachen wollte, zog ich mich auf die andre Seite des Pfeilers, die ganz im Schatten lag, zurück. (Fontane, S. 1008)

Nicht nur der katholische Ritus irritierte Fontane, sondern auch, dass in der Kirche Französisch gesprochen wurde, und nicht nur dort. Wie viele andere Deutsche hatte er sich das „vom französischen Joch befreite" Elsass ganz anders vorgestellt. Sichtlich enttäuscht sah er nun seine Aufgabe darin, die Deutschen über diesen Irrtum aufzuklären und ihnen die Augen über das französische Wesen der Elsässer zu öffnen:

Es mag als eine Tatsache gelten, daß es Frankreich seit dem ersten Empire gelungen ist, dieses kerndeutsche Volk innerlichst Deutschland zu entfremden. Sie wollen Franzosen sein. Diese Entfremdung ist häßlich; ich habe mich an den verschiedensten Stellen über die ganz besondere Häßlichkeit dieser Entfremdung ausgesprochen; aber – sie ist eine Tatsache und weil sie eine Tatsache ist, kann es zu nichts führen, den der nicht lieben will, beständig zu alter Liebe aufzufordern; wir müssen einfach versuchen, eine neue Liebe zu gewinnen. (Fontane, S. 998)

Der „Ummodelungs-Prozess" den Fontane forderte, ist bekanntlich grandios gescheitert. Die französischen Truppen wurden 1918 bei ihrem Einzug in Straßburg begeistert gefeiert. Seitdem ist die nationale Frage (sieht man von dem vierjährigen Zwischenspiel der Nazibesetzung ab) kein Thema mehr.

Als Wolfgang Koeppen (1906–1996) um 1960 die Straßburger Kathedrale betritt, belasten ihn ganz andere Themen. Unter dem Eindruck des Farbenspiels der mittelalterlichen Fenster verbinden sich für ihn Bilder von der biblischen mit denen der nuklearen Apokalypse, die damals, auf dem Höhepunkt des kalten Krieges, die Menschheit unmittelbar bedrohte. In seinem Reisebuch „Reisen nach Frankreich" von 1961 berichtet der spätere Büchnerpreisträger davon:

Im Innern des Domes glühte ein großes Radfenster wie die Sonne des Jüngsten Tages. Entsetzen und Glück des Endes brannten in mittelalterlichen Flammen, und der unterrichtete Kinobesucher dachte vielleicht an die Sonne der Wissenschaftler über der Wüste von Nevada, über dem Atoll von Bikini und jedem Haupt. Wenn Wolken das Licht mildern, ist das Münster ein düsteres Haus, dessen Strebepfeiler sich in der Höhe in einem Labyrinth zu verlieren scheinen. Die rundwandelnden Besucher verwandeln sich dann in Bewohner dantischer Höllen (...). Die berühmte astronomische Uhr schlug unheilvoll die Stunde, der Tod triumphierte über die zwölf Apostel, und der Hahn des Petrus behielt mit seinem Krähen das letzte Wort. (Koeppen, S. 9)

Auch Kasimir Edschmid, der nach eigenen Angaben die Kathedrale einige hundert Male besichtigt hat, war von den Fenstern der Kathedrale fasziniert. Sie bestehen aus 4.600 Scheiben und einer halben Million Einzelteilen. In seinem Reisebuch „Vom Bodensee zur Nordsee" aus dem Jahr 1963 hat Edschmid den berühmten „Königsfenstern" einen langen Abschnitt gewidmet. Sie befinden sich im linken Seitenschiff. Auf der rechten Seite des zweiten Fensters (vom Haupteingang aus gesehen) sind die beiden „Konrads" dargestellt, der erste Salierkönig und der letzte, noch kindliche Stauferkönig. Sie stimmen Edschmid, der in seinem Leben zweimal den Aufstieg und Fall deutscher Militärmacht erlebt hat, besonders nachdenklich:

Als vierter in diesem Fenster, das wechselnd in den Figuren, aber unverwechselbar im Anspruch, die Welt-Idee des deutschen Kaisertums darstellt, folgt der zweite Konrad, der erste Salierkönig, der das Reich mit Würde und Macht verwaltete. Seine rechte Hand hebt das Zepter, die linke jedoch ist ohne Reichsapfel, denn er hat sie einem Knaben auf die Schulter gelegt, der ihm kaum bis zur Hüfte reicht ... dem letzten Staufer Konradin, der von dem französischen Anjou-König auf der Piazza del mercato in Neapel hingerichtet worden war.

Vielleicht wollte der Meister, der dies Fenster in so früher Zeit fertigte, noch erfüllt von dem Schmerz über den Hingang des letzten Jünglings aus berühmtem Geschlecht, ihn aus einer persönlichen Neigung verewigen, vielleicht wollte er aber auch jenem Konrad, der das deutsche Imperium auf dem Bilde so furchterregend vertrat, den Zeugen schmerzlichen Untergangs beifügen, der denselben Namen führte. (Edschmid, Bodensee, S. 18f.)

Rund um den Schlossplatz

Wir verlassen die Kathedrale durch das „Uhrenportal“, gleich neben der berühmten „Astronomischen Uhr“. Es ist der älteste Teil der Kathedrale, dessen Stil noch im Zeichen der Romanik steht. Der Skulpturenschmuck ist während der Revolution im botanischen Garten der Stadt versteckt worden und hat so den „Bildersturm“ überlebt. Für Victor Hugo handelt es sich dabei um ein „Gedicht“ aus Stein. Einige Jahrzehnte später hat ein Deutscher dieses Gedicht auch tatsächlich geschrieben: Ernst Stadler. Man findet es in dem Band „Der Aufbruch“, erschienen 1913, ein Jahr vor seinem frühen Tod. Die zweite Auflage der Gedichtsammlung wurde von Stadlers Freund René Schickele besorgt.

Stadler lässt den Schöpfer der beiden allegorischen Frauengestalten links und rechts vom Eingang zu Wort kommen. Im Grunde handelt es sich dabei um antisemitische Propaganda. Auf der rechten Seite steht die „Synagoge“, deren verbundene Augen und gebrochenes Schwert auf ihre Blindheit und Machtlosigkeit verweisen, im Gegensatz zur siegreichen „Ecclesia“ gleich gegenüber. Dafür überstrahlt die „schöne Jüdin“ ihre christliche Konkurrentin an irdischen Reizen, was die etwas platte propagandistische Botschaft zumindest relativiert. Stadlers Erklärung ist so einfach wie einleuchtend. Die Bildhauerin – es soll sich dabei um eine Frau namens Sabina gehandelt haben, die Tochter Erwins von Steinbach – hatte sich in ihre schöne Jüdin verliebt:

Zuletzt, da alles Werk verrichtet, meinen Gott zu loben,
Hat meine Hand die beiden Frauenbilder aus dem Stein gehoben.
Die eine aufgerichtet, frei und unerschrocken –
Ihr Blick ist Sieg, ihr Schreiten glänzt Frohlocken.
Zu zeigen, wie sie freudig über allem Erdensmühsal throne,
Gab ich ihr Kelch und Kreuzesfahne und die Krone.
Aber meine Seele, Schönheit ferner Kindertage und mein tief verstecktes Leben
hab ich der Besiegten, der Verstoßenen gegeben (…).
Die schlanken Hüften ausgebuchtet, die der lockre Gürtel hält,
Die Hügel ihrer Brüste zärtlich aus dem Linnen ausgewellt
Ließ ihre Haare über Schultern hin wie einen blonden Regen fließen,
Liebkoste ihre Hände, die das alte Buch und den zerknickten Schaft umschließen (…). (Stadler, S. 185)

Die beiden Steinfiguren „Synagoge“ und „Ecclesia“ sind nur Kopien. Die Originale – übrigens auch die der klugen und törichten Jungfrauen von der Westfassade – befinden sich gleich gegenüber im Musée de l’Œuvre Notre-Dame (Place du Château Nr. 3). Das 1931 eingerichtete Museum ist ganz der Straßburger Kunst- und Kulturgeschichte gewidmet. Der kleine Garten im Innenhof ist nach dem Vorbild eines mittelalterlichen Klostergartens angelegt. Koeppen hat das Museum 1960 besucht und diesen Ort der Ruhe sichtlich genossen:

Im zum Münster gehörenden Museum fand ich die Baugeschichte der Kathedrale, sah ich die alten Pläne mit den in der Zeichnung vollendeten zwei Türmen und erkannte im tatsächlichen Zustand des Bauwerks die Größe in der Unvollendung, die Kraft und die Schönheit im menschlichen Scheitern. Das Museum ist in einem ehemaligen Nonnenkloster untergebracht; die Fenster schauen auf stille Höfe, und die getäfelten Räume sprechen noch heute von Geborgenheit und auch von Freude. (Koeppen, S. 14)

Dominiert wird der Schlossplatz vom Palais Rohan, nach dem er benannt ist. Das repräsentative Gebäude wurde von 1731 bis 1742 im französischen „Régence"-Stil errichtet und war Wohnsitz der Fürstbischöfe von Straßburg. Ihr Bistum umfasste große Teile des Niederelsass, aber auch weite Gebiete auf der rechten Rheinseite, die Ortenau. Dorthin floh der letzte Rohan nach Ausbruch der Französischen Revolution. In seinen Straßburger Palast hingegen zog der neue „Maire" Philippe de Dietrich ein, der wenige Jahre später denunziert und hingerichtet werden sollte.

Es folgte eine Reihe anderer, nicht weniger prominenter „Untermieter", so zum Beispiel der französische „Empereur" Napoleon I., dessen Schlafzimmer besichtigt werden kann, und der deutsche Kaiser Wilhelm II. Während der Räterepublik von 1918 wurde hier ein politisches Kommissariat eingerichtet. Heute sind in den Räumen des Palais verschiedene Museen untergebracht. Koeppen hat sich bei seinem Straßburgbesuch allerdings mehr für das bunte Treiben auf der Terrasse des Schlosses am Ufer der Ill interessiert:

Das Palais Rohan war das Heim eines geistreichen, kunstverständigen Mannes, das Lager eines unterrichteten Wollüstlings. Heute ist das Schloß von Schulen umgeben, auf seiner Terrasse spielen Buben und Mädchen, werden Verschwörungen ausgeheckt, Freundschaften geschworen, Herzen verschenkt... (Koeppen, S. 15)

Doch zurück zu den Rohans, den ersten Bewohnern des Palais. Drei Fürstbischöfe dieses Namens hat es gegeben. Der letzte ist zugleich auch der bekannteste: Louis René Edouard de Rohan. Er war ein verkrachter Diplomat, der nach einer gescheiterten Gesandtentätigkeit in Wien auf die kirchliche Laufbahn „abgeschoben" worden war und dort eine steile Karriere machte. Neben dem Amt des Straßburger Fürstbischofs hatte er ab 1778 auch noch das des Kardinals von Frankreich inne. Zur Einrichtung seines Schlosses gehörte auch eine vornehme Bibliothek, die „Bibliothèque des Cardinaux".

Madame d'Oberkirch hat den Kardinal noch persönlich kennen gelernt. Doch war es weniger der Bücherfreund, als vielmehr der Frauenheld Rohan, den sie erlebt und in ihren Memoiren beschrieben hat:

Gleich nach unserer Ankunft machten wir pflichtschuldigst seiner Eminenz, dem Kardinal von Rohan, dem Fürst-Bischof von Straßburg unsere Aufwartung. Er kehrte gerade von einer Inspektionsreise seiner Güter auf der anderen Rheinseite zurück. Er ist der dritte oder sogar vierte Kardinal aus dem Hause Rohan, der zugleich Bischof von Straßburg ist, weshalb er die Ländereien der Kirche ein wenig als sein erbliches Lehen betrachtet. Er hat in Zabern eine der charmantesten Residenzen der Welt errichtet und angelegt. Er ist ein gut aussehender Prälat, alles andere als fromm und sehr dem weiblichen Geschlecht zugeneigt; voller Esprit und Liebenswürdigkeit, doch mit einer Schwäche, einer Leichtgläubigkeit, die ihm teuer zu stehen kam und die im Zusammenhang mit der unglückseeligen „Halsbandaffäre" unserer armen Königin etliche Tränen gekostet hat. (Oberkirch, S. 115; Übers. S. W.)

Madame d'Oberkirch spielt hier auf die so genannte „Halsbandaffäre" aus dem Jahr 1785 an, für Stefan Zweig „die tollste Affenkomödie der Weltgeschichte". Sie war in gewisser Weise der Anfang vom Ende des „Ancien Régime" in Frankreich. Nicht nur in die Weltgeschichte, auch in die Weltliteratur ist die Affäre eingegangen: Goethe machte daraus ein Drama, den „Großkophta" (1792) und Alexandre Dumas (1802–70) einen Roman, den er „Le collier de la Reine" (1848) nannte.

Was war geschehen? Der Marquise Jeanne Valois de la Motte, einer verarmten Adligen aus dem ehemaligen fran-

Das Palais Rohan. Ansicht von der Terrassenseite um 1900.

zösischen Königshaus der Valois, war zu Ohren gekommen, dass die Pariser Juweliere August Boehmer und Paul Bassenge Königin Marie Antoinette ein zwar nicht sonderlich schönes, dafür aber sündhaft teures Halsband zum Kauf angeboten hatten. Die Marquise schickte daraufhin Rohan, von dessen „heimlicher" Liebe zur Königin jeder wusste, einen gefälschten Brief, in dem die vermeintliche Marie Antoinette ihn bat, das Halsband formal zu erwerben. Die Rechnung werde sie begleichen, nur solle in der Öffentlichkeit nicht bekannt werden, dass die Königin so viel Staatsgelder für ein Schmuckstück verschwende.

Als Rohan zögerte, schickte die Marquise des Nachts eine Dame zu ihm, die sich als Königin ausgab, in Wirklichkeit aber eine Prostituierte war. Ihre körperlichen Reize scheinen den Kardinal endgültig von der Notwendigkeit des Kaufs überzeugt zu haben. Das Halsband wurde also erworben und von einem angeblichen Kurier der Königin abgeholt. Als das versprochene Geld ausblieb, beschloss einer der beiden Juweliere, bei der Königin vorzusprechen. Was dort geschah, schildert Alexandre Dumas in seinem Roman

„Le collier de la Reine“ (deutscher Titel: „Die Halsbandaffäre“):

„Nun, was bringen Sie mir Schönes, Böhmer“, sagte die Königin, sobald sie ihn erblickte, „hoffentlich keine Juwelen! Sie wissen, damit haben Sie kein Glück bei mir.“
Der Juwelier näherte sich ihr verlegen lächelnd und sagte: „Darf ich Ihre Majestät untertänigst daran erinnern, daß Ihre Majestät uns gestern vergessen haben.“
„Vergessen?“ fragte die Königin erstaunt.
„Ja, gestern war … der Termin…“
„Welcher Termin?“
„Gestern war der erste Termin der Bezahlung des Halsbandes“, antwortete Böhmer schüchtern.
„Sie haben also Ihr Halsband verkauft?“
„Aber …“, erwiderte Böhmer verblüfft, „aber… mir scheint ja“.
„Und die Person, an welche Sie es verkauft haben, hat Sie nicht bezahlt. Das ist schlimm, mein armer Böhmer. Aber wie kann ich Ihnen helfen. Die Leute müssen es ebenso machen wie ich. Wenn man das Halsband nicht kaufen kann, so muß man es Ihnen zurückgeben und auf die Anzahlung verzichten.“

(…) Mit zitternden Händen suchte Böhmer in seinem Portefeuille und zog ein Papier heraus, das er der Königin überreichte. „Madame“, sagte er ehrerbietig, aber mit vor Aufregung bebender Simme, „ich glaube nicht, daß Eure Majestät, wenn Sie mir das Halsband hätten zurückgeben wollen, diesen Schuldschein hier geschrieben haben würde.“

„Was ist das für ein Wisch“, rief die Königin. „Ich habe das nicht geschrieben. Ist das etwa meine Handschrift?“

„Es ist doch aber unterzeichnet“, entgegnete Böhmer fassungslos.

„Marie Antoinette von Frankreich! Sind Sie verrückt! Ich bin Erzherzogin von Österreich und nicht von Frankreich! Es ist albern, auf die Idee zu kommen, daß ich das geschrieben haben soll. Die Falle ist zu plump, Herr Böhmer, sagen Sie das Ihren Fälschern.“ (Dumas, S. 309ff.)

Eng lehnt sich das ehemalige Jesuitenkolleg an das Südportal des Münsters an.

Schließlich erfuhr auch der König von der Geschichte und ließ Rohan, den Kardinal von Frankreich, umgehend verhaften – ein unglaublicher Skandal. In dem dann folgenden, öffentlich geführten Prozess wurde der Betrug aufgedeckt. Rohan wurde freigesprochen, die Marquise dagegen gebrandmarkt und zu lebenslanger Haft verurteilt. Nach nur wenigen Monaten allerdings gelang ihr die Flucht nach England, wo sie bald darauf aus ungeklärten Gründen Selbstmord beging. Doch auch das Ansehen der Königin war völlig ruiniert, da kaum jemand an ihre Unschuld glaubte. Während der Revolution wurde ihr der Prozess gemacht. Sie endete auf dem Schafott. Und auch die Juweliere gehören zu den Verlierern der Affäre. Das Geld für das

Halsband haben sie nie bekommen. Noch 100 Jahre später prozessierten ihre Nachfahren gegen die Erben Rohans, doch ohne Erfolg.

Zwischen Kathedrale und Palais Rohan befindet sich ein Gymnasium, das nach dem berühmten französischen Historiker Fustel de Coulanges benannt ist (siehe Seite 82). Der Bau wurde nur wenige Jahre nach dem Palais Rohan errichtet (1755–58), und doch könnte der Kontrast nicht größer sein: Hier die leicht und verspielt wirkende Residenz eines galanten Lebemanns, dort eine abweisende, schmucklose Machtarchitektur, die sich demonstrativ an das Münster anlehnt. Es ist das ehemalige Jesuitenkolleg. Goethe hat die Entmachtung des Ordens in Frankreich miterlebt. In seiner Autobiographie berichtet er, wie die intellektuellen Gottesstreiter ihr gerade erst fertiggestelltes Domizil wieder verlassen müssen:

Ein anderer Gegenstand, wovon sich die protestantischen Straßburger gern unterhielten, war die Vertreibung der Jesuiten. Diese Väter hatten, sobald als die Stadt den Franzosen zuteil geworden, sich gleichfalls eingefunden und um ein Domizilium nachgesucht. Bald breiteten sie sich aber aus und bauten ein herrliches Kollegium, das an den Münster dergestalt anstößt, daß das Hinterteil der Kirche ein Dritteil seiner Facade bedeckt. (...) Daß die Protestanten von ihnen gedrängt, wo nicht bedrängt worden, lag in dem Plane der Gesellschaft, welche die alte Religion in ihrem ganzen Umfange wieder herzustellen sich zur Pflicht machte. Ihr Fall erregte daher die größte Zufriedenheit des Gegenteils, und man sah nicht ohne Behagen, wie sie ihre Weine verkauften, ihre Bücher wegschafften und das Gebäude einem andern, vielleicht weniger tätigen Orden bestimmt ward. (Goethe, Bd. 14, S. 411)

Zwischen dem ehemaligen Jesuitenkolleg und dem Palais Rohan verläuft die Rue de la Râpe. Wir folgen ihr bis zum Haus mit der Nummer 12, das als „Maison Cagliostro" bekannt ist. 1781 wohnte hier der italienische Bauerssohn und Hochstapler Joseph Balsamo (1743–95), der sich auf seinen Reisen, die ihn durch ganz Europa führten, als „Fürst

Cagliostro" ausgab und als großer Magier, Alchemist und Wunderheiler in einem. Mit ihm verbunden ist ein zweiter großer Skandal, den Rohan provoziert hat. Der stinkreiche Kardinal, der dennoch ständig in Finanznöten war, hatte Cagliostro an seinen Hof gerufen, damit er ihn die Kunst des Goldmachens lehre. Cagliostro aber verschwand über Nacht, natürlich ohne Gold zu hinterlassen.

Madame d'Oberkirch, die sich keinen Skandal entgehen ließ, hat natürlich auch Cagliostro kennen gelernt und ihn in ihren Memoiren beschrieben. Offenbar hat er bei ihr einen nachhaltigen Eindruck hinterlassen:

Er war seit September im Elsass, und er erregte dort ein ungeheures Aufsehen, weil er vorgab, sämtliche Krankheiten heilen zu können. Da er kein Geld annahm, sondern im Gegenteil viel davon an die Armen verteilte, zog er die Massen an, trotz des Misserfolgs seiner Wundermittel (...). Er war nicht gerade schön, doch nie hatte ich eine beeindruckendere Physiognomie gesehen. Vor allem war sein Blick von einer fast übernatürlichen Tiefe; ich weiß nicht, wie ich den Ausdruck seiner Augen widergeben soll: Es lag darin zugleich Feuer und Eis; er zog an und stieß ab, er machte Angst und er weckte eine unüberwindliche Neugier. (Oberkirch, S. 116; Übers. S. W.)

Nach seiner Rückkehr nach Italien wurde Cagliostro in Rom als Ketzer zum Tode verurteilt, schließlich aber zu lebenslanger Haft „begnadigt". Der Vielschreiber Alexandre Dumas hat – nie um ein Thema verlegen – auch daraus einen 1864 erschienenen Roman gemacht: „Les mémoires d'un médecin" („Die Memoiren des Arztes"). Aber auch schon Goethe, der im Unterschied zu vielen seiner Zeitgenossen Cagliostro sehr skeptisch gegenüberstand, hat dessen Geschichte in sein Drama „Der Großkophta" eingearbeitet.

Schräg gegenüber dem Haus Cagliostros, in der Rue des Ecrivains Nr. 6, sieht man eine Gedenktafel, die an Gustave Doré (1832–83) erinnert. Der in Straßburg geborene Zeichner hat zusammen mit seinen Eltern von 1832 bis 1841 in diesem Haus gewohnt, bevor er nach Paris ging (siehe Seite 98 und 241f.). Links daneben, untergebracht in einem eleganten „Hôtel“ aus dem 18. Jahrhundert, befindet sich das „Institut d'Etudes Allemandes“, das in den zwanziger Jahren als eine Einrichtung der französischen Armee im besetzten Rheinland gegründet wurde. Nach dem Abzug der Franzosen wurde es nach Straßburg verlegt und später der Universität angegliedert. Heute ist es eines der wenigen Zentren, wo interdisziplinäre Deutschlandstudien betrieben werden.

Der Rundgang um das Münster lässt sich abschließen mit einem Abstecher zu einer der zahlreichen Caféterrassen auf dem Place du Marché Gayot, ein etwas versteckt gelegener Platz, gleich hinter der Kathedrale. Man findet ihn, wenn man der Rue des Ecrivains etwa 50 Meter aufwärts folgt und dann rechts abbiegt. Benannt ist der Place du Marché Gayot nach einem königlichen „Intendanten“ Straßburgs, der im 18. Jahrhundert die Neugestaltung der Stadt eingeleitet hat, auf die auch dieser Platz zurückgeht. Goethe, ein Fan „moderner“ Stadtplanung, hat die Bauvorhaben in „Dichtung und Wahrheit“ rückblickend gewürdigt:

Auffallend und uns Pflastertretern täglich vor Augen war das Projekt zur Verschönerung der Stadt, dessen Ausführung von den Rissen und Planen auf die seltsamste Weise in die Wirklichkeit überzugehen anfing. Intendant Gayot hatte sich vorgenommen, die winkligen und ungleichen Gassen Straßburgs umzuschaffen und eine wohl nach der Schnur geregelte, ansehnliche, schöne Stadt zu gründen. Blondel, ein Pariser Baumeister, zeichnete darauf einen Vorschlag, durch welchen hundertvierzig Hausbesitzer an Raum gewannen, achtzig verloren und die übrigen in ihrem vorigen Zustande verblieben. (Goethe, Bd. 14, S. 410)

Literatur und Revolution – die südliche Altstadt

Der zweite Spaziergang beginnt am selben Ort wie der erste: vor der Kathedrale. Er führt uns durch den südlichen Teil der „Grande Île“, jener von der Ill und dem Fossé du Faux-Rempart umschlossenen Insel, die den Kern der Straßburger Altstadt bildet. Dort werden wir den Spuren literarischer Revolutionäre des 18. Jahrhunderts begegnen, die sich in Straßburg aufgehalten haben: in den siebziger Jahren die „Stürmer und Dränger“ um Goethe und Herder, und in den neunziger Jahren – den bewegten Jahren der großen Französischen Revolution – die schreibenden deutschen und französischen Jakobiner.

Zum Gutenbergplatz

Vom Münsterplatz gehen wir durch die Rue Mercière in gerader Linie auf den Gutenbergplatz (Place Gutenberg) zu. Der ehemalige „Gartnersmarkt“ ist nach dem aus Mainz stammenden Johannes Gensfleisch benannt, der sich von 1434 bis 1444 unter dem Namen „Gutenberg“ in Straßburg aufgehalten und hier den Buchdruck erfunden hat. Der Legende nach hatte er die revolutionäre Idee auf einer Insel der Ill, vor den Toren der Stadt. Die Wirklichkeit muss man sich etwas prosaischer vorstellen: Gutenberg war ein frühindustrieller Unternehmer, dem verschiedene Werkstätten gehörten, in denen er und seine Mitarbeiter über viele Jahre hinweg an der Methode arbeiteten, die die westliche Welt verändern sollte. Also kein individueller Geistesblitz, sondern ein Prozess, an dem viele Hände beteiligt waren. In seinem Roman „Ritter Gensfleisch zum Gutenberg“ aus dem Jahr 1954 hat der DDR-Autor Claus Back ihn lebendig beschrieben.

Auf jeden Fall wurde Straßburg dank Gutenberg eines der bedeutendsten Zentren des Buchdrucks im Europa der

Renaissance. Eines dieser Bücher hat unrühmlich Geschichte gemacht: der „Malleus Maleficorum", verfasst von dem Inquisitor Heinrich Institoris und besser bekannt unter dem Namen „Hexenhammer". Tausende von Frauen in ganz Europa brachte dieses 1487 in Straßburg erschienene Buch auf den Scheiterhaufen (siehe Seite 140).

Im 16. Jahrhundert wurden zahlreiche refomatorische Schriften und Gegenschriften hier gedruckt, aber auch viele literarische Werke, z. B. das des heute völlig vergessenen Neulateiners Conrad Celtis (1459 – 1508). 1487 hatte ihn Kaiser Friedrich III. immerhin zum ersten deutschen „poeta laureatus" gekrönt. Auch die deutsche und französische Pressegeschichte nahm in Straßburg ihren Anfang: Mit der „Relation" wurde hier 1609 die erste Zeitung des damaligen deutschen Reiches gedruckt, die zugleich auch die erste Zeitung auf dem Territorium des heutigen Frankreich war.

Gründe genug also, dem Pionier der Buchdruckkunst ein Denkmal zu errichten. Es wurde von dem Pariser Bildhauer David d'Angers gestaltet und 1840 auf dem Platz aufgestellt, der seitdem Gutenbergs Namen trägt. Auf dem Sockel sieht man Vertreter aller Kontinente, die die Erfindung staunend zur Kenntnis nehmen. Dass der Buchdruck mit beweglichen Lettern in Asien schon lange vor Gutenberg bekannt war, verschweigt der Künstler. Kulturpropaganda eben! Dem deutschen Arzt und Schriftsteller Alfred Döblin (1878 – 1957) hat es trotzdem gefallen:

Da oben stand der alte Gutenberg, schwarz, ganz schwarz von Druckerschwärze, wie es sich gehört. (Döblin, S. 123)

Zur Zeit Gutenbergs war der Platz, der heute seinen Namen trägt, das politische Zentrum der Stadt. Hier stand die „Pfalz", das Gebäude der Stadtverwaltung. 1514 beherbergte das Gebäude eine der bekanntesten Persönlichkeiten des damaligen Europa: Erasmus (1466 – 1536), der sich selbst „von Rotterdam" nannte, um seine uneheliche Herkunft zu verschleiern. Der Humanist, Pazifist und Europäer, dessen Werke zu einem beträchtlichen Teil in Straßburg gedruckt worden sind, stand auf dem Höhepunkt seines Ansehens, als er nach Straßburg kam. Man pries ihn als „doctor

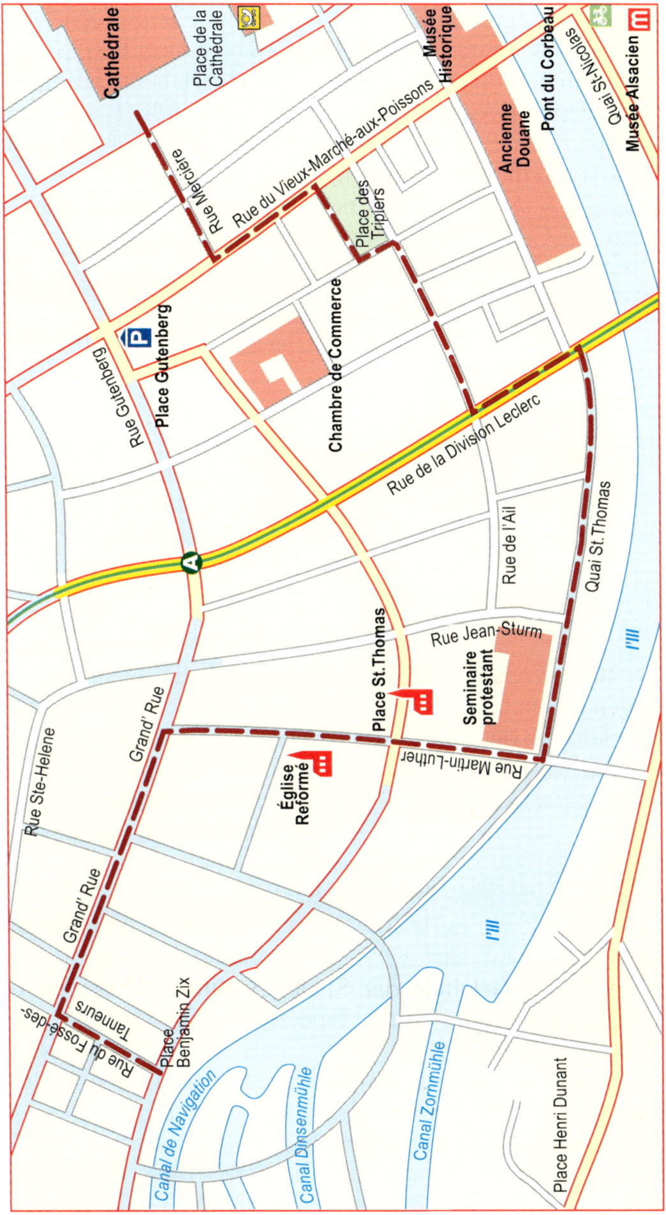

Cathédrale
Place de la Cathédrale
Musée Historique
Rue du Vieux-Marché-aux-Poissons
Rue Mercière
Place des Tripiers
Ancienne Douane
Pont du Corbeau
Quai St-Nicolas
Musée Alsacien
Rue Gutenberg
Place Gutenberg
Chambre de Commerce
Rue de la Division Leclerc
Rue de l'Ail
Quai St. Thomas
Rue Jean-Sturm
Place St. Thomas
Seminaire protestant
l'Ill
Grand' Rue
Rue Ste-Helene
Église Reformé
Rue Martin-Luther
Grand' Rue
l'Ill
Rue du Fossé-des-Tanneurs
Place Benjamin Zix
Canal de Navigation
Canal Dinsenmühle
Canal Zornmühle
Place Henri Dunant

universalis", als „Licht der Welt". In deutscher Sprache war er damals der meistgedruckte Autor überhaupt! Erst Luther sollte ihn überholen. Dennoch ist sein Werk heute nur noch Spezialisten bekannt. 1934 versuchte der jüdisch-österreichische Autor Stefan Zweig (1881 – 1942) ihn dem Vergessen zu entreißen. In seinem Essay „Triumpf und Tragik des Erasmus von Rotterdam" pries er seine „geistige" Herrschaft als Gegenmodell zu den Diktatoren seiner Zeit:

Dieses Imperium des Erasmus, das zum erstenmal – denkwürdige Stunde! – alle Länder, Völker und Sprachen Europas umfaßte, war eine milde Herrschaft. Weil gewaltlos errungen, einzig durch die werbende und überzeugende Kraft geistiger Leistung, verabscheut der Humanismus jede Gewalt. Weil einzig per acclamationem erwählt, übt Erasmus keinerlei rechthaberische Diktatur. Freiwilligkeit und innere Freiheit sind die Staatsgrundgesetze seines unsichtbaren Reiches (...). Mit ihm beginnt jenes noch heute nicht erfüllte Postulat der vereinigten Staaten Europas im Zeichen einer gemeinsamen Kultur und Zivilisation. (Zweig, Erasmus, S. 99ff.)

Mit Beginn des 16. Jahrhunderts wurde die Pfalz durch den so genannten „Neuen Bau" abgelöst, heute eines der ältesten Gebäude der Stadt: die Chambre de Commerce am Gutenbergplatz Nr. 10. Bis 1789 hatte der Rat der Stadt hier seinen Sitz. Besonders beliebt scheint er nicht gewesen zu sein. Als die Französische Revolution ausbrach, wurde das Gebäude gestürmt und die Akten der Stadtverwaltung auf die Straße geworfen. In den folgenden, bewegten Jahren, als der Platz „Place de la Révolution" hieß, war im „Neuen Bau" der „Club der Verfassungsfreunde" untergebracht. Darin hatten sich die revolutionären Bürger der Stadt organisiert, allen voran Philippe Frédéric de Dietrich, ihr erster „Maire" (Bürgermeister).

Doch nicht nur Franzosen, auch viele Deutsche waren Mitglieder des Clubs geworden, um so am Bau der neuen Gesellschaftsordnung mitzuwirken. Einer der prominentesten war Friedrich Christoph Cotta (1758 – 1838). Sein Bruder Johann Friedrich leitete das berühmte Tübinger Ver-

Der Gutenbergplatz um 1900

lagshaus, in dem die deutschen „Klassiker“ verlegt wurden: Goethe, Schiller, Herder, Hölderlin und Jean Paul. Friedrich Christoph dagegen wollte seine verlegerischen Kenntnisse in den Dienst der revolutionären Sache stellen. 1791 gab er das „Straßburger politische Journal“ heraus, die deutschsprachige Zeitschrift des Clubs. Sie war ein Organ der Revolutionspropaganda, das sich an elsässische und deutsche Leser wandte. Auch in Deutschland kämpfte Cotta für seine republikanische Überzeugung: Während der so genannten „Mainzer Republik“ von 1792 diente er als Propagandist im Stab der französischen Rheinarmee. 1796 kehrte er als französischer Zivilkommissar in seine schwäbische Heimat zurück.

Ein weiterer „deutscher Jakobiner“ in Straßburg war der politische Journalist Johann Georg Kerner (1770–1812). Ab 1791 arbeitete er als Sekretär des Jakobinerclubs, einer radikalen Abspaltung des „Clubs der Verfassungsfreunde“. Während der „Schreckensjahre“ musste er aus Frankreich fliehen. Er kehrte ins französisch besetzte Hamburg zurück, verblieb dort aber noch bis 1801 in französischen Diensten. Die letzten Jahre seines Lebens war er als Armenarzt in der Hansestadt tätig.

Nicht nur Männer, auch politisch engagierte Frauen zog es damals in die Stadt an der Ill, z.B. Therese Huber (1764–1829). Die heute zu Unrecht völlig Vergessene war eine der ersten weiblichen Berufsschriftstellerinnen Deutschlands und eine der populärsten Autorinnen ihrer Zeit. Mit ihren männlichen Kollegen Goethe, Jean Paul, den Schellings und den Schlegels stand sie in engem Kontakt. Ihr damaliger Mann war der zu seiner Zeit ebenfalls populäre Reiseschriftsteller und „deutsche Jakobiner" Georg Forster. Doch ihre Ehe war damals längst am Ende. Während Georg nach Paris reiste, lebte Therese in Straßburg mit ihrem Geliebten, der zugleich ein Freund ihres Mannes und später Redakteur des eben erwähnten Cotta-Verlages war: Ludwig Ferdinand Huber (1764–1804). Nach Georgs Tod 1794 in Paris heirateten die beiden.

Der seinerzeit bekannteste Deutsche im revolutionären Straßburg war jedoch Eulogius (eigentlich Johann Georg) Schneider (1756–1794). Der junge Theologe aus Bayern nahm 1791 eine Stelle als Vikar beim Straßburger Bischof an. Bald schon schloss er sich dem radikalen Flügel des „Clubs der Verfassungsfreunde" an, der sich später abspaltete und einen eigenen Club gründete, den der Jakobiner. Schneider veröffentlichte politische und erotische Gedichte und gab eine eigene Zeitschrift heraus, den „Argos", eine der wichtigsten Tribünen des deutschen Jakobinismus. Er war es auch, der den Straßburger Dichter Daniel Ehrenfried Stoeber ermutigte, seine Gedichte zu veröffentlichen (siehe Seite 114).

Seinen Zeitgenossen allerdings blieb er weniger als Literat, sondern als „Öffentlicher Ankläger der Republik" für das neu geschaffene Département „Bas-Rhin" in Erinnerung. In dieser Funktion zog Schneider mit einer zusammenklappbaren Guillotine von Ort zu Ort. Auf dem Gipfel des „Terreurs" denunzierte Schneider seinen Erzrivalen, den Straßburger Maire Dietrich, als Landesverräter. Dietrich wurde tatsächlich verurteilt und 1793 hingerichtet. Doch nur kurze Zeit später folgte ihm Schneider auf die Guillotine. Die Familie Dietrich konnte sich dagegen retten. Im 19. Jahrhundert stieg sie zu einer der führenden Industriellenfamilien der Region auf.

In der Rue du Vieux-Marché-aux-Poissons

Wir verlassen nun den Gutenbergplatz über die Rue du Vieux-Marché-aux-Poissons, den „Alten Fischmarkt". Im Haus Nr. 52 wurde der elsässiche Dichter und Bildhauer Hans Arp (1886–1966) geboren, der sich später Jean Arp nannte. Eine Gedenktafel erinnert daran. In seiner Jugend, die er in Straßburg verbrachte, gehörte Arp als jüngstes Mitglied zu der Dichtervereinigung des „Jüngsten Elsass" um René Schickele, Otto Flake und Ernst Stadler (siehe Seite 143). In den Jahren vor dem Ersten Weltkrieg schloss er sich dem „Blauen Reiter" in München an, nach Kriegsausbruch den Dadaisten in Zürich und in den zwanziger Jahren den Pariser Surrealisten um André Breton. Dort begann er, auch auf Französisch zu schreiben. Das in deutscher Sprache verfasste Gedicht „Straßburgkonfiguration" aus dem Jahr 1932 kann als Arps literarische „Visitenkarte" gelten. Hier ein Auszug daraus:

ich bin in straßburg geboren.
ich habe fünf gedichtbücher herausgegeben. die titel dieser bücher sind der vogel selbdritt – die wolkenpumpe – der pyramidenrock – weißt du schwarzt du – vier knöpfe zwei löcher vier besen.

1916 habe ich in zürich unter freuden dada geboren. dada ist für den unsinn das bedeutet nicht blödsinn. dada ist unsinnig wie die natur und das leben. dada ist für die natur und gegen die kunst. dada will wie die natur jedem ding seinen wesentlichen platz geben.

außerdem obliege ich teils sitzend teils stehend der bildhauerei. niemand kann mir nachweisen daß ich je eine nymphe einen general oder einen adler modelliert habe. (Arp, S. 61)

Am Haus Nr. 36 in derselben Straße stößt man auf eine weitere Gedenktafel, die an Johann Wolfgang von Goethe (1749–1832) erinnert. Während seines Straßburg-Aufenthalts in den Jahren 1770/ 71 hat er hier gewohnt und seine lateinische Doktorarbeit verfasst, die allerdings von der Straßburger Universität abgelehnt wurde. Wenn man Goethes eigener Darstellung glauben will, so lag dies an ihrem brisanten Inhalt. Ob es noch andere, für Goethe weniger schmeichelhafte Gründe gegeben hat, muss ein Geheimnis bleiben. Die besagte Dissertation ist nämlich verschollen. Erhalten sind dagegen die literarischen Arbeiten Goethes, die hier entstanden sind: die Urfassung seines Sturm-und-Drang-Stücks „Götz von Berlichingen" sowie die berühmten „Sesenheimer Gedichte". Auch dem Faust-Stoff will Goethe hier erstmals begegnet sein. In seiner Autobiographie „Dichtung und Wahrheit" hat er seine Straßburger „Schreibwerkstatt" beschrieben:

Ich bezog ein kleines, aber wohlgelegenes und anmutiges Quartier an der Sommerseite des Fischmarktes, einer schönen langen Straße, wo immerwährende Bewegung jedem unbeschäftigten Augenblick zu Hülfe kam. (Goethe, Bd. 14, S. 389)

Die „schöne lange Straße", von der Goethe spricht, ist so etwas wie Straßburgs „Schicksalsstraße". Ihre Verlängerung führt in die eine Richtung nach Paris und in die andere nach München und Wien. Hier trafen sich die Menschen aus unterschiedlichen Nationen, über sie kamen Ideen aus Deutschland und solche aus Frankreich und verbanden sich zu der spezifisch elsässischen Mischung. 1968 zogen über diese Straße die revoltierenden Studentinnen und Studenten. Zwei Generationen zuvor war über dasselbe Pflaster der deutsche Kaiser Wilhelm II. geritten, bei seinen alljährlichen Besuchen in Straßburg. Und noch einmal rund 150 Jahre davor hatte hier Marie Antoinette, die künftige Königin von Frankreich, ihren Einzug gefeiert. Goethe hat das Spektakel – vielleicht von seinem Fenster aus – als durchaus kritischer Beobachter miterlebt:

Der schönen und vornehmen, so heitren als imposanten Miene dieser jungen Dame erinnere ich mich noch recht wohl. Sie schien in ihrem Glaswagen, uns allen vollkommen sichtbar, mit ihren Begleiterinnen in vertaulicher Unterhaltung über die Menge, die ihrem Zug entgegenströmte, zu scherzen (...). Vor Ankunft der Königin hatte man die ganz vernünftige Anordnung gemacht, daß sich keine mißgestalteten Personen, keine Krüppel und ekelhafte Kranke auf ihrem Wege zeigen sollten. Man scherzte hierüber, und ich machte ein kleines französisches Gedicht, worin ich die Ankunft Christi, welcher besonders der Kranken und Lahmen wegen auf der Welt zu wandeln schien, und die Ankunft der Königin, welche diese Unglücklichen verscheuchte, in Vergleichung brachte. Meine Freunde ließen es passieren; ein Franzose hingegen, der mit uns lebte, kritisierte sehr unbarmherzig Sprache und Versmaß, obgleich, wie es schien, nur allzu gründlich, und ich erinnere mich nicht, nachher je wieder ein französisches Gedicht gemacht zu haben. (Goethe, Bd. 14, S. 397f.)

Kaiser Wilhelm II. bei einem Straßburg-Besuch auf der Rabenbrücke

Die Anekdote ist bezeichnend für Goethes Verhältnis zur französischen Sprache. In der Tat scheint er kaum Kontakt zu den französischsprachigen Kreisen der Stadt gehabt zu haben, etwa den Salons von Madame Koenig oder Madame d'Oberkirch. Stattdessen schloss er sich einer bereits bestehenden Studentengruppe an, in der nach Goethes eigenen Worten „nichts wie Deutsch gesprochen" wurde. Mittelpunkt dieser Gruppe war die heutige Rue de l'Ail.

In der Rue de l'Ail

Gegenüber Goethes ehemaligem Wohnhaus erstreckt sich ein kleiner, begrünter Platz, genannt Place des Tripiers. Von der anderen Seite läuft auf den Platz die Rue de l'Ail zu, die ehemalige Knoblochgasse. Eines der schönsten Häuser in dieser Straße ist die Nummer 19, der ehemalige Gasthof „Au Trois Lièvres" (Zu den drei Hasen). Als das Haus noch ein Neubau war, in den siebziger Jahren des 18. Jahrhunderts, wohnte hier ein junger Medizinstudent aus Deutschland: Johann Heinrich Jung, genannt Stilling (1740–1817). Goethe hat ihn in „Dichtung und Wahrheit" porträtiert:

... er hieß Jung, und ist derselbe, der nachher unter dem Namen Stilling zuerst bekannt geworden. Seine Gestalt, ungeachtet einer veralteten Kleidungsart, hatte, bei einer gewissen Derbheit, etwas Zartes. Eine Haarbeutelperücke entstellte nicht sein bedeutendes und gefälliges Gesicht. (...) besonders erzählte er seine Lebensgeschichte auf das anmutigste, und wußte dem Zuhörer alle Zustände deutlich und lebendig zu vergegenwärtigen. Ich trieb ihn, solche aufzuschreiben, und er versprach's. (Goethe, Bd. 14, S. 403ff.)

Aus dem Versprechen sind fünf umfangreiche Bände geworden, dessen ersten Goethe heimlich ohne das Wissen des Autors herausgebracht hat. Im dritten Band „Henrich Stillings Wanderschaft" (1778) beschreibt Jung-Stilling – vornehm in der dritten Person von sich sprechend – seine Straßburger Zeit und vergisst natürlich nicht, seines Freundes und Gönners zu gedenken. In gewisser Weise lässt die

Beschreibung bereits den späteren Goethe-Kult voraus-ahnen:

Des anderen Mittags gingen sie zum erstenmal ins Kosthaus zu Tische. Sie waren zuerst da, man wies ihnen ihren Ort an. Es speisten ungefähr zwanzig Personen an diesem Tisch, und sie sahen einen nach dem andern hereintreten. Besonders kam einer mit großen hellen Augen, prachtvoller Stirn und schönem Wuchs mutig ins Zimmer (...). Sie wurden indessen gewahr, daß man diesen ausgezeichneten Menschen Herr Goethe nannte. (Jung-Stilling, S. 274)

Zu den Straßburger Freunden von Jung-Stilling gehörte auch Jakob Michael Reinhold Lenz (1740–1817), der Dichter, der die revolutionäre Konzeption des „Sturm und Drang" vielleicht am weitesten vorangetrieben hat. Das Leiden dieses Einzelgängers an seinem „Kastratenjahrhundert" wurde vor allem in jüngerer Zeit immer wieder literarisch gestaltet: von Peter Huchel, Johannes Bobrowski, Peter Schneider und Sigrid Damm.

Lenz war 1771 als Gesellschafter der Barone von Kleist, zweier adliger Offiziere aus dem Baltikum, nach Straßburg gekommen und wohnte in vermutlich engen Kammern in häufig wechselnden Unterkünften. Sein Alltag hatte daher nichts mit dem der Studenten Goethe und Jung-Stilling gemeinsam. In ihrem Lenz-Roman „Vögel, die verkünden Land" aus dem Jahr 1985 hat die Germanistin Sigrid Damm dies eindrücklich geschildert:

Wenn die Offiziere es wünschen, befehlen, hat Lenz sie zu begleiten, ins Kasino, auf die Promenade, zur Wachablösung oder ins Theater, ins Gasthaus, in private Gesellschaften (...). Er ist verantwortlich für alles, vom Zimmer aufräumen, Essen und Wein herbeischaffen, Uniformen ausbürsten, schmutzige Wäsche wegbringen bis zum Stiefelputzen vermutlich. (Damm, S. 93)

Kurz bevor Goethe, der gerade seine „Licence" abgelegt hatte, Straßburg verließ, lernten sich die beiden doch noch kennen, trotz aller sozialer Unterschiede, die sie trennten. Das Charakterbild, das Goethe von Lenz in „Dichtung und

Wahrheit“ zeichnet, fällt allerdings wenig schmeichelhaft aus:

Ich lernte ihn erst gegen das Ende meines Straßburger Aufenthaltes kennen. Wir sahen uns selten; seine Gesellschaft war nicht die meine (...). Für seine Sinnesart wüßte ich nur das englische Wort whimsical, welches, wie das Wörterbuch ausweist, gar manche Seltsamkeiten in einem Begriff zusammenfaßt. (Goethe, Bd. 14, S. 539f.)

So schreibt der alte Goethe. Beim jungen hätte es noch anders geklungen. Anders als die Darstellung in „Dichtung und Wahrheit“ vermuten lässt, waren Goethe und Lenz in Straßburg nämlich enge Freunde geworden. Nachdem Goethe die Stadt verlassen hatte, schrieben die beiden sich regelmäßig, und zweimal hat Goethe Lenz noch in Straßburg besucht (siehe Seite 31f.). Für den Druck von Lenz’ erstem Drama, den „Hofmeister“, setzte sich Goethe energisch ein. Erst Jahre später kam es zu einem Zerwürfnis, dessen Gründe bis heute nicht bekannt sind, das Lenz aber buchstäblich vernichtet hat, literarisch ebenso wie menschlich.

Folgt man der Rue de l’Ail, stößt man nach rund 100 Metern auf die Rue de la Division-Leclerc, eine breite Schneise, die zu Beginn des 20. Jahrhunderts durch die Altstadt getrieben worden ist und deren Bebauung aus den zwanziger Jahren stammt. Heute saust die moderne Trambahn hier entlang. An der Stelle des linken Eckhauses, wo beide Straßen aufeinander treffen (Rue de l’Ail Nr. 22), stand bis zum Zweiten Weltkrieg das Gebäude der ehemaligen „Pension Lauth“. Im Erdgeschoss befand sich in der zweiten Hälfte des 18. Jahrhunderts – wie heute auch – eine Gaststätte. Die beiden Betreiberinnen der Pension boten dort für Studenten der Universität einen Mittagstisch an.

Es hatte sich eingebürgert, dass sich hier ein ganz bestimmter Kreis von Studenten und ihren Freunden traf, die sich um den Aktuarius Johann Daniel Salzmann geschart hatten. Zu ihm gehörten Goethe, Jung-Stilling, Lenz, Herder, Wagner, kurz: Es ist die berühmte „Tischgesellschaft“, eine der Geburtsstätten des „Sturm und Drang“. Der Ruf dieses Kreises in der Stadt scheint übrigens miserabel gewesen zu sein. Noch 100 Jahre später heißt es in einer Kulturgeschichte der Stadt Straßburg über einen Mann namens Abbé Frick, er sei vor allem „durch den Einfluss des Sturm und Drang" zum „Räuber und Mörder" geworden. Bei Goethe klingt das Ganze natürlich völlig anders:

Die Tischgesellschaft, die man mir und der man mich empfahl, war sehr angenehm und unterhaltend. Ein paar alte Jungfrauen hatten diese Pension schon lange mit Ordnung und gutem Erfolg geführt; es konnten ungefähr zehen Personen sein, ältere und jüngere.

(...) Ein pensionierter Ludwigsritter befand sich unter denselben; doch waren Studierende die Überzahl, alle wirklich gut und wohlgesinnt, nur mußten sie ihr gewöhnliches Weindeputat nicht überschreiten. Daß dieses nicht leicht geschah, war die Sorge unseres Präsidenten, eines Doktor Salzmann. Schon in den Sechzigen, unverheuratetet, hatte er diesen Mittagstisch seit vielen Jahren besucht und in Ordnung und Ansehen erhalten.

(...) Unsere Tischgesellschaft vermehrte sich wohl auf zwanzig Personen, und weil unser Salzmann bei seiner hergebrachten Methode beharrte; so blieb alles im alten Gange, ja die Unterhaltung ward beinahe schicklicher, indem sich ein jeder vor mehreren in acht zu nehmen hatte. (Goethe, Bd. 14, S. 391f. u. S. 403)

Unter den Teilnehmern der Tischgesellschaft waren zahlreiche Deutsche, aber auch Elsässer, so z. B. der Straßburger Kaufmannssohn und Jura-Student Heinrich Leopold Wagner (1747 – 1797). Auch mit ihm hat Goethe später radikal gebrochen. Wagner ist heute vor allem durch sein 1776 verfasstes Sturm-und-Drang-Stück „Die Kindermörderin" bekannt, das er erstmals in der von Jakob Lenz in Straßburg gegründeten „Deutschen Gesellschaft" vorgelesen hat. Dem Stück liegt ein damals stadtbekannter Fall zugrunde, der auch Goethe zu der Gretchengeschichte in seinem „Faust I" inspiriert haben dürfte. Und doch unterscheiden sich beide Darstellungen grundlegend. Wagner situiert das Geschehen eindeutig in Straßburg, was u. a. an der dialektal gefärbten Sprache zu erkennen ist. Daneben erwähnt er aber auch viele bekannte Straßen und Gebäude, ja, selbst einige Bürger der Stadt. Einer davon ist der Tanzlehrer Saveur, bei dem auch Goethe Stunden genommen hat. Ferner unterscheidet sich Wagners Stück von dem Goethes durch seinen oft drastischen Realismus, z. B. in der einleitenden Bordellszene. Gerade dies dürfte den DDR-Autor Peter Hacks, einen erklärten Gegner von „Klassizismen aller Art", an dem Stück fasziniert haben. 1963 legte er eine moderne Neubearbeitung vor, die das Stück vor dem völligen Vergessen rettete.

Das Eckhaus auf der rechten Seite, gleich gegenüber (Rue d'Ail Nr. 15), ist ein Bau des 20. Jahrhunderts. Hier befand sich die Redaktion der 1929 gegründeten „Elsass-Lothringischen Zeitung", die so genannte ELZ. Sie war in den dreißiger Jahren das führende Blatt der elsässischen Autonomisten, die die Selbständigkeit des Elsass innerhalb Frankreichs forderten, und dafür sogar bereit waren, mit den Nazis zu paktieren. Zu den literarischen Mitarbeitern der Zeitung gehörte Oscar Wöhrle, ein deutscher Schriftsteller, der 1933 als angeblicher „Emigrant" nach Straßburg gekommen war, aber bald schon in der ELZ Propaganda für das Dritte Reich machte (siehe Seite 132).

An der Ill

Wir biegen nun nach links und folgen der Rue de la Division-Leclerc bis zur Ill. Im letzten Eckhaus auf der linken Seite, in der Rue de la Douane Nr. 18, wurde ebenfalls Literaturgeschichte geschrieben. Hier lebte Georg Büchner während seines zweiten Straßburg-Aufenthaltes im Jahr 1835. Büchner war nach Straßburg „gezogen" und „gestoßen" worden. Gestoßen, weil er in Darmstadt die sozialrevolutionäre Zeitschrift „Der hessische Landbote" herausgebracht hatte und deshalb in Deutschland steckbrieflich gesucht wurde. Gezogen, weil seit seinem ersten Aufenthalt von 1831 dort seine Verlobte auf ihn wartete, die Pfarrerstochter Wilhelmine Jaeglé, genannt „Minni". Kasimir Edschmid hat sich in seiner Roman-Biographie „Georg Büchner – eine deutsche Revolution" von 1966 vorzustellen versucht, wie das Mädchen aus dem Elsass den Dichter aus Hessen gesehen hat:

Als er vor zwei Jahren mit Tante Reuss zum ersten Male in unser Haus kam, gefiel mir sein hartes Gesicht gar nicht. Ich hätte nie geglaubt, daß ich mich in dieses Gesicht verlieben könne. Die Stirn war zu hoch und zu breit, das Kinn zu schmal. Es war kein einnehmendes, es war kein Straßburger Gesicht. Es war ein hochmütiges Hessen-Gesicht. (Edschmid, Büchner, S. 128)

Kasimir Edschmid, der eigentlich Eduard Schmid hieß, hat nicht nur über Büchner geschrieben, er hat auch dessen Werke herausgegeben. Einige sind hier in diesem Haus entstanden. Tagsüber arbeitete Büchner an seiner in französischer Sprache verfassten medizinischen Doktorarbeit über das Nervensystem der Barbe („Sur le système nerveux de barbeau"), nachts an dem bitterbösen Satire-Drama „Leonce und Lena" und der Fragment gebliebenen Novelle „Lenz". Darin beschreibt er einen Abschnitt aus dem Leben des bereits damals weitgehend vergessenen Jakob Lenz: seinen Aufenthalt in den Vogesen bei dem berühmten Reformgeistlichen „Papa Oberlin" (siehe Seite 104 und 238). Es ist die Zeit nach dem Zerwürfnis mit Goethe, als Lenz bereits schwer erkrankt ist. Als der Text einige Jahre nach dem frühen Tod Büchners veröffentlicht wurde, waren die Kritiker begeistert:

... die Finsternis verschlang Alles; eine unnennbare Angst erfaßte ihn, er sprang auf, er lief durchs Zimmer, die Treppe hinunter, vor's Haus; aber umsonst, Alles finster, nichts, er war sich selbst ein Traum, einzelne Gedanken huschten auf, er hielt sie fest, es war ihm, als müsse er immer „Vater unser" sagen; er konnte sich nicht mehr finden, ein dunkler Instinkt trieb ihn, sich zu retten, er stieß an die Steine, er riß sich mit den Nägeln, der Schmerz fing an, ihm das Bewußtsein wiederzugeben, er stürzte sich in den Brunnstein, aber das Wasser war nicht tief, er patschte darin.

Da kamen Leute, man hatte es gehört, man rief ihm zu. Oberlin kam gelaufen; Lenz war wieder zu sich gekommen, das ganze Bewußtsein seiner Lage stand vor ihm, es war ihm wieder leicht, jetzt schämte er sich... (Büchner, S. 164)

Fast genau 100 Jahre später stand ein anderer deutscher Emigrant vor diesem Haus: der frisch examinierte Jurist und künftige Professor für Germanistik Hans Mayer. Als Jude und überzeugter Sozialist hatte er im Frühjahr 1933 Deutschland verlassen und war illegal nach Straßburg gegangen. Dort arbeitete er an einer Epoche machenden Biographie über den damals fast vergessenen Büchner, die 1948 erschien. Daneben schrieb er zusammen mit seinem Parteifreund Heinrich Brandler Artikel für die „Neue Welt", die Zeitung der elsässischen Kommunisten. Das im Grunde recht kleine Blatt erschien René Schickele so typisch für das Elsass der Zwischenkriegszeit, dass er es sogar in seinem Roman „Blick auf die Vogesen" von 1927 erwähnte.

Mayer und Brandler gehörten zur deutschen KPD-O (O = Opposition), einer Abspaltung der KPD, die das Modell des „Dritten Weges" favorisierte. Die elsässischen Kommunisten, die ihre Partei nach deutschem Vorbild KPO nannten, gaben vor, die gleichen Ziele zu verfolgen. Doch in Wirklichkeit war die Parteiführung längst von der Goebbels-Propaganda gekauft worden. Durch seine klar gegen Nazi-Deutschland gerichteten Artikel geriet Mayer daher bald in Konflikt mit der gar nicht so kommunistischen Parteilinie, was sich schließlich 1934 in einem Knall entlud. Mayer hat davon im ersten Band seiner Autobiographie „Deutscher auf Widerruf" von 1982 berichtet:

Zum Jahresanfang 1934 berief man einen Parteitag ein. Die Delegierten waren gut präpariert, die meisten hatten was zu verlieren. Wir durften dabei sein, konnten aber begreiflicherweise nicht mitreden. Auch Heinrich Brandler durfte nicht eingreifen: das verbot ihm der Status des Flüchtlings. So hatte man leichtes Spiel. Der Kurs der Zeitung wurde feierlich mißbilligt. Die Redaktion hatte sofort, an jenem Sonntagabend noch, abzutreten.

Das geschah. Uns schlossen sich aber, in erfreulicher Solidarität, sämtliche Redakteure an, bis zum Lehrling und

Volontär: man war angewidert von der Manipulation des Maire und des Député. (Mayer, Widerruf, Bd. 1, S. 176)

Gegenüber dem Büchner-Haus steht die Ancienne Douane, das alte Zollhaus, genauer gesagt ihre Kopie. Das Original wurde im Zweiten Weltkrieg durch Bomben zerstört. In Haus Nr. 13 in der nach ihr benannten Rue de la Douane befand sich im 19. Jahrhundert ein kleiner Gasthof mit dem poetischen Namen „Auberge de la Fleur" (Gasthof zur Blume). Hier verbrachte der französische Romancier Honoré de Balzac (1799 – 1850) im Jahr 1845 mehrere Nächte mit seiner langjährigen Geliebten, der polnischen Gräfin Madame Hanska, mit der er gerade von einer längeren Deutschland-Reise zurückgekehrt war. In seiner Balzac-Biographie hat Stefan Zweig ihre recht komplizierte Liebesgeschichte nacherzählt.

Madame Hanska lebte mit ihrem Mann Wenzeslaw von Hanski auf einem Gut in der Ukraine, wo sie sich umgeben von Luxus tödlich gelangweilt haben muss. Sie begann daher einen Briefwechsel mit dem ihr völlig unbekannten Balzac im fernen Paris, aus dem sich ab 1834 ein „Liebesroman" von Balzac'schem Format entwickelte. Auch nach dem Tod ihres Mannes 1841 willigte Madame Hanska zunächst nicht in eine Heirat ein, wohl aus Sorge, Balzac könne ihr Vemögen ebenso schnell durchbringen wie sein eigenes. Erst an Balzacs Totenbett heirateten die beiden (siehe Seite 100).

Seinen europaweiten Ruhm hat Balzac nicht mehr erlebt. Als Mittler und Übersetzer für den deutschsprachigen Raum wirkten auch einige Straßburger, unter ihnen Ernst Stadler und René Schickele, zu dessen Lieblingsautoren Balzac gehörte. Natürlich las er dessen Romane im französischen Original:

Balzacs Romane besitze ich in verschiedenen Ausgaben, von den leichtfertigen, grünen Bänden des Verlags Calman-Lévy, mit denen man auf Reisen geht, bis zu der Luxusausgabe von Conard. Sie füllen eine halbe Wand. (Schickele, Bd. 3, S. 626)

Doch kehren wir zurück zur Rue de la Division-Leclerc. Auf der gegenüberliegenden Seite beginnt der Quai St.-Thomas, der zu der gleichnamigen Kirche führt. An der Stelle des Hauses Nr. 7 befand sich im 18. Jahrhundert der „Gasthof zum Geist". Nach seiner Ankunft in Straßburg am 4. April 1770 fand Goethe hier seine erste Unterkunft. Im Herbst desselben Jahres stieg dort ein anderer Reisender ab, den Goethe so beschrieben hat:

Sein gepudertes Haar war in eine runde Locke aufgesteckt, das schwarze Kleid bezeichnete ihn gleichfalls, mehr noch aber ein langer, schwarzer Mantel, dessen Ende er zusammengenommen und in die Tasche gesteckt hatte (...). Ein rundes Gesicht, eine bedeutende Stirn, eine etwas stumpfe Nase, einen etwas aufgeworfenen, aber höchst individuell angenehmen, liebenswürdigen Mund. Unter schwarzen Augenbrauen ein Paar kohlschwarze Augen, die ihre Wirkung nicht verfehlten, obgleich das eine rot und entzündet zu sein pflegte. (Goethe, Bd. 14, S. 438f.)

Die Person, der Goethe „rein zufällig" begegnet sein will, war niemand anderer als der um fünf Jahre ältere und schon damals berühmte Philosoph, Theologe und Schriftsteller Johann Gottfried Herder (1744–1803). Natürlich war er mitnichten mit der Absicht nach Straßburg gekommen, eine neue Literaturströmung mit Namen „Sturm-und-Drang" zu gründen. Er hatte ganz andere Sorgen. Herder trug sich nämlich mit dem Gedanken, die Elsässerin Carolina Flachsland (1730–1809), genannt „Psyche", zu heiraten. Diese äußerst gebildete Frau sollte nach Herders Tod seine Herausgeberin und erste Biographin werden. Vielleicht um ihr zu gefallen, wollte Herder sich vor der Hochzeit noch rasch einer Schönheitsoperation unterziehen: Die lästigen Tränensäcke unter seinen Augen sollten verschwinden.

Die Behandlung war äußerst schmerzhaft: Mit einem feinen Bohrer wurde ein Loch durch das Nasenbein gebohrt, durch das die Säfte, die sich angeblich in den Tränensäcken gestaut hatten, abfließen sollten. Um zu verhindern, dass sich die Öffnung im Knochen wieder schloss, musste sie in einer täglichen Prozedur mit einem harten Pferdehaar gereinigt werden. Verantwortlich für diese Operation war der Arzt Lobstein, bei dem auch Goethe Vorlesungen gehört hatte und nach dem heute eine Straße in der Stadt benannt ist. Diese Ehrung dürfte allerdings nicht auf seine Behandlung Herders zurückzuführen sein, die – wie nicht anders zu erwarten – fehlschlug.

Kein Wunder also, dass Herder während seines Straßburg-Aufenthalts ziemlich schlechter Laune war. Besonders nervte ihn ein gewisser Goethe, der ihn schon gleich bei seiner Ankunft in Beschlag nehmen wollte. Selbst bei den Behandlungen Herders war er mit anwesend und stellte dessen Geduld damit sicher auf eine harte Probe:

... ich konnte der Operation beiwohnen und einem so werten Manne auf mancherlei Weise dienstlich und behülflich sein. Hier fand ich nun alle Ursache, seine große Standhaftigkeit und Geduld zu bewundern (...) er schien derjenige von uns zu sein, der am wenigsten litt; aber in der Zwischenzeit hatten wir freilich den Wechsel seiner Laune vielfach zu ertragen. (Goethe, Bd. 14, S. 440)

Was zwischen den beiden Männern alles gesagt wurde, ist natürlich nicht überliefert, nur eine Anekdote wirft ein Licht auf das Verhältnis. Goethe selbst hat sie in seiner Autobiographie erzählt. Anscheinend schickten sich Goethe und Herder – wie im galanten 18. Jahrhundert üblich – des öfteren kleine „Billets“, um sich „der gegenseitigen Hochachtung zu vergewissern“. In einem dieser Kärtchen räsonierte Herder über die Frage, ob der Name Goethe von „Köter“ oder von „Kot“ abzuleiten sein, ein Scherz, den der so Verspottete „freilich nicht fein“ fand. Aber schließlich renkte sich doch noch alles ein. Herder wurde in die „Tischgesellschaft“ eingeführt und wurde dort zum neuen Mittelpunkt. Zu seinen größten Verehrern gehörte Jung-Stilling. Selbst das Bild Goethes, bisher sein „Halbgott“, ließ die Erscheinung Herders verblassen:

Niemalen hat er in seinem Leben mehr einen Menschen bewundert, als diesen Mann. „Herder hat nur einen Gedanken, und dieser ist eine ganze Welt.“ Dieser machte Stilling einen Umriß von allem in einem, ich kann's nicht anders nennen; und wenn jemals ein Geist einen Stoß bekommen hat zu einer ewigen Bewegung, so bekam ihn Stilling von Herdern, und das darum, weil er mit diesem herrlichen Genie, in Ansehung des Naturells, mehr harmonisierte als mit Goethe. (Jung-Stilling, S. 282)

Wir folgen nun dem Quai St.-Thomas bis zum Haus Nummer 1, dem „Séminaire protestant", das auch heute noch bisweilen auf deutsch „Stift" genannt wird. Es ist die Ausbildungsstätte der lutherischen Kirche im Elsass und in Lothringen. Goethe begegnete hier dem greisen Johann Daniel Schöpflin (1694–1771). Der Sohn eines Deutschen und einer Französin war Professor für Geschichte an der Straßburger Universität und „Conseiller du Roi" (Königlicher Rat). Als Schöpflins Hauptwerk gilt seine in lateinischer Sprache verfasste Geschichte des Elsass, die „Alsatia Illustrata", die in zwei Bänden 1751 und 1762 erschienen ist. Goethe war dabei, als eine Gruppe von Studenten ihrem Meister im Hof des „Stifts" ein Ständchen brachten:

Genähert habe ich mich diesem vorzüglichen Manne niemals als in einer Nacht, da wir ihm ein Fackelständchen brachten. Den mit Linden überwölbten Hof des alten Stiftgebäudes erfüllten unsere Pechfeuer mehr mit Rauch, als daß sie ihn erleuchtet hätten. Nach geendigtem Musikgeräusch kam er herab und trat unter uns (...). Der schlank und wohl gewachsene heitere Greis stand mit leichtem freien Wesen würdig vor uns und hielt uns wert genug, eine wohlgedachte Rede, ohne Spur von Zwang und Pedantismus, väterlich liebevoll auszusprechen (...). Wir ließen unsere Zufriedenheit überlaut vernehmen, Trompeten- und Paukenschall erklang wiederholt, und die allerliebste, hoffnungsvolle akademische Plebs verlor sich mit innigem Behagen nach Hause. (Goethe, Bd. 14, S. 520)

In den achtziger Jahren des 19. Jahrhunderts studierte am „Séminaire protestant" Fritz Lienhard (1865–1929), zu Beginn des 20. Jahrhunderts einer der bekanntesten Schriftsteller des Elsass. Ab 1900 gab er die Zeitschrift „Heimat" heraus, zu deren Mitarbeitern anfangs auch die Straßburger Ernst Stadler, René Schickele und Thomas Seltz gehörten (siehe Seite 174ff.). Damit gilt Lienhard als maßgeblicher Begründer der „Heimatliteratur", von der Hermann Wendel einmal spöttisch sagte, sie sei „gleichsam auf Pantoffeln ins Land geschlurft". Als das Elsass 1918 wieder französisch wurde, entschied sich Lienhard für Deutschland, wo er bis zu seinem Tod gelebt hat. In seiner Heimat hat man ihm das bis heute nicht verziehen.

Mehr gepflegt wird dagegen das Andenken an Albert Schweitzer (1875–1965), der während seines Studiums und der anschließenden Assistententätigkeit an der Universität Straßburg im „Séminaire protestant" wohnte. Von 1903 bis 1906 war Schweitzer sogar Leiter des „Stifts". In seiner Autobiographie „Aus meinem Leben und Denken" aus dem Jahr 1931 hat er seine Erinnerungen daran aufgeschrieben:

Obwohl ich nicht mehr Student war, erhielt ich doch die Erlaubnis, in dem mir so lieben Collegium Wilhelmitanum (Thomasstift) als zahlender Gast unter den Alumnen zu leben. Das auf den stillen Garten mit den großen Bäumen gehende Zimmer, in dem ich als Student so glücklich gewesen war, schien mir der tauglichste Ort für die nun kommende Arbeit. Kaum waren die Druckkorrekturen der Doktordissertation erledigt, ging ich an meine theologische Lizentiatenarbeit. (Schweitzer, Bd. 1, S. 45)

Im linken Flügel des Gebäudes hat das „Consistoire" seinen Sitz, die Selbstverwaltungsorganisation der lutherischen Kirche des Elsass und Lothringens. Anfang des 20. Jahrhunderts war Friedrich Curtius Konsistorialpräsident. Er war Deutscher, setzte sich aber entschieden für eine größere Autonomie von Elsass-Lothringen innerhalb des Deutschen Reiches ein. Albert Schweitzer verkehrte häufig in seinem Haus.

Während sich der Vater für das Elsass stark machte, wurde sein Sohn Ernst Robert Curtius (1886–1956) ein europäischer Denker ersten Ranges. Er studierte an der Straßburger Universität Romanistik, wo er u. a. Albert Schweitzer und Ernst Stadler kennen lernte. Obwohl er im Elsass geboren und aufgewachsen war, musste er 1918 wie alle seine Landsleute das Elsass verlassen. In den zwanziger Jahren war er Professor an den Universitäten von Heidelberg und Bonn. Mit den französischen Schriftstellern Romain Rolland, Paul Valéry und ganz besonders André Gide stand er in engem Briefkontakt. Mit seinen kulturgeschichtlichen Essays über Frankreich versuchte er auf eine Versöhnung der beiden „Erbfeinde“ hinzuwirken. Noch heute zählen sie zum Lesenswertesten, was über Frankreich geschrieben worden ist.

Vor der Thomaskirche

Rechts vom „Séminaire protestant“ zweigt die Rue Jean-Sturm ab, benannt nach dem Straßburger Humanisten und Gründer des Gymnasiums (siehe Seite 101). Sie führt auf den Place St.-Thomas, der die gleichnamige Kirche umschließt. An dem Haus mit der Nummer 3 befindet sich eine Gedenktafel, die an das „Journal d'Alsace-Lorraine“ erinnert, das ab 1904 von Léon Boll herausgegeben wurde und dessen Redaktion hier ihren Sitz hatte. Zwei Jahre zuvor war von der deutschen Verwaltung des „Reichslandes Elsass-Lothringen“ der sogenannte „Diktaturparagraph“ aufgehoben worden, der die bisher scharfe Pressezensur zumindest lockerte und das Erscheinen kritischer Zeitungen erleichterte. Das „Journal d'Alsace-Lorraine“ war eine davon.

Wir gehen nun weiter über den Platz bis zum Haus mit der Nummer 8. Hier wohnten Edouard Reuss und sein Sohn Rodolphe. Der Vater Edouard war Theologe am „Séminaire protestant“ von Straßburg, wo auch sein Sohn studierte und später lehrte. In politischer Hinsicht waren beide „Konservative“, aber auf sehr unterschiedliche Art: Edouard Reuss machte sich 1838 mit der Schrift „Wir sprechen Deutsch“ für den Erhalt der deutschen Sprache im Elsass stark. Rodolphe dagegen war ein glühender französischer Patriot. In einem Pariser Verlag veröffentlichte er eine „Histoire d'Alsace“ (Geschichte des Elsass), die für ein französisches Elsass warb und in den Jahren vor und nach dem Ersten Weltkrieg in Frankreich der „Elsass-Bestseller“ schlechthin war. Die beiden Söhne von Rodolphe Reuss kämpften im Ersten Weltkrieg auf der Seite Frankreichs. Keiner von ihnen kehrte aus dem Völkergemetzel lebend zurück.

Die Familie Reuss war übrigens auch mit der Georg Büchners verwandt (mütterlicherseits). Da bei Familie Reuss allerdings nur Deutsch gesprochen wurde, Büchner aber von seinem Vater zum Französischlernen nach Straßburg geschickt worden war, wurde er nicht hier, sondern bei den liberaleren Jaeglés untergebracht (siehe Seite 68f.). Allerdings waren die Jaeglés und ihr deutscher Untermieter häufig im Hause Reuss zu Gast. Dabei dürfte es zwischen dem „Legalisten“ Edouard Reuss und dem jungen Sozialisten Georg Büchner des öfteren hitzige Debatten gegeben haben. In seinem „Büchner-Roman“ lässt Kasimir Edschmid Wilhelmine Jaeglé davon erzählen. Gerade ist ihr Geliebter aus Frankfurt zurückgekehrt, wo er – natürlich heimlich – an einem Putschversuch beteiligt gewesen ist:

Als ich schließlich mit Papa kam, gingen wir gleich zu Tisch. Georg hatte sein kältestes Gesicht aufgesetzt, hatte aber einen roten Kopf. Wir erfuhren gleich, daß am Tag vorher in Frankfurt ein Putsch niedergeschlagen worden war. Offenbar war schon eine Weile darüber geredet worden. Ich konnte mir denken, wie, denn Tante Reuss war bei dem Juliaufstand vor drei Jahren mit ihrem Wagen verunglückt und trug deshalb ihr Holzbein (...). Als Jeanette den Kaffee einschenkte, fragte sie Georg, ob er etwas von den Absichten, in Frankfurt zu putschen, gewußt habe.
„Nein.“
„Es sollen Straßburger Studenten dabeigewesen sein“
„Das ist möglich“. (Edschmid, Büchner, S. 135 u. S. 138)

Wir biegen nun in die Rue Martin-Luther ein, in der der Eingang zur Kirche St. Thomas liegt, die wir bisher nur umkreist haben. Es handelt sich um einen Bau des 13. bis 15. Jahrhunderts. Heute dient sie der lutherischen Gemeinde Straßburgs als Hauptkirche. Ähnlich wie das Münster hat auch St. Thomas berühmte Prediger aufzuweisen, allen voran Martin Bucer (1491–1551). Der elsässische Reformator war ein Gefolgsmann Martin Luthers, dessen Lehre er in Straßburg einführte. Daneben verfasste Bucer zahlreiche Schriften in deutscher wie lateinischer Sprache, in denen er sich mit den Katholiken, aber auch den damals in Straßburg vertretenen Wiedertäufern kritisch auseinandersetzte. Nach der Niederlage der Protestanten im Schmalkaldischen Krieg musste Bucer auf Geheiß von Kaiser Karl V. 1548 Straßburg für immer verlassen.

Heute wird der Innenraum von einem Marmordenkmal aus dem Jahr 1777 dominiert, das der französische Bildhauer Jean-Baptiste Pigalle zu Ehren des Maréchal de Saxe entworfen hat. Der Deutsche hatte dem französischen König lange Jahre gedient und sich damit dieses Denkmal gleich an der Grenze zu Deutschland „verdient“. Der Schriftsteller Hermann Stegemann hat 1930 einen Roman über die „letzten Tage des Marschalls von Sachsen“ veröffentlicht. Fast hundert Jahre davor besuchte sein französischer Kollege Victor Hugo (1802–85) bereits dessen Grabstätte hier in Straßburg und war davon alles andere als angetan. In seinem Reisebericht „Le Rhin“ (Der Rhein) von 1845 kommt sein Unmut deutlich zum Ausdruck:

Dieses Grabmal ist (...) ein ziemlich berühmtes Ding, viel gelobt und sehr mittelmäßig. Es ist eine große Opernmaschine aus Marmor, im dürftigen Pigalle-Stil (...). Zum Glück gibt es in Saint-Thomas noch anderes zu sehen; zuerst die Kirche selbst, die romanisch ist, und deren wuchtige und düstere Glockentürme sehr ausdrucksstark sind; dann die Fenster, die schön sind, obwohl man sie blöderweise in ihren unteren Teilen gebleicht hat; dann die Gräber und Särge, von denen diese Kirche überquillt. (Hugo, S. 319f.; Übers. S.W.)

Mit Kunststilen scheint sich Hugo nicht so ausgekannt zu haben. Trotz der massiven Türme ist die Thomaskirche kein romanischer Bau, sondern ein gotischer. Aber bei der Architektur hält sich Hugo ohnehin nicht lange auf. Viel mehr interessieren ihn die Mumien des Grafen von Nassau und seiner Tochter, die der Sakristan ihm im Keller der Kirche gezeigt hat. Die geplante Konservierungsmethode dagegen empört ihn aufs Höchste:

Der Sakristan (...) hat mir erklärt, dass man vor acht Jahren, als man die Mumien gefunden hat, geglaubt habe, sie einlackieren zu müssen. Was sagen Sie da? Was hilft es, Graf von Nassau gewesen zu sein, um dann 200 Jahre nach seinem Tod von französischen Anstreichern lackiert zu werden? Die Bibel hatte dem menschlichen Leichnam alle möglichen Verwandlungen, Demütigungen und Schicksale versprochen (...); – aber sie hatte nicht gesagt: – Sie werden Dich schließlich einwichsen wie ein Paar Stiefel! (Hugo, S. 320; Übers. S.W.)

In der Rue Salzmann

Vom Haus der Familie Reuss zweigt die Rue Salzmann ab, benannt nach dem Präsidenten der „Tischgesellschaft", die wir bereits kennen gelernt haben. Das von außen eher bescheiden wirkende Haus mit der Nummer 7 war im 18. Jahrhundert eine Herberge, die „Auberge du Louvre". Während seines Straßburg-Aufenthaltes im Jahr 1771 hat Herder hier gewohnt und Besuche von Goethe erhalten. Einige wichtige Programmschriften des „Sturm und Drang" sind vermutlich hier entstanden: Herders „Journal meiner Reise im Jahre 1769", die letzte Fassung der „Plastik" und die erste Version des berühmten Shakespeare-Aufsatzes. Rund 150 Jahre später wohnte am selben Ort für einige Wochen Elias Canetti (1905 – 1994). Seine Ankunft in der Salzmanngasse 7 hat er in „Das Augenspiel" beschrieben:

Mein Gastgeber war Professor Hamm, ein bekannter Gynäkologe. Er wohnte in einem Haus der Altstadt, nicht weit von der Thomaskirche, in der Salzmanngasse (...). Professor Hamm führte mich über eine breite Treppe in den ersten Stock und öffnete die Tür zum Gastzimmer: ein großes, sehr behagliches Zimmer, nach dem Geschmack des achtzehnten Jahrhunderts eingerichtetet. Ein Gefühl, daß es mir nicht zukomme, in diesem Zimmer zu schlafen, erfaßte mich schon auf der Schwelle, es war so intensiv, daß ich verstummte. Professor Hamm, sehr lebhaft, sehr französisch wirkend, hatte einen Ausruf des Entzückens von mir erwartet, denn wer hätte sich ein schöneres Gastzimmer wünschen können? Er empfand die Notwendigkeit, mir zu erklären, wo ich mich befand, er zeigte mir den Blick auf den Münsterturm, der zum Greifen nahe schien und sagte dann: „Dieses Haus war im achtzehnten Jahrhundert ein Gasthaus, es hieß damals „Auberge du Louvre". Herder hat während eines Winters hier gewohnt. Er war krank und konnte nicht ausgehen und hier war es, wo Goethe ihn täglich besuchte. Wir wissen es nicht sicher, aber es besteht eine Tradition, daß Herder in diesem Zimmer gewohnt hat. (Canetti, S. 64f.)

In der Salzmanngasse 6, gleich gegenüber dem Herder-Haus, befindet sich etwas versteckt die „Eglise réformée", die Kirche der Straßburger Hugenotten. Nach der Aufhebung des Toleranzedikts von Nantes durch Louis XIV. 1685 kehrten viele Frankreich den Rücken. Unterstützt durch Johann Sturm ließen sich einige Flüchtlinge in Straßburg nieder und gründeten dort eine kleine französischsprachige Gemeinde. Zu ihr gehörten auch einige Schriftsteller, so z. B. Peter Denais und Isaac Claus, die beide eine „Vermittlerrolle" zwischen Deutschen und Franzosen einnahmen: Denais als Diplomat im Dienst der Kurpfalz, Claus als literarischer Übersetzer (er übertrug z. B. Corneilles „Le Cid" ins Deutsche).

In der Grand' Rue

Die Rue Salzmann mündet nach wenigen Metern in die Grand' Rue, die alte Hauptstraße Straßburgs, heute eine hübsche Fußgängerzone. Wir wenden uns zunächst nach rechts und stehen nun vor dem Haus Nr. 126, dem ehemaligen Hotel „Au Grand Agneau d'Or" (Zum großen goldenen Lamm). Im späten 18. Jahrhundert wohnten hier zwei Männer, wie sie gegensätzlicher nicht sein konnten. Der eine war der spätere österreichische Außenminister Fürst von Metternich (1773–1859), der zusammen mit seinem Bruder an die Diplomatenschule nach Straßburg gekommen war. Vom Fenster seines Hotels aus verfolgte er den Ausbruch der Französischen Revolution, was ihn zu einem überzeugten Revolutionsgegner werden ließ.

Der andere war Rouget de Lisle (1760–1836), ein Offizier der französischen Rheinarmee, deren Stab in Straßburg stationiert war. Sein Name ist jedem französischen Schulkind bekannt. Ein einziges Lied, dessen Text er 1792 am Vorabend des französisch-österreichischen Krieges in diesem Hotel verfasst hat, machte ihn zu einem der berühmtesten Autoren Frankreichs. Es war eigentlich gedacht als Kriegsgesang der Rheinarmee, doch es ging unter dem Namen „Marseillaise“ in die Geschichte ein. Seit 1880 ist sie die Nationalhymne Frankreichs (siehe Seite 95).

Doch das Anliegen der „Marseillaise“ ist nicht nur eine französische, sondern eine „allgemein menschliche Angelegenheit“, wie der Elsässer René Schickele es einmal nannte: dic Idee der Freiheit. Nicht nur in Frankreich, in ganz Europa wurde das Lied begeistert gesungen. Ihr Text wurde u. a. ins Spanische, Polnische, Russische und Türkische übersetzt. Die deutsche Version stammt übrigens von dem bereits erwähnten Eulogius Schneider. Auch noch für Stefan Zweig war die „Marseillaise“ so wichtig, dass er ihre Komposition in seinen „Sternstunden der Menschheit“ (1927) beschrieb:

Es ist spät Mitternacht. Der 25. April, der für Straßburg so erregende Tag der Kriegserklärung, ist zu Ende, eigentlich hat der 26. April schon begonnen (...). Auch Rouget, der jetzt in sein bescheidenes Zimmerchen in der Grande Rue 126 die runde Treppe hinaufgeklettert ist, fühlt sich merkwürdig erregt. Er hat sein Versprechen nicht vergessen, möglichst rasch ein Marschlied, ein Kriegslied für die Rheinarmee zu versuchen. Unruhig stapft er in seinem engen Zimmer auf und nieder. Wie beginnen? Wie beginnen? (...) Halb unbewußt schreibt er die ersten beiden Zeilen hin (...). (Zweig, Sternstunden, S. 107f.)

Als das Elsass 1871 an das Deutsche Reich angeschlossen wurde, verboten die neuen Herren das Singen der „Marseillaise“, die eigentlich ja eine „Strasbourgeoise“ ist. Bei Zuwiderhandlung drohten bis zu sechs Monate Haft! Natürlich wurde sie trotzdem gesungen, heimlich, trotzig. René Schickele hat dies selbst miterlebt und in seinem Elsass-Roman „Der Fremde“ aus dem Jahr 1909 beschrieben:

Die Marseillaise nistete wie ein Raubvogel in den Häusern. Man sang sie bei geschlossenen Fenstern und Türen, mit einer Begeisterung, die einem Wutausbruch glich. Sie galt dem Gedanken der baldigen „Revanche“, der das Leben der Elsässer beherrschte, ihren Eigensinn fanatisierte. Die Herzen rauchten, Menschen, die einander gleichgültig waren, schlossen Brüderschaft auf Tod und Leben. Der Feind war im Land. (Schickele, Bd. 1, S. 1023)

Folgen wir nun der Grand' Rue in entgegengesetzter Richtung, so stehen wir nach ebenfalls 100 Metern vor dem Haus mit der Nummer 81. Eine Gedenktafel erinnert daran, dass hier Fustel de Coulanges (1830–1889) gewohnt hat, der von 1860 bis 1870 als Professor für Geschichte an der Straßburger Universität gelehrt hat. In der Zeit des deutsch-französischen Krieges lieferte er sich mit seinem deutschen Kollegen Theodor Mommsen (1817–1903) eine erbitterte Fehde um die Frage, wem das Elsass nun zustehe: Deutschland oder Frankreich. Die Waffen haben damals bekanntlich zugunsten Deutschlands entschieden. Als argumentativer Sieger dieser Gelehrtenfehde gilt jedoch Coulanges, der sozusagen nebenbei die Definition einer modernen Staatsnation geliefert hat, beruhend nicht auf dem „Recht des Blutes“, auf das sich Mommsen berief, sondern auf dem politischen Willen der Bevölkerung.

Geht man weiter die Grand' Rue entlang, so zweigt nach wenigen Minuten rechts die Rue du Fossé-des-Tanneurs ab. Im Eckhaus auf der linken Seite (Nr. 38–40) befindet sich das Hotel „Europe“, das ehemalige „Rebstöckel“. Im 18. Jahrhundert sollen hier Voltaire und Friedrich Schiller übernachtet haben. Im 19. Jahrhundert hat der Schriftsteller Theodor Fontane (1819–98) hier gewohnt.

Der Place Benjamin-Zix im Herzen der „Petite France“

Fontane war mehrere Monate als Kriegsberichterstatter durch Ostfrankreich gereist. Sehr erfahren in militärischen Dingen scheint er nicht gewesen zu sein: Gleich zu Beginn der Reise, am 5. Oktober 1870, geriet er in Domrémy-la-Pucelle als vermeintlicher Spion in französische Gefangenschaft, wurde aber schon nach wenigen Wochen wieder freigelassen. Wieder in Berlin, schrieb er darüber sofort ein Buch mit dem markigen Titel „Kriegsgefangen“.

Erst als wieder Frieden eingekehrt war, wagte sich der „Kriegsberichterstatter“ Fontane nach Frankreich zurück. So kam er im Frühjahr 1871 auch nach Straßburg, nicht als Tourist, sondern als Vertreter des Feindes. Kein Wunder, dass er sich in dem nach sechswöchiger deutscher Belagerung schwer zerstörten Straßburg nicht sehr wohl fühlte.

Für die antideutschen Gefühle der Bevölkerung zeigte er übrigens durchaus Verständnis. Viel mehr als solche politischen Fragen beschäftigte ihn ohnehin die merkwürdige Art, sich im Elsass zu betten:

Das war also das vielbesungene „O Straßburg, Du wunderschöne Stadt“. Ehrlich gestanden, ich konnt es nicht finden (...). Das Einzelne ist nicht sonderlich schön, und das Ganze nicht sonderlich pittoresk (...). Den Kreislauf von café noir, Tee und Anisette hatte ich bereits zweimal durchgemacht, alle Bierlokale zwischen dem „eisernen Mann“ und dem Gutenberg-Platz waren von mir angesprochen worden und noch immer wollte die Sonne nicht untergehen. Indessen „die Stunde rinnt auch durch den längsten Tag“. Ich sah noch die Tauben im letzten Schimmer um den Münsterturm fliegen, dann zog ich mich in meinen Rebstock zurück, und rückte das „Plumeau“, jenes unglückselige Halb-Bett, mit dem der norddeutsche Mensch nie Frieden schließen wird, weiter nach oben, dabei gleichzeitig einem wirren Haufen von Röcken und Überziehern die Erwärmung meiner Extremitäten überlassend. Es ging auch leidlich. Ich schlief bis zum Morgen. (Fontane, S. 697f.)

Wir folgen nun der Rue du Fossé-des-Tanneurs in der Gegenrichtung, überqueren die Grand' Rue und gehen hinunter bis an die Ill. Dort stoßen wir auf den Platz „Benjamin Zix“, an dem schöne Cafés zur Einkehr einladen. Der pittoreske Platz, der bereits mehrfach als Filmkulisse gedient hat, ist das Zentrum des ehemaligen Gerberviertels, heute bekannt unter dem Namen „Petite France“. Über den Ursprung des Namens gibt es verschiedene Theorien: Die einen führen ihn auf das Franziskanerkloster zurück, das dort früher einmal angesiedelt war. Etwas prosaischer ist die zweite Erklärung: Das Viertel mit seinen verwinkelten Gässchen war lange Zeit das Prostituiertenviertel der Stadt, wo „Mann“ sich leicht die Syphilis holen konnte, die so genannte „Franzosenkrankheit“. Im Zweiten Weltkrieg schwer durch Bomben zerstört, ist die „Petite France“ seitdem zum Touristen- und Schlemmerviertel auf- und ausgebaut worden. Koeppen hat es in den fünfziger Jahren besucht und war wenig angetan davon. Den Appetit sollte man sich von ihm dennoch nicht verderben lassen:

In diese „Kleinfrankreich" genannte Idylle sind Bomben gefallen. Man hat die zerstörten Häuser wiederaufgebaut, ganz im überlieferten Stil, aber was einst natürlich und traulich gewesen war, wurde nun gesucht und snobistisch, ein bloßer Blickfang für gelangweilte Touristen, und die verräucherte Gesindelkneipe der Rue du Bain aux Plantes ist als Gänseleber-Restaurant für wohlgefüllte Börsen aus Schutt und Asche auferstanden. (Koeppen, S. 15)

Bürger und Bürgerschrecks – die nördliche Altstadt

Der dritte Spaziergang führt uns in den „bürgerlichen" Teil der „Grande Île", der von Ill und Fossé du Faux-Rempart umschlossenen Altstadt. Dorthin verlagerte sich im 19. Jahrhundert das Zentrum der Stadt. Wer dort lebte, hatte es geschafft, war „arriviert". Doch die Seitengässchen blieben Rückzugsräume – für Oppositionelle, Emigranten, Bürgerschrecks. Auch und gerade sie sollen auf diesem Rundgang nicht vergessen werden.

Auf dem Broglieplatz

Wir beginnen unseren Spaziergang am Broglieplatz (Place Broglie), jenem langgezogenen Platz im Norden der Straßburger Altstadt, wo regelmäßig ein bunter Wochenmarkt stattfindet. Kein Wunder, dass Theodor Fontane, der es liebte, Menschen zu beobachten, diesen Platz bei seinem Straßburg-Aufenthalt im Jahr 1871 besonders in sein Herz schloss. Selbst Weltstadt-Qualitäten sprach er ihm zu:

Am meisten zum Guten hin verändert erschien mir der Broglie-Platz, der für Straßburg eben dasselbe bedeutet wie die Linden für Berlin, oder die Boulevards für Paris. (...) Der Broglie-Platz, an dessen Schmalseite sich das Theater befindet, ist auch der Platz der eleganten Cafés. In einem derselben, müde von meinen Zickzackgängen durch die Stadt, machte ich mir's bequem, um in stillem Genuß der Stunden den Abend herankommen zu lassen. (Fontane, S. 996f.)

Benannt ist der ehemalige „Alte Rossmarkt" nach einem französischen Gouverneur des Elsass, dessen Name eigentlich „Broj" ausgesprochen werden müsste. Doch im 18. Jahrhundert, als der Name erstmals auf den Straßenschildern erschien, waren die Straßburger des Französi-

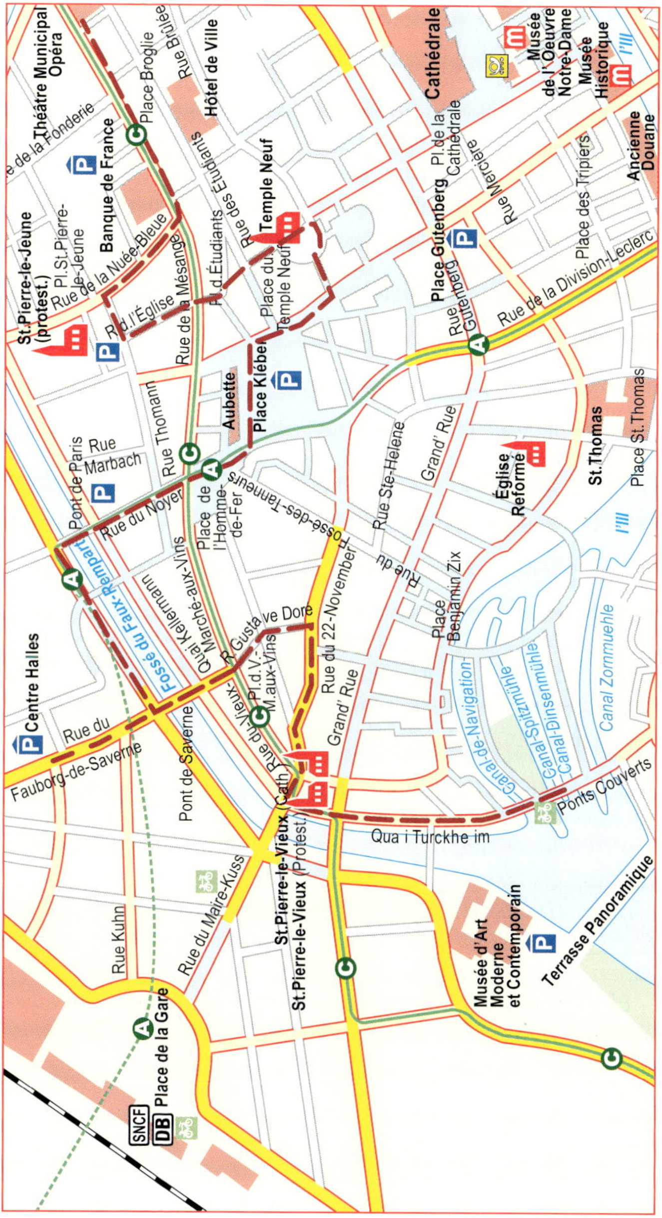
St.Pierre-le-Jeune (protest.)
Pl.St.Pierre-le-Jeune
Rue de la Nuée-Bleue
Théâtre Municipal Opéra
Rue de la Fonderie
Banque de France
Place Broglie
Rue Brûlée
Hôtel de Ville
R.d.l'Église
Rue de la Mésange
Pl.d.Étudiants
Rue des Étudiants
Temple Neuf
Place du Temple Neuf
Place Kléber
Aubette
Rue Thomann
Rue Marbach
Pont de Paris
Rue du Noyer
Place de l'Homme-de-Fer
Fossé-des-Tanneurs
Fossé du Faux-Rempart
Quai Kellermann
Marché-aux-Vins
R. Gustave Doré
Pl.d.V. M.aux-Vins
Rue du Vieux-
Rue du 22-Novembre
Grand' Rue
Centre Halles
Rue du Fauborg-de-Saverne
Pont de Saverne
St.Pierre-le-Vieux (Cath.)
St.Pierre-le-Vieux (Protest.)
Rue du Maire-Kuss
Rue Kuhn
Place de la Gare
SNCF
DB
Qua i Turckhe im
Ponts Couverts
Musée d'Art Moderne et Contemporain
Terrasse Panoramique
Canal-de-Navigation
Canal-Spitzmühle
Canal-Dinsenmühle
Canal Zornmuehle
Place Benjamin Zix
Rue du
Rue Ste-Hélène
Grand' Rue
Église Reformé
St.Thomas
Place St.Thomas
l'Ill
Rue de la Division-Leclerc
Rue Gutenberg
Place Gutenberg
Pl.de la Cathédrale
Rue Mercière
Place des Tripiers
Ancienne Douane
Cathédrale
Musée de l'Oeuvre Notre-Dame
Musée Historique

schen noch nicht so recht mächtig und sprachen ihn daher „nach der Schrift“ aus. Auch wenn die Französischkenntnisse im Elsass seitdem deutliche Fortschritte gemacht haben, so haben die Straßburger doch an dieser „falschen“ Aussprache bis heute festgehalten. Sein heutiges Gesicht bekam der „Broglie“ allerdings erst im 19., dem „bürgerlichen“ Jahrhundert, und so sind es denn auch in erster Linie Symbole bürgerlicher Selbstdarstellung, die diesen Platz schmücken: die Oper, das Rathaus und die Bank von Frankreich – anders gesagt: die Tempel der Musen, der Macht und des Geldes.

An der Stirnseite des Platzes steht der elegante Bau des Théâtre Municipal. Sein Standort allerdings erinnert an ein dunkles Kapitel in der Geschichte Straßburgs. Unweit des Gebäudes befand sich früher der Friedhof, wo die bei dem Pogrom von 1349 ermordeten Straßburger Juden bestattet worden waren. Nur eine an der linken Seitenwand des Theaters angebrachte Gedenktafel erinnert noch an dieses Massaker. Erst im Zuge der Französischen Revolution erhielten die Juden die vollen Bürgerrechte, übrigens gegen die Stimmen der elsässischen Abgeordneten. Die deutsch-jüdische Schriftstellerin Barbara Honigmann, die seit 1984 in Straßburg lebt, hat in ihrem 1999 erschienenen Buch „Damals, dann und danach“ davon erzählt:

Und als der große Tag der Judenemanzipation, durch Dekret der französischen Nationalversammlung, gekommen war, stellte es sich heraus, daß es gar keine französischen und nur elsässische Juden gab, wenn man einmal absieht von der Handvoll Juden, die in Avignon unter dem Schutz des Papstes, und den Sefarden, die in Bordeaux gelebt haben.

Heute sind sie natürlich, und seit dem letzten Krieg besonders, richtige Franzosen geworden und haben sich seitdem auch mit polnischen und sefardischen Juden verheiratet und vermischt. (Honigmann, Damals, S. 60)

An diesem blutigen Ort also wurde in den ersten beiden Jahrzehnten des 19. Jahrhunderts das Gebäude des Théâtre Municipal errichtet. Der heutige Bau ist jedoch eine –

wenn auch weitgehend originalgetreue – Kopie aus der deutschen Kaiserzeit. Das französische Original wurde während der mehrwöchigen Belagerung Straßburgs im deutsch-französischen Krieg in Brand geschossen. Mit Hans Pfitzner als Direktor und Wilhelm Furtwängler als Kapellmeister erlebte das Haus zu Beginn des 20. Jahrhunderts glanzvolle Opernjahre. Eine ganze Reihe später bekannt gewordener Schriftsteller der Stadt verdiente sich als Rezensenten der Aufführungen ihre ersten Lorbeeren, so auch René Schickele, Ernst Stadler und Otto Flake.

Flake (1880–1963) war wie Stadler ein so genannter „Neuelsässer", ein im Elsass geborener Sohn deutscher Einwanderer. Er schrieb circa 100 Romane, die in den zwanziger Jahren sehr populär waren. Führendes Mitglied der Gruppe des „Jüngsten Elsass" um René Schickele, geriet er zunehmend in ein „rechtes" Fahrwasser, verdammte den Expressionismus, den Versailler Vertrag und sandte 1933 eine Solidaritätsadresse an Hitler. In seinen Memoiren „Es wird Abend" (1960) erinnert sich Flake an seine Zeit als Theatergänger und Rezensent in Straßburg:

Ich habe die Wagneropern gründlich kennengelernt, stand auch wie andere Studenten in den Meistersingern unter dem Volk auf der Bühne. Während der Pausen bewegte man sich bei gutem Wetter über den Teil des Broglie, auf dem Adolf Hildebrands Vater Rhein, ein splitternackter Schilffaun, stand. Fanfarenbläser kündeten auf der obersten Stufe unter dem Portikus an Wagnerabenden das Ende der Pausen an. (Flake, Es wird Abend, S. 95)

Der scheinbar so unpolitische „Vater-Rhein-Brunnen" hatte eine durchaus politische Funktion, die Flake entweder nicht erkannte oder insgeheim billigte. Er sollte die Straßburger geistig näher an den Rhein und damit an Deutschland heranrücken, anders gesagt: aus der Stadt „Straßburg im Elsass" ein „Straßburg am Rhein" machen. Empörender als diese politischen Implikationen fand die feine Gesellschaft der Stadt allerdings die Nacktheit der deutschen Sagengestalt. Das an einem Ort „höheren" Kunstgenusses! Nach dem Ersten Weltkrieg wurde der Brunnen im Auftrag der nun französischen Stadtverwaltung daher wieder abgebaut. Heute steht der Straßburger Vater Rhein auf der Museumsinsel in München, umflossen von zwei Armen der Isar, wo seine Bademode viele Nachahmer gefunden hat.

Doch zurück zum Théâtre Municipal. Im Gegensatz zur blühenden Musikkultur lag das Sprechtheater im deutschen Straßburg lange darnieder. Die Truppe des „Kaiserlichen Theaters", die ausschließlich auf Deutsch spielte, wurde von den Straßburgern boykottiert und nach nur zwei Jahren wieder aufgelöst. Größeren Erfolg hatte dagegen das 1898 gegründete Dialekttheater „Théâtre Alsacien", das auch heute noch existiert. Im Unterschied zur Oper wurde das Elsässische Theater schon in der Kaiserzeit nicht von Deutschen, sondern von einem Elsässer geleitet: Gustave Stoskopf (1869–1944; siehe Seite 130).

Seine „Dienstwohnung" war gleich um die Ecke, in der Rue Brûlée Nr. 6, hinter der „Mairie" (Rathaus). Stoskopf, der auch einige Stücke selbst geschrieben hat, war der geistige Kopf der Gruppe „Jung-Elsass", die sich um die ebenfalls 1898 gegründete, zweisprachige Kulturzeitschrift „Revue Alsacienne Illustrée" scharte. Sitz der Redaktion war die Wohnung Pierre Buchers in der Rue Brûlée Nr. 2. Ihr Ziel war die Stärkung der „Conscience Alsacienne", des elsässischen Sonderbewusstseins, wie es der französische Schriftsteller Maurice Barrès (1862–1923) gefordert hatte. Damit sollte der deutschen Germanisierungspolitik entgegengewirkt werden.

Das elsässische Theater rief allerdings auch Kritiker auf den Plan. Besonders heftig wurde es von dem „Jüngsten Elsass" angegriffen, einer Gruppe junger Autoren aus Straßburg, zu denen u. a. Otto Flake, Ernst Stadler und René Schickele gehörten. In einer Reihe von Artikeln warfen sie dem Theater Provinzialität und Oberflächlichkeit vor und machten sich damit eine Menge Feinde in der Stadt.

Gesellschaftliche Höhepunkte des Straßburger Theaterlebens vor dem Ersten Weltkrieg waren die Gastspiele französischer Truppen, von denen die deutschen Behörden allerdings nur zehn pro Jahr zuließen. Sie wurden ab 1907 von der Straßburger „Société Dramatique" organisiert, die von Frédéric Eccard ins Leben gerufen worden war. Der Rechtswissenschaftler Robert Redslob (1882–1962), nach dem Zweiten Weltkrieg „Doyen" (Dekan) der Straßburger Universität, berichtet darüber in seinem autobiographisch gefärbten Buch „Entre la France et l'Allemagne" (Zwischen Frankreich und Deutschland) aus dem Jahr 1933:

1907 geschah es, dass ein französischer Schauspieler nach Straßburg kam und sich in unserer Stadt niederließ, um einen Sprechkurs abzuhalten. Unter seiner künstlerischen Leitung entstand eine Amateurtruppe, und bald schon begann sie (...), unser großes klassisches und romantisches Theater zu spielen (...). In der Folgezeit erhielt die „Société dramatique" die Erlaubnis, die zehn Aufführungen französischer Truppen zu organisieren, die die deutschen Behörden dem Stadttheater zugestanden. So geschah es, dass Straßburg eine der ersten Inszenierungen von „L'annonce faite à Marie" erlebte. Herr Paul Claudel nahm daran teil. (Redslob, S. 137f.; Übers. S.W.)

Paul Claudel (1868–1955) war französischer Diplomat und zugleich einer der bekanntesten Dichter seiner Zeit. Seit seiner Bekehrung zum Katholizismus galt er als führender Kopf der „neukatholischen" Bewegung in Frankreich. Auch in Deutschland war er damals sehr bekannt. Zu seinen Verehrern in Straßburg zählte u. a. Ernst Stadler und Ernst Robert Curtius, der in ihm einen „literarischen Wegbereiter des neuen Frankreich" sah – so der Titel seines 1919 erschienen Buches.

Nach der Rückkehr des Elsass zu Frankreich 1918 wurde in Straßburg – wie schon vor 1871 – wieder regelmäßig auf Französisch gespielt. Aber natürlich gab und gibt es deutsche Gastspiele. Im April 1933 kam es dabei zu Tumulten, weil im „Théâtre municipal" die von den Nazis gleichgeschaltete Theatertruppe aus dem badischen Freiburg ein Stück aufführen wollte. Die Stadtverwaltung von Straßburg verbot daraufhin weitere deutsche Gastspiele, der Beginn eines deutsch-französischen Theaterkrieges.

Goebbels beschloss umgehend, in der Straßburger Nachbarstadt Kehl eine „Deutsche Bühne" einzurichten, deren

Programm auch Straßburger Bürger ansprechen sollte (siehe Seite 210). Nun wollte auch Straßburg sein eigenes deutsches Ensemble haben. In jenen Tagen hielten sich zahlreiche Deutsche in der Stadt auf, die vor Hitler geflüchtet waren, darunter auch einige Theaterleute. Sie gründeten das kurzlebige „Straßburger Theater der Emigranten", dessen Leitung der damals bekannte Schriftsteller Joachim Maass (1901–72) übernahm. Die vorangegangene „Austreibung" aus seiner Heimatsstadt Hamburg hat er im „Vorbericht" zu seiner Autobiographie „Das magische Jahr" aus dem Jahr 1935 beschrieben. Darin macht er aus den Nazis lächerlich-groteske Traum-Gestalten:

Eine Nacht-Szene. Ich liege im Bett, in meiner gewöhnlichen, totenähnlichen Schlaflage: auf dem Rücken, die Hände auf der Brust gefaltet; ich schlage die Augen auf, Lichtkegel aus Blendlaternen streifen durchs Dunkel des Zimmers, und jetzt wird das Lämpchen auf meinem Nachttisch angeknipst. Ein Kahlkopf im abgewetzten schwarzen Mantel, einen steifen schwarzen Hut vorm Bauche haltend, steht halb zu mir hinabgebeugt und sagt sanft, beinahe vertraulich:
„Sie müssen aufstehen!" (Maass, S. XXXIII)

Bereits im Juli 1933 trat die Emigranten-Truppe mit einer ersten Inszenierung an die Öffentlichkeit: der deutschen Fassung von „Le Tombeau sous l'Arc de Triomphe" (deutscher Titel: „Das Grabmal des unbekannten Soldaten"), ein Antikriegs-Stück des französischen Dramatikers und Pazifisten Paul Raynal (1885–1971) aus dem Jahr 1924. Vom Erfolg der Aufführung ermutigt, schlug Joachim Maass dem kommunistischen Bürgermeister Charles Hueber vor, die von ihm geleitete Truppe zur offiziellen „deutschen Bühne" der Stadt Straßburg auszubauen. Ihre Aufgabe sollte darin bestehen, im Dritten Reich verbotene Stücke zu inszenieren.

Doch auf Druck seiner autonomistischen Verbündeten, die zunehmend Richtung Deutschland schielten, lehnte Hueber ab. Zum neuen Direktor der „Deutschen Bühne Straßburg" berief er stattdessen den ehemaligen Leiter des

Der Broglieplatz zu Beginn des 20. Jahrhunderts

Theaters von Baden-Baden, der unter dem Verdacht stand, ein „Strohmann“ Hitlers zu sein. Enttäuscht verließ Maass Straßburg. 1939 flüchtete er vor der anrückenden Wehrmacht in die USA, wo ihm umgehend eine Professur für deutsche Literatur angeboten wurde. In seiner Heimat dagegen ist er heute weitgehend vergessen.

Vom Théâtre Municipal aus gesehen, liegt in der unteren Hälfte des Platzes linker Hand das Rathaus der Stadt, die „Mairie“. Es handelt sich um ein Palais aus dem 18. Jahrhundert, in dem einst der Fürst von Hanau-Lichtenberg residierte, u. a. Herrscher über das rechtsrheinische „Hanauerland“ (siehe Seite 239). 1786 erblickte in dem Palais sogar ein leibhaftiger Dichter das Licht der Welt, auch wenn er wohl kaum jemandem als ein solcher bekannt ist. Die Rede ist von dem späteren König Ludwig I. von Bayern (1786–1868).

Als junger Kronprinz verfasste er einige „Geschichtstragödien“, deren Held jeweils – wie könnte es anders sein – ein idealer König war. Daneben schrieb Ludwig zahlreiche Gedichte, die er – mit ausschweifenden „Anmerkungen“ versehen – in vier Bänden veröffentlichte (1829–47). In seinen 1843 entstandenen „Lobgesängen auf König Ludwig“ hat der in Paris lebende deutsche Dichter Heinrich

Heine (1797–1856) die königliche Lyrik auf seine Art kommentiert und zugleich parodiert:

Das ist Herr Ludwig von Bayerland,
Desgleichen gibt es wenig',
Das Volk der Bavaren verehrt in ihm
Den angestammelten König.
(...)
Herr Ludwig ist ein großer Poet,
Und singt er, so stürzt Apollo
Vor ihm auf die Kniee und bittet und fleht:
Halt ein, ich werde sonst toll, o!
(Heine, Bd. 4, S. 458f.)

Bleiben wir noch einen Augenblick bei der „Mairie". Von 1929 bis 1935 residierte hier der bereits erwähnte „Maire" Charles Hueber, eine sehr schillernde Persönlichkeit. Beim Einmarsch der Wehrmacht 1940 gehörte der Ex-Kommunist zu den Collaborateuren der ersten Stunde. 1943 starb er als „Ratsherr der deutschen Stadt Straßburg". Die Totenrede hielt „Gauleiter" Wagner. Nur zehn Jahre zuvor hatte er noch kommunistischen Flüchtlingen aus Nazi-Deutschland in Straßburg Asyl gewährt. Zu ihnen hatte auch Hans Mayer gehört, dem Hueber anfangs sogar die Leitung seiner Parteizeitung „Neue Welt" anvertraut hatte (siehe Seite 70). Mayer erinnert sich:

Am nächsten Tag empfing mich der Bürgermeister im Rathaus: mein Genosse Charles Hueber. Ein gedrungener Elsässer, damals schon herzleidend: er starb während des Krieges unter der deutschen Besetzung: als ein – vermutlich – willfähriger Untertan des Großdeutschen Reiches. Ich habe ihn gemocht, trotz der politischen Differenzen zwischen uns, die ihn zu Beginn des Jahres 1934 veranlaßten, mich aus dem politischen Idyll Straßburg zu vertreiben. (Mayer, Widerruf, Bd. 1, S. 169f.)

Am Broglieplatz Nr. 20, rechts neben der „Mairie", befindet sich das „Café Broglie", das ehemalige „Wiener Café". Neben dem Atelier von Georges Ritleng und dem „Heinrichsturm" bei den „Ponts Couverts" war es zu Beginn des

20. Jahrhunderts einer der Haupt-Treffpunkte der Künstlergruppe des „Jüngsten Elsass“. Otto Flake, der zu dem Kreis gehörte, hat die damalige Atmosphäre in seinem Roman „Freitagskind“ aus dem Jahr 1913 festgehalten und mit der von Paris verglichen:

Man trank Bier in kleinen Tulpen, schwarzen Kaffe im Glas, aber noch mehr war die Luft mit dem Dufte des Absinthes gefüllt. Denn es war die Stunde, wo man in Paris vor allen Cafés auf den Boulevards saß und das Getränk schlürfte, das den Schimmer des Opals hatte. (Flake, Freitagskind, S. 38)

Gegenüber der „Mairie“ und dem „Café Broglie“ erhebt sich die protzige Fassade der „Banque de France“ (1899). Die Adresse ist jedem französischen Schüler wohlbekannt: Hier stand im 18. Jahrhundert das Wohnhaus von „Maire“ de Dietrich, dem ersten Bürgermeister der Stadt und hier soll Rouget de Lisle zum ersten Mal die von ihm verfasste „Marseillaise“ vorgetragen haben, die spätere Nationalhymne Frankreichs (siehe Seite 81). Das Ereignis ist von dem Maler Isidor Pils im Bild und von dem Autor Stefan Zweig im Wort festgehalten worden:

Dietrich setzt sich ans Klavier und spielt die Begleitung, Rouget singt den Text. Angelockt von der unerwarteten morgendlichen Musik kommt die Frau des Bürgermeisters ins Zimmer und verspricht, Kopien von dem neuen Lied zu machen und als gelernte Musikerin, die sie ist, gleich die Begleitung auszuarbeiten, damit man schon heute nacht bei der Abendgesellschaft es den Freunden des Hauses zwischen allerhand andern Liedern vorsingen könne. (Zweig, Sternstunden, 111f.)

Am dem Theater entgegengesetzten Ende mündet der Broglieplatz in die Rue de la Mésange, einst eine der elegantesten Straßen der Stadt. Heute ist die frühere Atmosphäre nur noch in Texten erhalten, zum Beispiel in Otto Flakes Roman „Freitagskind“:

Auf der einen Seite der Gasse nahm der französische Prunkbau des Hotel de Paris fast die Hälfte ein, auf der anderen standen die Bürgerhäuser des alten Straßburg; malerisch und heiter bildeten sie eine eingewölbte Linie. Sie waren schmal, oft nur zwei Fenster breit, aber vier, fünf Stockwerke wuchsen so in die Höhe, und dann nahm das Dach diese Bewegung noch einmal auf und hatte ebensoviele Stockwerke und Luken. Das war eine ferne Erinnerung an den gotischen Charakter ehemaliger Zeiten... (Flake, Freitagskind, S. 37)

Das ehemalige Grand-Hotel „A la Ville de Paris" (Zur Stadt Paris), das Flake erwähnt, ist das erste Gebäude auf der rechten Seite (Nr. 17). Einige berühmte Komponisten des 19. Jahrhunderts haben hier übernachtetet: der Franzose Hector Berlioz, der Deutsch-Ungar Franz Liszt und der Deutsche Richard Wagner mit seiner Frau Cosima (1872). In Wagners Todesjahr 1883 wurde René Schickele geboren, ein eigenwilliger Verehrer des großen Komponisten und Dichters, wie Hans Brandenburg zu berichten weiß:

... er sang und pfiff Wagner unter Wiedergabe der verschiedensten Stimmen und Instrumente durch ganze Szenen hindurch. Mit vielen seiner Äußerungen über ihn hätte er freilich jeden Antiwagnerianer befriedigen können, denn er stand zu ihm keineswegs in dem Respektverhältnis eines Bayreuthers, sondern in dem der Kollegialität als zu einem „Kerl", ja, er pflegte zu sagen, daß Wagner, in dessen Todesjahr er geboren war, auf dem Wege der Seelenwanderung in ihn übergegangen sei. (Brandenburg, S. 32)

Schräg gegenüber, in der Rue de la Mésange Nr. 18, befand sich zu Beginn des 20. Jahrhunderts die Verlagsbuchhandlung Joseph Singer, die sich auf literarische „Alsatica" spezialisiert hatte. Den Eigentümer hat Flake in seinen Memoiren als „rundbackigen, beweglichen Mann von orientalischem Typus" beschrieben. Für Schickele dagegen war er einfach nur ein „Halunke", auf den er und seine Freunde allerdings angewiesen waren. Singers Buchhandlung war nämlich so etwas wie der „Hausverlag" des „Jüngsten Elsass". Hier erschienen die Gedichtbände „Pan" von René Schickele (1902), „Präludien" von Ernst Stadler (1905) und

„Johannisnacht", ein Gemeinschaftsprodukt der ganzen „Clique" (1902). Alle drei Bücher waren allerdings wirtschaftliche Misserfolge, weshalb die Autoren kräftig „draufzahlen" mussten.

Schließlich erschien bei Singer auch noch die Zeitschrift der Gruppe, der „Stürmer" (nicht zu verwechseln mit dem späteren Nazi-Hetzblatt). Obwohl sie es gerade mal auf neun Nummern brachte, erregte sie ein gewaltiges Aufsehen. Mit ihrem entschiedenen Eintreten für die Moderne provozierten die „Jüngsten" sowohl die Anhänger des stockkonservativen und deutschtümelnden „Alsabundes" als auch die „Jung-Elsässer" um Stoskopf, die das Elsass gegenüber allen Fremdeinflüssen abschirmen wollten. Hermann Wendel, einer der Mitautoren, hat in einem Artikel von 1931 rückblickend das Projekt so beschrieben:

Die Abonnentenziffer erreichte nie die Hundert, im Straßenverkauf wurde nicht mehr abgesetzt, Gläubiger und Gerichtsvollzieher verfolgten die geschäftliche Entwicklung des „Stürmer" mit Interesse, mit dem Heft 9 war es zu Ende.

Aber im umgekehrten Verhältnis zu diesem Mißerfolg stand das Hallo, das der „Stürmer" hervorrief. Das war wirklich Sturm, Revolution (...). Unser Ruf: Es lebe die Moderne! drang gell in die taubsten Ohren (...) – es war schon eine große Hetz. (zitiert nach Schneider, S. 42)

Rund um St.-Pierre-le-Jeune

Steht man am unteren Ende des Broglie mit dem Theater im Rücken, so führt rechts die Rue de la Nuée-Bleue zur Ill hinunter. Nach nicht einmal 100 Metern sieht man rechter Hand das Gebäude der Straßburger Tageszeitung „Dernières Nouvelles d'Alsace" (DNA). Sie wurde 1877 im damals deutschen „Reichsland Elsass-Lothringen" unter dem Namen „Straßburger Neueste Nachrichten" gegründet und entwickelte sich rasch zum größten Anzeigenblatt von ganz Süddeutschland. Seit 1918 erscheint auch eine französische Ausgabe, zunächst unter dem Namen „Dernières Nouvelles de Strasbourg“ (DNS), seit dem Zweiten Weltkrieg unter dem heutigen Namen. Die ehemals deutsche Ausgabe ist seitdem eine deutsch-französische „Edition bilingue“. Ihre in deutscher Sprache verfassten Artikel werden von einer eigenen Redaktion betreut.

Noch in den dreißiger Jahren machte die deutschsprachige Ausgabe der DNS 80 % der Gesamtauflage aus. An ihr arbeiteten neben Elsässern auch etliche deutsche Emigranten mit, die vor Hitler ins (noch) sichere Straßburg geflohen waren, zum Beispiel Hans-Theodor Joel, Karl-Friedrich Gröhl, Berthold Jacob und – als ihr Paris-Korrespondent – Hermann Wendel (1884–1936). Der in Metz geborene Deutsche war zu Beginn des 20. Jahrhunderts Mitglied in der Gruppe des „Jüngsten Elsass“ gewesen, an deren Zeitschrift „Der Stürmer“ er maßgeblich mitwirkte. In seinen „Jugenderinnerungen eines Metzers“, die 1934 in Straßburg verlegt wurden, hat er davon berichtet. In „Schön ist die Jugend ...“, einer ausführlichen und sehr positiven Rezension dieses Buches, hat René Schickele Wendels weiteren Lebensweg skizziert:

Und dann geht er und wird Redaktor und treibt leidenschaftlich um in Wort und Schrift und setzt sich als jüngster Abgeordneter auf die Bänke des Reichstags, schließt Juli 1914 eine große Rede mit dem Ruf „Vive la France!“ (was als Aufforderung zu einer friedlichen Verständigung mit Frankreich zu verstehen war), bleibt lange der Benjamin unter den Bonzen, schreibt im stets lichter werdenden Schatten der SPD ausgezeichnete Bücher, zuletzt den klassischen Danton ... (Schickele, Bd. 3, S. 901)

Wir folgen der Rue de la Nuée-Bleue bis zum Haus Nr. 5 auf der rechten Seite. Eine Gedenktafel erinnert daran, dass hier 1832 Gustave Doré geboren wurde (siehe Seite 53 und 242). Der große Zeichner lebte bis 1841 in Straßburg, bevor er nach Paris ging. Bekannt geworden ist er vor allem durch seine Illustrationen großer Werke der Weltliteratur, wie Rabelais’ „Pantagruel“ und La Fontaines „Fabeln“, Dantes „Divina Commedia“ und Cervantes’ „Don Quijote“, Bürgers „Münchhausen“ und nicht zuletzt der Bibel. Weniger bekannt ist, dass der gebürtige Elsässer auch ein glühender französischer Patriot war. Als seine Heimat 1871 an das neu geschaffene Deutsche Reich abgetreten wurde, verspottete er die preußische Armee mit einer Reihe witziger Karrikaturen in dem Album „Les généraux allemands“ (Die deutschen Generäle).

Ein paar Meter weiter stößt die Rue de la Nuée Bleue auf die Ill. Wir wenden uns hier nach links und folgen nun dem Quai Kellermann. Der Schriftsteller Antoine de Saint-Exupéry liebte es, während seines Straßburg-Aufenthaltes im Frühjahr 1922 hier spazieren zu gehen. An der Ecke zur Rue Marbach, im Haus Nr. 4, wohnte in den Jahren 1902 und 1903 sein bereits mehrfach erwähnter Kollege René Schickele (1883–1940). Der damals zwanzigjährige Student war nach der Veröffentlichung seiner ersten beiden Gedichtbände „Sommernächte“ und „Pan“ bereits ein bekannter Autor.

Dennoch war 1903 für ihn ein Krisenjahr, in dem er sich im Grunde nur wenig in Straßburg aufhielt. Nach dem Scheitern seines „Stürmer“-Projekts pendelte er unruhig zwischen Paris, Straßburg und München hin und her. Nach dem Scheitern einer bizarren „ménage-à-trois“ mit Anita Traboldi und René Prévôt stürzte er sich in München gleich in das nächste Dreiecksverhältnis, dieses Mal mit zwei Frauen: den Schwestern Teta und Anna Brandenburg. Ihr davon sichtlich gestresster Bruder Hans hat den Schickele dieser Zeit in seiner Autobiographie „München leuchtete“ von 1953 so porträtiert:

Es ist schwer zu sagen, was alles in Schickele rumorte (...). Es war ein Sturm und Drang in ihm, der Wahrheit und Lüge, Mein und Dein nicht unterschied und Wahnsinn und Verbrechen streifte. Was er bei anderen anrichtete, kreuzigte ihn selber, und in meinem Elternhause sollte sich das Verhängnis seiner Natur entladen (...). In Schickele, dem schwesternlos Aufgewachsenen, entfachte das Doppelbild meiner unschuldigen Schwestern eine Doppelliebe, die ihn zu einem gefährlichen Doppelspiel verführte. Die Ältere war ihm hinreißende und hingerissene Gefährtin durch alle Tie-

fen und Höhen, die Jüngere Halt und Wurzelgrund (...). Am Ende kam es dennoch zu einer für Schickele heilsamen Lösung, zu der Verlobung mit der Jüngeren. (Brandenburg, S. 39)

Wir gehen nun über die Rue Marbach zur Rue Thomann, wenden uns dort nach links und stehen bald auf dem Place St.-Pierre-le-Jeune, der schön wäre, hätte man daraus nicht einen Parkplatz gemacht. Benannt ist er nach der mittelalterlichen Kirche, die heute von der lutherischen Gemeinde genutzt wird und mit ihren Fresken und dem hübschen Kreuzgang eines der sehenswertesten Gotteshäuser der Stadt ist. Darin befindet sich auch das Grab des Münsterpredigers Peter Schott (1458–90), des Nachfolgers Geilers von Kaysersberg (siehe Seite 42).

Vor 1871 war die Jung-Sankt-Peters-Kirche – so ihr deutscher Name – eine so genannte „Simultan-Kirche“, von denen es im Elsass viele gab, d. h. Katholiken und Protestanten teilten sich das Schiff: Das Langhaus gehörte den Protestanten, im Chor, der durch eine Mauer abgetrennt war, versammelten sich die Katholiken. In diesem katholischen Teil der Kirche sollen sich Honoré de Balzac und die polnische Gräfin Madame Hanska bei ihrem Straßburg-Aufenthalt 1845 verlobt haben (siehe Seite 71).

Auf die Kirche läuft ein kleines Gässchen zu, die Rue de l'Eglise. In der Nummer 7 auf der linken Seite befindet sich ein beliebtes elsässisches Restaurant: „La Bague d'Or“ (Der goldene Ring). In den Jahren 1933 bis 1935 trafen sich hier jede Woche die Mitglieder der Straßburger Sektion der „Deutschen Liga für Menschenrechte“ (DLM). Die pazifistische Organisation war in Nazi-Deutschland verboten und im Exil wieder gegründet worden, zunächst in Prag und Paris, dann auch in Straßburg. Sie verfügte über etwa 25 Mitglieder, alles deutsche Emigranten.

Den Vorsitz übernahm zunächst Berthold Jacob, ein bekannter Journalist aus Berlin. Sein Stellvertreter und Nachfolger im Amt war Alfred Falk, der ehemalige Leiter der „Republikanischen Beschwerdestelle“ in Berlin. Den beiden gelang es, einen engen Kontakt zur Straßburger Sektion der französischen „Ligue des droits de l'homme et du citoyen" um Professor Cerf aufzubauen. 1934 starteten sie eine gemeinsame Campagne, um dem deutschen Publizisten Carl von Ossietzky (1889–1938), der von den Nazis nach dem Reichstagsbrand in ein Konzentrationslager verschleppt worden war, den Friedensnobelpreis zu verleihen.

Ihre Bemühungen wurden 1936 von Erfolg gekrönt. Der schwer kranke Ossietzky wurde daraufhin wenigstens in ein Krankenhaus verlegt. Doch es war bereits zu spät. 1938 starb er an den Folgen seiner Haft. Die Straßburger Gruppe hatte sich zu diesem Zeitpunkt bereits aufgelöst. Chronischer Geldmangel, das Misstrauen der französischen Polizei, aber vor allem das persönliche Zerwürfnis von Jacob und Falk hatten dazu geführt. Jacob trat deshalb bereits 1934 aus der Gruppe aus, Falk zog sich 1935 aus allen politischen Tätigkeiten ins südfranzösische Fréjus zurück.

Rund um das Gymnase Jean Sturm

Wir folgen der Rue de l'Eglise bis zum Ende, überqueren die mondäne Rue de la Mésange und gehen auf der gegenüberliegenden Rue des Etudiants weiter bis zum Place des Etudiants. Vor uns erhebt sich der Komplex des „Gymnase". Es ist benannt nach dem Humanisten Jean (Johann) Sturm (1507–1589), der 1536 ins damals protestantische Straßburg geflohen war und dort bis zu seinem Tod lebte. Seine pädagogischen und sozialreformerischen Werke haben bis in die moderne „Reformpädagogik" ihre Spuren hinterlassen. Vor allem aber war er der Gründer des Straßburger Gymnasiums, das 1566 zur Akademie und 1621 schließlich zur Universität erhoben wurde. Der historische Bau wurde leider 1860 bei einem Brand zerstört. Walter E. Schäfer hat in seiner Moscherosch-Biographie von 1982 den Aufbau dieses Gymnasiums beschrieben:

Den zehn Klassen, die das Gymnasium nach der Schulorganisation des Johannes Sturm führte – an anderen Gymnasien Deutschlands war die Ausbildung kürzer – standen die

Praeceptores classici vor, deren Besoldung und Rang der Klassenstufe entsprach, die sie führten. Die Ranghöchsten, die Ordinarien der beiden obersten Klassen, führten den Professorentitel und waren berechtigt, öffentliche Vorlesungen zu halten. Sie hatten die stärkste Stellung in den Verwaltungsorganen der Schule. (Schäfer, S. 20)

Zu den Professoren des Gymnasiums zählten bekannte Humanisten, wie Kaspar Brülow (1585–1627), Johann Paul Crusius (1588–1629) und Samuel Gloner (1598–1642). Sie alle waren zugleich auch Dichter. Für ihre lateinischen Verse wurden sie zu „poetae" gekrönt. Nachdem Straßburg 1681 an Frankreich gefallen war, gewann das Französische neben der lateinischen Sprache an Bedeutung. Um ihre Pflege kümmerte sich die am Gymnasium ansässige „Société de philosophie et belles lettres", der sich 1771 auch der deutsche Dichter Jakob Lenz anschloss.

Auch unter den Studenten des Gymnasiums findet man reichlich literarische Prominenz: August der Jüngere zu Braunschweig-Lüneburg zum Beispiel (1579–1666), der Begründer der Bibliothek von Wolfenbüttel, die durch Lessing weltberühmt wurde. Ferner die späteren Schriftsteller Johann Fischart (1546–90), Johann Scheffler alias „Angelus Silesius" (1624–77) und Christian Gryphius (1649–1706), der wenig bekannte, aber literarisch ebenfalls produktive Sohn des ungleich berühmteren Barock-Dichters Andreas Gryphius.

Für das literarische Leben Straßburgs war Johann Michael Moscherosch (1601–69) besonders wichtig. Er kam 1612 aus dem benachbarten Willstätt in die Stadt an der Ill (siehe Seite 240), wo er 12 Jahre später sein Magister-Examen ablegte. Ab 1645 war er als „Frevelvogt" für das Polizei- und Steuerwesen von Straßburg zuständig. Auch die literarische Zensur und „öffentliche Moral" fielen in seine Verantwortung. Selbst nahm er es damit allerdings nicht so genau. Als seine Haushälterin Anna Battin 1655 ein Kind von ihm erwartete, musste Moscherosch seine geliebte Stadt, die zunehmend von einem prüden Klerus beherrscht wurde, für immer verlassen.

Gedenkstein für „Papa Oberlin" in der Kirche von Waldersbach (Steintal)

Moscherosch war einer der bekanntesten Autoren seiner Zeit. Sein Werk umfasst eine Reihe bissiger Satiren auf die verlogene Moral der Adelsgesellschaft seiner Zeit und auf das zunehmend in deren Fußstapfen tretende Bürgertum. Unter dem Eindruck der „Suenos" (Träume) des Spaniers Quevedo beschrieb Moscherosch in „Gesichte" phantastische Traumvisionen, die zu den bedeutendsten Prosawerken des 17. Jahrhunderts zählen.

Mit dem Ende der Barock-Zeit waren auch die „goldenen Jahre" des Straßburger Gymnasiums vorbei. Ein letzter „Promi" unter seinen Studenten muss allerdings noch erwähnt werden: Frédéric (Friedrich) Saltzmann. Er ist der Neffe des Aktuarius Salzmann (ohne „t"), den wir bereits als Präsident von Goethes „Tischgesellschaft“ kennen gelernt haben (siehe Seite 66). Der gebürtige Straßburger war 1770 Goethe begegnet und schloss sich eng an dessen Freund Jung-Stilling an. 1775 gründete er zusammen mit Jakob Lenz die Straßburger „Gesellschaft für deutsche Sprache“. Lenz übernahm das Sekretariat, Saltzmann wurde Herausgeber ihres Organs, der Wochenzeitschrift „Der Bürgerfreund“. Dort wurden 1776 erstmals Auszüge aus Lenz' Drama „Die Soldaten“ abgedruckt.

Nach Lenz' Fortgang aus Straßburg eröffnete Saltzmann 1779 in der heutigen Rue des Serruriers, unweit der Thomaskirche, eine Buchhandlung, die „Librairie Académique“, in der sowohl deutsche als auch französische Bücher auslagen. Nachdem er von Eulogius Schneider, dem aus Deutschland stammenden Chef-Ankläger des Départements Bas-Rhin (siehe Seite 60) angegriffen worden war, musste Saltzmann aus Straßburg fliehen. Die Schreckensjahre überlebte er in einem Versteck in den Vogesen.

Am angrenzenden Place du Temple Neuf Nr. 17, gleich gegenüber dem Gymnasium, steht das bescheiden wirkende Geburtshaus von Johann Friedrich Oberlin (1740–1826), dem berühmten Reformpfarrer, nach dem sogar eine Stadt in Ohio benannt ist. Er studierte von 1756 bis 1763 in Straßburg und schuf sich danach in dem abgelegenen Vogesental Ban de la Roche (Steintal) eine pietistische Idealgesellschaft, orientiert an Ideen Rousseaus und Swedenborgs. Zu den Bewunderern von „Papa Oberlin“ zählten Lavater, Jung-Stilling und Frédéric Saltzmann. 1778 hielt sich bei ihm der bereits von Wahnsinnsanfällen geplagte Schriftsteller Jakob Lenz auf. Der von Oberlin abgefasste Krankenbericht diente Georg Büchner als Vorlage für seine Erzählung „Lenz“, in der er Oberlin teilweise wörtlich zitiert (siehe Seite 69f.). 1910 machte der Straßburger Schriftsteller Fritz Lienhard Oberlin zu einer zentralen Figur in seinem gleichnamigen Roman (siehe Seite 237f.).

Gehen wir ein paar Schritte weiter, so stehen wir vor dem „Temple Neuf“, einem neoromanischen Bau aus wilhelminischer Zeit, der der reformierten Gemeinde von Straßburg gehört. Der mittelalterliche Vorgängerbau gehörte zu dem

Ausschnitt aus einer Illustration des „Hortus Deliciarum" (Faksimile)

ehemaligen Dominikanerkloster der Stadt. Nachdem Straßburg lutherisch geworden war, zog dort das Theater der benachbarten „Akademie", des ehemaligen Gymnasiums, ein. Die Aufführungen, die von dem Theologen und Münsterprediger Issac Fröreisen (1590–1632) organisiert wurden, fanden im Klosterhof statt.

Obwohl die Stücke in lateinischer Sprache gespielt wurden, waren sie bei den Straßburgern sehr beliebt, und nicht nur bei ihnen. Zu Beginn des 17. Jahrhunderts galt das „Akademietheater" von Straßburg als die führende Bühne im gesamten „Heiligen Römischen Reich". Doch der Dreißigjährige Krieg (1618–48) bereitete dem blühenden Theaterleben ein jähes Ende. Ein späteres Gesuch der

Straßburger „Meistersinger", wenigstens eine Bühne am Leben zu erhalten, wird vom Rat der Stadt abgelehnt, da

der jammer, elendt, theuerung, hungersnoth, pestilentz, blutstürtzung, verderben und einäscherung vieler länder und städte, damit gott der herr auß gerechtem zorn und straff uns bishero vätterlich in ganz Deutschland heimbgesucht, leider genügsam vor augen geschwebet und bekant, daß keines solchen theatralischen representierens, vielmehr aber eifferigen gebetts zu gott um abwendung solcher straffen vonnöthen. (zitiert nach Stadler, S. 360)

Im 19. Jahrhundert wurde in der ehemaligen Klosterkirche die Bibliothek der Stadt untergebracht. Mit ihren 400.000 Bänden, 24.000 Handschriften und 9.000 Inkunabeln (Frühdrucke) war sie eine der bedeutendsten Europas. Zu ihren Schätzen gehörte eine vollständige Fassung des deutschen „Rolandsliedes", die einzige illustrierte Ausgabe des „Willehalm" von Wolfram von Eschenbach und der reich illustrierte „Hortus Deliciarum" der Herrad von Hohenberg (häufig fälschlicherweise „von Landsberg" genannt). Schriftsteller und Forscher aus aller Welt hatten die Bibliothek konsultiert, darunter der französische Romantiker Prosper Mérimée, der französische Historiker Jules Michelet und Jacob Grimm, der Vater der deutschen Germanistik.

Wie zuvor das Theater wurde auch die Bibliothek durch einen schrecklichen Krieg vernichtet. Während der Belagerung Straßburgs durch deutsche Truppen im Jahr 1870 wurde der „alte" Temple Neuf in der Nacht vom 24. auf den 25. August von Granaten getroffen und brannte bis auf die Grundmauern nieder. Dabei wurden nicht nur die kostbaren Wandfresken zerstört, die einen gotischen „Totentanz" zeigten, sondern auch die in dem Gebäude untergebrachte Bibliothek. Als Theodor Fontane im Jahr darauf die Stadt besuchte, sah er nur noch die rauchenden Trümmer:

Ich flanierte in den nächsten Straßen umher, tat einen neugierigen Blick in die ausgebrannte Bibliothek (wo das Bombardement seinen eigentlichsten, unwiederbringlichen Schaden anrichtete) und kehrte dann vor die Münsterfaçade zurück. (Fontane, S. 1007)

Auf dem Place Kléber

Vom „Temple Neuf“ gehen wir durch die enge Rue des Dominicains zum Place Kléber, dem größten Platz in der Straßburger Innenstadt. Bis 1832 diente der ehemalige „Place d'Armes“ als Richtplatz, u. a. auch während der Französischen Revolution, als hier die Guillotine stand. Die erste Hinrichtung wurde von Eulogius Schneider persönlich geleitet, dem aus Deutschland stammenden Theologen, Dichter und „Öffentlichen Ankläger“ des Départements (siehe Seite 60). Später wurde er selbst hier an den Schandpfahl gebunden und dann zu seiner eigenen Hinrichtung nach Paris gebracht.

Im 19. Jahrhundert wurde der Galgen durch das Kléber-Denkmal (1840) ersetzt. Im Sockel wurden die sterblichen Überreste des elsässischen Generals beigesetzt, der für Napoleon den Ägypten-Feldzug geplant hatte und dort im Jahr 1800 ermordet worden war. Am 10. November 1918 proklamierte hier der „Soldaten- und Arbeiterrat“ der Stadt die Republik. Revoltierende Elsässer legten „ihrem“ General den Bronze-Kopf des deutschen Kaisers Wilhelm I. zu Füßen, den sie seiner Statue am „Kaiserplatz“ (heute Place de la République) zuvor abgeschlagen hatten.

Das lange Seil schlangen sie um den Bronzekopf Wilhelms I. und zerrten ihn, daß er über die Steine klirrte und holperte, vor das Denkmal ihres elsässischen Generals Kléber. Dem Helden der großen Revolution legten sie unter Hallo den Kopf des preußischen Erobereres zu Füßen. (Döblin, S. 285)

Auf der gegenüberliegenden Seite des Platzes erhebt sich ein Gebäude aus den siebziger Jahren, dessen Name „Maison Rouge“ an das berühmte Hotel erinnert, das dort früher einmal gestanden hat. Eine ganze Reihe berühmter Schriftsteller hat hier gewohnt: An erster Stelle ist Georg Büchner zu nennen, der nach seiner Flucht aus Deutschland 1835 hier seine erste Nacht in Straßburg verbrachte. 1839 nahm sich der französische Schriftsteller Victor Hugo ein Zimmer im „Maison Rouge“. Von seinem Fenster aus genoss er den Blick auf den Platz, der sich damals noch ganz anders darbot als heute. Das Kléber-Denkmal war noch nicht fertig und die Bibliothek noch nicht zerstört:

Nun bin ich in Straßburg, lieber Freund. Mein Fenster ist zum „place d'armes“ hin geöffnet. Zu meiner Rechten habe ich eine Baumgruppe, zu meiner Linken das Münster, dessen Glocken in diesem Augenblick erdröhnen (...); hinter diesem Haus erheben sich die hohen Giebel eines alten Kirchenschiffes, in dem die Stadtbibliothek untergebracht ist; in der Mitte des Platzes steht eine Holzbaracke, aus der, wie es heißt, ein Kléber-Denkmal hervorgehen sol... (Hugo, S. 309; Übers. S.W.)

Knapp hundert Jahre später stieg in demselben Hotel René Schickele ab, vielleicht, weil er sich über den Verkauf seiner Bücher in Frankreich informieren wollte. Um deren Vertrieb kümmerte sich damals die „Librairie des Arts“ von Joseph Heissler, die in der Rue des Francs-Bourgeois Nr. 5 untergebracht war, nur wenige Schritte vom „Maison Rouge“ entfernt. In seinem Essaybuch „Die Grenze“ aus dem Jahr 1932 hat Schickele von seiner Reise nach Straßburg berichtet. Seine Beschreibung des Blicks aus dem Hotelfenster zeigt, wie sehr sich der Platz seit Victor Hugos Tagen bereits verändert hatte:

Mein Zimmer im „Roten Haus“ geht auf den Kleberplatz hinaus, und wenn ich auf den kleinen, runden Balkon trete, sehe ich ihn von allen Seiten. Mir gefällt er in seiner wiederhergestellten französischen Gestalt. Er hat sein Gesetz wiedergefunden (während der deutsche Bahnhofsplatz das seine verlor, als man eine Wüstenei aus ihm machte). Kein einziger Baum, dafür aber ein Platz, ein Paradeplatz. Von meinem Fenster kann ich alles überblicken, was auf ihm geschieht.

Schön ausgerichtet stehn auf zwei Seiten die Autos in Reih und Glied, die beiden andern Seiten bilden das An- und Abmarschgebiet für die Elektrischen. Und dazwischen, rund um den alten Kleber, hält der Platz sich die Ellenbogen

Das alte „Maison Rouge" in einer Fotografie vom Anfang des 20. Jahrhunderts

frei. Die Verkehrspolizisten helfen dabei. (Schickele, Bd. 3, S. 635)

Im darauf folgenden Jahr 1933 übernachtete hier der aus Nazi-Deutschland geflüchtete Golo Mann, Sohn von Thomas Mann und künftiger Historiker und Schriftsteller von Rang. Im selben Jahr waren in dem Hotel die prominentesten Teilnehmer eines Kongresses über jene „Neue Musik" untergebracht, die die Nazis als „entartet" geächtet hatten. Unter den Gästen dieser Veranstaltung waren ebenfalls Flüchtlinge aus Deutschland. Der Schriftsteller Elias Canetti, der zu den Teilnehmern gehörte, hat in seinen Erinnerungen die eigenartige Atmosphäre beschrieben:

In der Maison Rouge, H's Hotel, setzte man das Beisammensein noch spät nach Mitternacht fort, in viel kleinerem Kreise. Da gab es sozusagen nur noch Eingeweihte, weder Bürger noch gewöhnliche Musiker, da waren die Oberen untereinander, denen es zukam, in der Maison Rouge zu wohnen. Der jüngere Jessner mit seiner Frau, auch er Regisseur (er sollte im Stadttheater den „Pauvre Matelot" von Milhaud inszenieren); die Witwe Gundolf, die Heidelberg schon verlassen hatte, Gundolf war vor kurzem gestorben, sie nahm aber gern an den heiteren, manchmal ausgelassenen Gesprächen der Nacht teil. (Canetti, S. 72)

Der besagte Kongress fand in der „Aubette" statt, jenem lang gestreckten Gebäude des französischen „Architecte du Roi" Jean-François Blondel, das eine Seite des Platzes fast komplett einnimmt. Ihr Innenleben bot sich Canetti so dar:

Wer das Gebäude betrat, wurde von einem ohrenbetäubenden Lärm empfangen. In jedem Zimmer wurde geübt, das ist in Konservatorien natürlich, wenn auch hier wirklich jeder kleinste Raum ausgenützt war. (Canetti, S. 73)

Die Aubette war eigentlich für die Straßburger Stadtwache errichtet worden. Nachdem sie während der deutschen Belagerung von 1870 schwer beschädigt worden war, wurde sie als Musikakademie wieder aufgebaut. Seitdem zieren die Fassade des Gebäudes die Namen und Abbilder (übrigens ausschließlich deutscher) Komponisten. Das Abbild von Mendelssohn-Bartholdy allerdings wurde von den Nazis zerstört, weil er Jude war. Nach dem Zweiten Weltkrieg wurde es originalgetreu wiederhergestellt. Bedeutende Meister haben hier persönlich ihre Werke dirigiert: Berlioz, Brahms, Wagner, Mahler, Strauss und nicht zuletzt Franz Liszt, der der Elsass-Metropole 1885 sogar ein eigenes Oratorium gewidmet hat, „Die Glocken von Straßburg".

In den Jahren 1926–28 wurde die Aubette im Innern komplett umgestaltet. Ein Café, ein Restaurant, ein Nachtclub und ein Kino zogen nun ein. Die Pläne dazu waren von dem Niederländer Theo van Doesburg (eigentlich Christian Küpper) sowie von dem Elsässer Hans Arp und seiner Frau Sophie Taeuber-Arp ausgearbeitet worden. Das Modell steht heute im Straßburger „Musée de l'Art Moderne et Contemporain" (Museum für moderne und zeitgenössische Kunst). Die neue Einrichtung dagegen, ein einzigartiges

Ensemble früh-moderner Architektur, wurde in den dreißiger Jahren auf Wunsch der Stadtverwaltung wieder entfernt. Erst in den letzten Jahren wurden Teile davon wieder rekonstruiert.

Zwischen „Maison Rouge“ und „Aubette“ liegt der kleine Place de l’Homme-de-Fer, eine Art von Wurmfortsatz des Kléberplatzes und ewig unfertig. Seit einigen Jahren wird er von einer futuristisch gestalteten Tram-Haltestelle dominiert, die wohl das wenig ansprechende Hochhaus an seiner Flanke verbergen soll. Benannt ist der ehemalige „Eisenmannplatz“ nach einer Figur in Ritterrüstung, die das Haus Nr. 2 schmückt.

Nach diesem Ritter benannte sich auch die „Eiserne-Manns-Gruppe“, die 1921 von dem elsässischen Schriftsteller und Journalisten Louis Edouard Schaeffer ins Leben gerufen worden war. Es war die erste literarische Vereinigung Straßburgs nach dem Ersten Weltkrieg. Mit ihrer deutschsprachigen Zeitschrift „Der eiserne Mann“ (1924–26) versuchte die Gruppe, an den „Stürmerkreis“ um René Schickele anzuknüpfen. Der literarische Ertrag blieb allerdings weit dahinter zurück. In den dreißiger Jahren arbeitete Schaeffer als Journalist für die Tageszeitung „Dernières Nouvelles de Strasbourg“, die wir bereits kennen gelernt haben. Nach dem Zweiten Weltkrieg folgte er Gustave Stoskopf als Präsident des elsass-lothringischen Schriftstellerverbandes nach.

Im Faubourg de Saverne

Vom Place de l’Homme de Fer kann man einen kleinen Abstecher hinüber in den „Faubourg de Saverne“ machen, einen der ältesten Vororte Straßburgs, der allerdings bei der Belagerung der Stadt 1870 stark zerstört wurde. Wir folgen der Tram A entlang der Rue du Noyer bis hinunter zum Fossé du Faux-Rempart. Im längst abgerissenen Haus Nr. 4 befand sich bis zum Zweiten Weltkrieg die „Librairie Israélite“, die Buchhandlung der jüdischen Gemeinde Straßburgs.

Am Fossé du Faux-Rempart angekommen, stehen wir vor den „Hallen“ (Les Halles), ein Konsumpalast, der kaum noch erahnen lässt, dass man sich hier an einem historischen Ort befindet. Früher stand hier der „Gare Française“, ein Kopfbahnhof aus der Zeit des „Second Empire“. Bis zum deutsch-französischen Krieg kamen alle Eisenbahnreisenden aus Frankreich hier an. Als Straßburg nach 1871 zur neuen „Hauptstadt des deutschen Reichslandes Elsass-Lothringen“ ausgebaut wurde, reichte der Bahnhof nicht mehr aus und wurde durch den noch heute benutzten Neubau ersetzt („Gare Centrale“). Von da an bis zu seinem Abriss diente das alte Bahnhofsgebäude als Markthalle. Gleich daneben stand von 1870 bis 1940 die prächtige Synagoge von Straßburg. Sie wurde während der Nazi-Besetzung abgerissen. Heute erinnert ein Denkmal und der auf dem Platz eingezeichnete Grundriss daran. Nach der „Libération“ wurde eine neue Synagoge im „Quartier Allemand“ errichtet (siehe Seite 167).

Wenn man von den „Hallen“ aus dem Quai Kléber entlang dem Fossé du Faux-Rempart folgt, gelangt man zur Rue du Faubourg-de-Saverne, der Hauptverkehrsader des Viertels. Über diese Straße und durch die längst abgerissene „Porte de Saverne“ kamen die Kutschenreisenden aus Paris nach Straßburg, so zum Beispiel Victor Hugo oder Gérard de Nerval, den der Anblick des damals recht heruntergekommenen Vorortes an das Viertel „Trastevere“ in Rom erinnerte.

Unmittelbar nach dem deutsch-französischen Krieg von 1870 wurde mit dem Wiederaufbau begonnen. Eines der ersten bezugsfertigen Häuser war die Nummer 14. Hier ließ sich bereits 1871 der bekannte Germanist Wilhelm Scherer (1841–86) nieder. Er war es, der das germanistische Institut der neu gegründeten Straßburger Universität aufbaute. Zusammen mit seinem Kollegen Ottokar Lorentz gab er einen Abriss der elsässischen Geschichte heraus, der ihren Verlauf allerdings im deutschen Sinne „frisierte“. Dennoch galt das Buch im Deutschen Kaiserreich jahrzehntelang als „Standardwerk“. Der Lohn für diese patriotische Tat ließ nicht lange auf sich warten: 1874 folgte Scherer einem Ruf an die Universität von Berlin (siehe Seite 112 und 154).

Die alte Straßburger Synagoge. 1940 wurde sie von den Nazis abgerissen.

Richtung Ponts Couverts

Wir gehen nun auf der Rue du Faubourg-de-Saverne zurück bis zum Fossé du Faux-Rempart. Über die Pont de Saverne gelangt man zurück auf die „Grand Île“, die Altstadt von Straßburg. Über die kurze Petite Rue du Vieux-Marché-aux-Vins gelangt man zur Rue du Vieux-Marché-aux-Vins, den alten Weinmarkt. Doch nicht Weine, sondern Kinofilme sind heute die Spezialität dieser Straße. Im Haus mit der Nummer 32 befand sich vor dem letzten Krieg das „Cinéma Palace“. Hier liefen häufig Filme, die im „Dritten Reich“ verboten worden waren, zum Beispiel die Verfilmung von Erich Maria Remarques Anti-Kriegs-Roman „Im Westen nichts Neues“ und dessen Fortsetzung „Der Weg zurück“. Zu den Aufführungen kamen auch Besucher von der deutschen Seite des Rheins.

Wir überqueren die Rue du Vieux-Marché-aux-Vins und stehen nun auf dem kleinen Place du Vieux-Marché-aux-Vins. Er wird von einem Denkmal geschmückt, das an die „Dichterfamilie“ Stoeber erinnert, die hier gewohnt hat: an den Vater Daniel Ehrenfried (1779 – 1835) und seine beiden Söhne August (1808 – 1894) und Adolf (1811 – 1892).

Daniel Ehrenfried Stoeber war von dem „deutschen Jakobiner“ Eulogius Schneider zur Veröffentlichung seines vor allem lyrischen Werkes ermutigt worden (siehe Seite 60). Als Sekretär der „Gesellschaft für Volksfreunde“ hielt er später die Erinnerung an die Ideen der Revolution wach. Während der „Demagogenverfolgungen“ in Deutschland beherbergte er in seinem Haus deutsche Flüchtlinge, unter ihnen die deutschen Schriftsteller Georg Büchner und den weniger bekannten Harro Harring (1832). Unter dem Titel „Männerstimmen zur deutschen Einheit“ veröffentlichte dieser in Straßburg politische Gedichte, in denen er zur Schaffung eines freien und geeinten Deutschland aufrief.

Stoebers im Volksliedton verfasste Gedichte brachten ihm die Anerkennung von Voß, Tieck, Uhland und Jacob Grimm ein. Heute sind sie fast völlig vergessen. Dabei formulierte Stoeber hier zum ersten Mal, was später unter dem

Schlagwort „Elsässische Doppelkultur“ Gegenstand heftiger Diskussionen werden sollte:

Meine Leier ist deutsch
Sie klinget von deutschen Gesängen;
Liebend den gallischen Hahn
Treu ist französisch mein Schwert.
Mag es über den Rhein und über den Wasgau ertönen:
Elsaß heißet mein Land!
Elsaß, Dir pochet das Herz.
(zitiert nach Mayer, Büchner, S. 54)

Die beiden Söhne August und Adolf Stoeber werden wegen ihrer Verdienste um das elsässische Volkslied manchmal die „elsässischen Gebrüder Grimm“ genannt. Sie studierten in Straßburg Theologie und waren Mitglieder der Studentenverbindung „Eugenia“. 1831 veröffentlichte August Stoeber in der Stuttgarter Morgenzeitung einen Artikel über Jacob Lenz, dessen hinterlassene Papiere sich im Besitz seines Vaters befanden. Der Artikel weckte auch das Interesse Georg Büchners, der sich damals als Medizinstudent in Straßburg aufhielt. Er und August wurden enge Freunde, unternahmen gemeinsame Ausflüge in die Vogesen und besuchten Versammlungen der Straßburger „Gesellschaft für Volksfreunde“. Diese dürfte das Vorbild für die „Gesellschaft für Menschenrechte“ gewesen sein, die Büchner später in Darmstadt gründete.

Wir verlassen den Place du Vieux-Marché-aux-Vins über die Rue Gustave-Doré. Sie führt auf die breite Rue du 22-Novembre, die in den zwanziger Jahren nach dem Vorbild Pariser Boulevards angelegt worden ist. In der Nummer 12 wohnte 1921 Antoine de Saint-Exupéry, der hier in Straßburg seinen Flugschein machte. Später wurde er weltberühmt durch sein Buch „Le petit prince“ (Der kleine Prinz). Seit seinem letzten Einsatz als Militärflieger im Zweiten Weltkrieg gilt er als verschollen. Aus einem Brief an seine Mutter geht hervor, wie beeindruckt der aus einfachen Verhältnissen stammende Flugschüler von den großbürgerlichen Wohnungen in dieser Straße war:

Straßburg ist eine famose Stadt. Alle Merkmale einer Großstadt, größer noch als Lyon. Ich habe ein tolles Zimmer gefunden. Das Badezimmer und Telefon der Wohnung stehen mir zur Verfügung. Es ist in einem Haushalt, der sich in der vornehmsten Straße von Straßburg befindet, ordentliche Leute, die nicht ein Wort Französisch sprechen. Das Zimmer ist luxuriös, Zentralheizung, warmes Wasser, zwei elektrische Lampen, zwei Schränke und ein Aufzug im Haus, das ganze für 120 Francs im Monat. (Saint-Exupéry, S. 693f.; Übers. S.W.)

Wir folgen nun der Rue du 22-Novembre bis zur Kirche St.-Pierre-le-Vieux. Sie stammt aus dem Jahr 1866 und ist damit nicht annähernd so alt wie die Kirche St.-Pierre-le-Jeune, trotz des Namens. Dort wenden wir uns nach links und folgen dem Quai Turckheim am Fossé du Faux-Rempart entlang, bis wir nach einigen Minuten vor einem architektonisch einmaligen Ensemble stehen. Am 14. Juli, dem französischen Nationalfeiertag, findet vor dieser Kulisse das große Feuerwerk statt. Drei große Bauwerke aus unterschiedlichen Jahrhunderten reihen sich hier aneinander: die mittelalterlichen „Ponts Couverts“ (Gedeckte Brücken), dahinter die „Barrage Vauban“ aus dem 17. Jahrhundert, die wiederum überragt wird von dem 1998 eröffneten „Musée de l'Art Moderne et Contemporain“. Alle drei Gebäude haben einen Bezug zur Literaturgeschichte.

Im Museum für moderne und zeitgenössische Kunst sind die Bilder und Skulpturen einiger Künstler ausgestellt, denen wir auf unseren Spaziergängen bereits begegnet sind oder noch begegnen werden. Von Gustave Doré etwa, der Illustrator zahlreicher „Klassiker“, ferner von Charles Spindler (siehe Seite 170f.), der Begründer der „Revue Alsacienne Illustrée“, natürlich auch von Gustave Stoskopf (siehe Seite 90), Autor und Chef des Théâtre Alsacien, vor allem aber von Hans Arp (siehe Seite 61), dessen Skulpturen ein eigener Saal gewidmet ist.

Die „Barrage Vauban“, ein Werk des Festungsbaumeisters von Louis XIV., heißt auf Elsässisch „die Schanz'“. Sie taucht in einem der bekanntesten Gedichte aus „Des Kna-

Skulptur von Mimo Paladino am Gebäude des Museums für moderne und zeitgenössische Kunst

ben Wunderhorn" auf, jener Sammlung romantischer Kunstlieder, die die Herausgeber Arnim und Brentano als „Volkslieder" ausgegeben haben. Das Gedicht heißt „Der Schweizer" und erzählt die Geschichte eines armen Soldaten, der auf der Straßburger „Schanz'" zu desertieren beschließt und dafür von seinen eigenen Kameraden standrechtlich erschossen wird:

Zu Straßburg auf der Schanz,
Da ging mein Trauren an,
Das Alphorn hört ich drüben wohl anstimmen,
Ins Vaterland mußt ich hinüber schwimmen,
Das ging nicht an (...).
(Arnim/Brentano, Bd. 1, S. 130)

Die „Ponts Couverts", die auf Elsässisch „Bumbewehr" heißen, sind schon lange keine „gedeckten" Brücken mehr. Früher waren sie mit Häusern bebaut, die allerdings bereits 1784 abgerissen wurden. In einem davon hatte Cleophe Fibich ihre letzten Jahre verbracht, das lebende Vorbild der „gefallenen" Marie aus Jakob Lenz' Drama „Die Soldaten". Von den ursprünglich vier Türmen aus dem 13. Jahrhundert, einem Rest der mittelalterlichen Stadtbefestigung, stehen heute noch drei. Einer davon ist der „Heinrichsturm", zu Beginn des Jahrhunderts Treffpunkt der Gruppe „Jüngstes Elsass" um René Schickele. Zwölf Jahre nach der Auflösung der Gruppe veröffentlichte er in der Zeitschrift „Die Aktion" das Gedicht „Die Stürmer", ein verklärender Rückblick auf diese Zeit:

Sie saßen zu zehnt in einer Dachkammer
Und tranken edlen Wein
Aus einem Riesenkrug; wie ein Hammer
Schlug Sehnsucht auf sie ein (...)
Sie waren achtzehn Jahre alt.
Sie wollten weder stehn, noch wanken
Und schritten zusammen wie umhallt
Von ihren einigen Gedanken.
In einem alten Turm bauten sie sich ein Nest,
Und manch einer hielt dort sein erstes Liebesfest,
Und alle sahn die Abendröte winken,
Wie war es laut und wurde still,
Und alle sehn die letzten Sterne blinken
Tief unter sich im Spiegel der Ill (...).
(Die Aktion, Jg. 4, 1914, Sp. 906)

Mehr als ein halbes Jahrhundert nach den „Stürmern" stand Wolfgang Koeppen an dieser Stelle. Noch geprägt von den Erlebnissen des Zweiten Weltkrieges, tat es ihm sichtlich in der Seele wohl, die militärischen Bauwerke unterschiedlicher Jahrhunderte zu sehen, die langsam, aber sicher verrotten. Besonders hatte es ihm das Terrassencafé unterhalb der „Ponts Couverts" angetan, wo auch wir nun Rast machen können:

Der Fluß verästelt sich, umwindet in vielen Armen die Altstadt, Fachwerkhäuser spiegeln sich auf brackiger Fläche, uralte Festungstürme stehen wie schlafende Wächter da, Wälle, die der Kriegsingenieur Vauban gezogen hat, Kasematten der kaiserlich deutschen Heeresbaumeister, uneinnehmbare Forts des irrenden Maginot, unkrautüberwachsen, im Mauerwerk gespalten, im Beton gerissen, traurige Soldatenlieder fielen mir ein „O Straßburg, o Straßburg", „Zu Straßburg auf der Schanz" und „Rosen blühen auf dem Heidegrab", der armen Ruhestätte des Deserteurs, der Straßburg weder für Deutschland noch für Frankreich verteidigen wollte. Stufen führen zu einem Bootssteg, zu einem Wirtshaus am Wasser hinunter. Man trank Bier und afrikanischen Wein unter einem prächtigen Kastanienbaum. (Koeppen, S. 15)

Militärs und Pazifisten – die Krutenau

Der vierte Spaziergang führt uns in das Viertel Krutenau, französisch ausgesprochen: „Krütnó“. Wie der Name suggeriert, handelt es sich dabei um ein „Kraut-und-Rüben-Viertel“, einen architektonischen Mischmasch von Altelsässischem und Wilhelminischem, zu dem heute auch viel Modernes hinzukommt. Traditionell ist es ein Viertel der „kleinen Leute“, heute der Ausländer und Studenten, früher der Handwerker und Arbeiter, von denen viele in der dort ansässigen Tabakmanufaktur tätig waren. Wegen des angrenzenden ehemaligen Kasernenviertels Esplanade lebten hier auch viele Offiziere. Für Reisende aus dem Osten schließlich war und ist der Vorort Krutenau darüber hinaus das, was der Faubourg de Saverne (siehe Seite 111) lange für Reisende aus dem Westen war: das Einfallstor und der erste Berührungspunkt mit der Stadt.

Rund um den Place d'Austerlitz

Der Place d'Austerlitz, der früher Metzgerplatz hieß, ist mit seiner teils alten, teils modernen Bebauung typisch für das „Mischviertel“ Krutenau. Als René Schickele nach dem Ersten Weltkrieg aus der Schweiz zurückkehrte, empfing er hier die ersten Eindrücke der eben wieder französisch gewordenen Stadt. In seinem Essayband „Wir wollen nicht sterben!“ aus dem Jahr 1922, zu dessen begeisterten Lesern Rainer Maria Rilke gehörte, hat er sie niedergeschrieben:

Das Kehler Tor und der Festungswall sind weg, der Metzgerplatz hat einen klangvollen Namen, nein, er hat wirklich an Stimmen gewonnen. Ich weiß nicht, warum ich schon als Knabe davon überzeugt war, daß „der Knabe, der das Alphorn blies“, über den Metzgerplatz in die Stadt gekommen sei. Auch wenn ich „Straßburg, o Straßburg, du wunder-

schöne Stadt" singen höre, sehe ich gleich den Metzgerplatz, von dem man über den Rhein nach Kehl radelt... (Schickele, Bd. 3, S. 495)

Vom Place d'Austerlitz zweigt in südlicher Richtung die Rue de la Brigade-d'Alsace-Lorraine ab, benannt nach der gleichnamigen Einheit der gaullistischen Armee, die von dem Schriftsteller, Essayisten und späteren Politiker André Malraux (1901–76) geführt wurde. Malraux, der mit der Deutschen Clara Goldschmidt verheiratet war, zählte in den dreißiger Jahren zu den politisch engagiertesten Autoren Frankreichs: gegen Faschismus und Kolonialismus und für einen „Kommunismus mit menschlichem Antlitz". Im spanischen Bürgerkrieg kämpfte er für die Republikaner, im Zweiten Weltkrieg schloss er sich der Résistance an. Nach der Befreiung Frankreichs war er unter De Gaulle wiederholt Informations- und Kulturminister. 1996 wurden seine sterblichen Überreste ins Pariser „Panthéon" überführt.

Die erste Straße, die von der Rue de la Brigade-d'Alsace-Lorraine abzweigt, ist die Rue Sédillot. Im Haus Nr. 2 befand sich in den Jahren 1933 und 1934 die Buchhandlung „Librairie Populaire", die der deutsche Emigrant Georg Reinbold (1885–1946) zusammen mit einem elsässischen Partner betrieb. Bis 1933 war er Landesvorsitzender der SPD und Vizepräsident des Badischen Landtags in Karlsruhe. 1933 floh er vor Hitler über die Schweiz nach Straßburg, wo er ein versteckt gelegenes, aber hübsches Haus in der Rue de la Chêne Nr. 22 im Stadtteil Neudorf bezog.

Wie viele andere Emigranten glaubte auch Reinbold, dass Hitler sich nicht lange halten könne. In Straßburg wollte er daher gleichsam an „vorderster Front" kämpfen.

Über seine Buchhandlung vertrieb Reinbold in Deutschland verbotene Bücher und Zeitschriften, insbesondere die sich rasch entwickelnde „Emigrantenpresse". Einerseits versuchte er auf diese Weise in Frankreich Aufklärungsarbeit zu leisten, andererseits gelang es ihm aber auch – unterstützt von einer kommunistischen Widerstandsgruppe aus der deutschen Nachbarstadt Kehl – seine Ware des Nachts heimlich über den Rhein zu schmuggeln.

Auf dem Place de l'Hôpital

Wir folgen der Rue Sédillot bis zum Ende, biegen nach rechts in die Rue de la 1ère Armée und zweigen in die zweite Straße (Rue des Jardins) nach links ab. Nach wenigen Metern stehen wir auf dem Place de l'Hôpital, dem Vorplatz zum „Hôpital civil", dessen Gebäude zum Teil noch aus dem 18. Jahrhundert stammen. In den Kellergewölben werden unter anderem auch Weine gelagert, von denen einige so alt wie die Gebäude selbst sind und immer noch gut schmecken sollen. Aber natürlich sind sie zu wertvoll, um dies einfach auszuprobieren.

Interessanterweise ist das Straßburger „Bürgerspital" kein Kranken-„Haus", sondern vielmehr eine Kranken-„Stadt", die ein Viertel für sich bildet. Der Eingang zu dieser „Stadt in der Stadt" wird durch ein Tor markiert, die Porte de l'Hôpital, ein Rest der mittelalterlichen Stadtbefestigung. Im 18. Jahrhundert war das Straßburger Spital eine medizinische Hochburg, deren europaweitem Ruf auch Herder folgte (siehe Seite 72f.). In seinem „epischen Versuch" mit dem Titel „Der Zauberbaum" aus dem Jahr 1985 hat sich der deutsche Philosoph Peter Sloterdijk vorgestellt, wie der Arzt LeBrasseur einen Besucher aus Deutschland durch die Räume dieser Anstalt führt:

Durch einen Einlaß, der in den großen Torflügel eingesetzt war, betraten sie eine Vorhalle, von der aus man in die Korridore gelangen konnte. LeBrasseur geleitete seinen Gast an einigen Krankensälen vorbei, von denen jeder nach einem der großen Schutzheiligen benannt war (wie man an den Inschriften über den Türen zu den Sälen lesen konnte). Man hörte von allen Seiten das Murmeln der Bettlägrigen. Urinöse Dünste erfüllten die Gänge des ganzen Gebäudes. (Sloterdijk, S. 38f.)

Links von der Porte de l'Hôpital befindet sich das „Theatrum anatomicum", errichtet 1740, wo bereits Goethe medizinische Vorlesungen gehört hat. Schräg gegenüber steht der 1866 errichtete neue Hörsaal der medizinischen Fakul-

École Superieure des Arts Decoratifs
R.d.l'Académie
École de l'Académie
Rue Paul-Janet
Place du Foin
R.d.l'Abreuvoir
R.d.l.Manufact.Tabacs
Rue St.Guillaume
Place de Pont A.-Chats
Rue de Zurich
Rue de Zurich
Place de Zurich
Rue de Lausanne
Rue de Genève
Rue du St.Gothard
Rue des Orphelins
l'Ill
Quai des Pêcheurs
Collège St.Etienne
Ste.Madeleine
R.Ste.Madeleine
Lycée Fustel de Coulanges
Château des Rohan
Quai des Bateliers
Rue de la Brigade d'Alsace-Lorraine
Place d' Austerlitz
Bourse
Rue Sédillot
Cathédrale
Musée de l'Oeuvre Notre-Dame
Musée Historique
Pont du Corbeau
Place du Corbeau
Musée Alsacien
Rue de la 1re Armée
R.d.Jardins
Pl.de la Cathédrale
Rue Mercière
Place des Tripiers
Ancienne Douane
Quai St.-Nicolas
St.-Nicolas
Rue d'Or
R.St-Nicolas
Place de l'Hôpital
Porte de l'Hôpital
Place Gutenberg
Rue Gutenberg
Rue de la Division-Leclerc
Quai St.Thomas
Hôpital Civil
Grand' Rue
St.Thomas
Église Protest.
Seminaire Protest.

tät, in dem heute das von Rodolphe Reuss aufgebaute Stadtarchiv untergebracht ist (siehe Seite 76). Zu Beginn des 20. Jahrhunderts besuchte hier der Medizinstudent Gustave Schickele seine Vorlesungen, der Bruder des Schriftstellers René. Das Verhältnis der beiden war nicht einfach. René, der „Freigeist", Gustave, der „Streber", der sich immer anpasste, ja unterwarf: den Eltern, dann den Lehrern, später dem Staat. Bis 1918 war Gustave ein deutscher Nationalist, dann wurde er über Nacht ein französischer Patriot. In seinem Roman „Blick auf die Vogesen" aus dem Jahr 1924 hat René Schickele ihn unter dem Namen „Ernst Breuschheim" porträtiert – und zu verstehen versucht:

Claus liebte seinen Bruder: zaghaft, trotz dunkler Erinnerungen an Demütigungen und Kränkungen von Kindheit an, die ihn nur eingeschüchtert, ihn nicht zum Abfall bewogen hatten, trotz vielem, trotz allem hing er an ihm. Mochten sie auch uneinig sein, dies war eine Sache, die nur sie beide anging, und keine hoffnungslose, so wenigstens dünkte es Claus (...). „Doch. Ich begreife Ernst", sagte Claus laut vor sich hin. „Er war von ganzem Herzen bei den Deutschen. Da er sich zu den Franzosen schlug, wollte er ebenfalls ungeteilten Herzens dabei sein. Es ist unser Schicksal, fremden Herren zu dienen. Ein ehrlicher Kerl legt Wert darauf, es aufrichtig zu tun. Er versucht es wenigstens. (Schickele, Bd. 1, S. 361)

Wie viele andere Medizinstudenten gehörte Gustave dem „Cercle des étudiants" an, einer Studentenorganisation, die mit ihrer frechen Zeitschrift „Echo du Cercle" wiederholt Aufsehen erregte. 1911 kam es zum Eklat, weil ein elsässischer Student darin einen regierungskritischen Artikel veröffentlicht hatte. Der „Cercle" wurde daraufhin verboten, der Student exmatrikuliert. René Schickele, damals Chefredakteur der „Straßburger Neuen Zeitung" empörte sich darüber. In einem Artikel gab er den deutschen Behörden Nachhilfeunterricht in Sachen „Literarische Freiheit":

Sie ist mit Verve geschrieben und verrät wirkliche Phantasie. Sie gibt sich nicht nur gutgelaunt, sie sprudelt orgias-

tisch davon über. Zwischen gewohnten Redensarten blitzen originelle Wendungen auf. P.-L. Courier, der Meister des Pamphlets, hätte an der muntern Uebung sein Vergnügen gehabt. Sie enthält Übertreibungen, aber keine Gehässigkeiten. Und was ein Pamphlet ist, schert sich den Teufel um die strengen Richtlinien der historischen Gerechtigkeit. (Straßburger Neue Zeitung vom 3. 6. 1911)

Vom Place de l'Hôpital zweigt die Rue d'Or ab, ehemals ein Wasserarm. In dieser Straße stand eines der zahlreichen Wohnhäuser, die dem Onkel von Kasimir Edschmid gehörten. In diesem hier verkehrte u. a. auch Albert Schweitzer, der nicht weit davon entfernt, im „Séminaire protestant", seine Wohnung hatte (siehe Seite 75). In einem kleinen Buch, das Edschmid dem großen Elsässer 1949 gewidmet hat, kommt er auch auf dieses Haus zu sprechen:

Während Schweitzer seine klinischen Semester hinter sich brachte, sah ich ihn öfters im Hause meines Onkels, bei dem er mittags zu speisen pflegte, da die Wohnung im Goldgießen, im Zentrum der alten Stadt nahe der Ill, dem Ort seiner medizinischen Exerzitien benachbart war. Mein Onkel war ein merkwürdiger, verschlossener und herber Mann, der aber Ideen, die er trotz ihrer Extravaganz für richtig hielt, förderungsbereit zugeneigt war. Er war ein bedeutender Kaufmann, der mit fünfzig Jahren bemerkt hatte, daß er eigentlich Maler sei, und in seinen Mußestunden in der Umgebung Straßburgs nach „sujets de peinture" suchte, indem er einen an einem Stiel befestigten runden Hornrahmen ans Auge hielt, um ja einen geschlossenen Ausschnitt zu finden. (Edschmid, Schweitzer, S. 27f.)

Statt in die Rue d'Or gehen wir allerdings in die Rue St.-Nicolas, die links davon vom Place de l'Hôpital abzweigt. In der Nummer 12, dem letzten Haus auf der linken Seite, wohnte der gebürtige Straßburger Georg Daniel Arnold (1780–1829). Ab 1809 lehrte er als Professor für Geschichte und Römisches Recht an der Straßburger Universität. Neben juristischen Arbeiten veröffentlichte er auch eine Reihe von Gedichten in deutscher Sprache und ein Theaterstück im elsässischen Dialekt: „Der Pfingstmontag“ (1816). Damit ist Arnold einer der Begründer der elsässischen Literatursprache (siehe Seite 213). Goethe, den Arnold auf seiner Bildungsreise durch Deutschland 1803 persönlich kennen gelernt hatte, schrieb über das Stück eine sehr positive Rezension.

Entlang dem Quai St.-Nicolas

Die Rue St.-Nicolas mündet auf den Cour St.-Nicolas, benannt nach der kleinen Kirche gleich gegenüber, einem Bau aus dem 14. Jahrhundert. Der „Stürmer und Dränger“ Heinrich Leopold Wagner lässt in seinem 1776 erschienenen Drama „Die Kindermörderin“ seine Heldin Evchen, die heimlich schwanger ist, in dieser Kirche an einem Gottesdienst teilnehmen. Als der Pfarrer in flammenden Worten gegen Kindesmörderinnen predigt, fällt sie aus Verzweiflung in Ohnmacht. Diese Episode soll Goethe zu der berühmten „Dom-Szene“ mit Gretchen in seinem „Faust“ angeregt haben, endend mit den Worten: „Nachbarin, euer Fläschchen“.

In derselben Kirche war Albert Schweitzer, der spätere „Urwalddoktor“ und Friedensnobelpreisträger, von 1899 bis 1912 und dann erneut von 1918 bis 1921 als Vikar tätig. Um ein Haar wäre er allerdings durch die vorangegangene Prüfung gerasselt. In seiner Autobiographie „Aus meinem Leben und Denken“ berichtet er davon:

Am 1. Dezember 1899 erhielt ich ein Predigtamt zu St. Nicolai in Straßburg, zuerst als sogenannter „Lehrvikar“, später, nach bestandener zweiter theologischer Prüfung, als regulärer Vikar. Diese zweite, hauptsächlich durch ältere Pfarrer abgehaltene Prüfung bestand ich am 15. Juli 1900 – mit knapper Not (…). Zu allem Unglück war mir noch das Mißgeschick widerfahren, daß ich meine Unwissenheit in bezug auf den Verfasser eines Kirchenliedes – es war von Spitta, dem berühmten Dichter von „Psalter und Harfe“ – damit zu entschuldigen suchte, daß ich es für zu unbedeutend gehalten hätte. Diese Ausrede brachte ich, sonst ein Bewunderer Spittas, zum Entsetzen aller in Gegenwart von Professor Spitta, seinem Sohne, vor... (Schweitzer, Bd. 1, S. 45f.)

Schweitzer war vor allem für die Nachmittagsgottesdienste, die Kindergottesdienste sowie den Religions- und Konfirmandenunterricht verantwortlich. Einmal übernahm er auch eine Taufe. Das quäkende Baby sollte viel, viel später, nachdem das Elsass wieder französisch, dann noch einmal deutsch und dann doch wieder französisch geworden war, der erste deutsche Bundespräsident werden: Es war Theodor Heuss. 1908 heiratete dieser die Elsässerin Elly Knapp, die Gründerin des Müttergenesungswerkes.

Abendstimmung am Quai St.-Nicolas. An der Ecke zur Rue d'Or (Bildmitte) stand einst das Haus von Sebastian Brant.

Ausgefüllt haben diese vielfältigen seelsorgerischen Tätigkeiten den Tausendsassa Schweitzer offenbar nicht. Vom Zeitpunkt seiner Habilitation im Jahr 1902 an hielt er an der Universität zusätzlich Vorlesungen in Theologie und veröffentlichte theologische, philosophische und musikwissenschaftliche Werke sowohl in deutscher als auch französischer Sprache. 1913 schließlich zog er in die damals französiche Kolonie Äquatorialafrika, wo er seine später weltberühmte Missionsstation von Lambarene eröffnete.

Etwas versteckt hinter der Kirche liegt am Cour St.-Nicolas das Pfarrhaus von St. Nicolas. Eine an der Fassade angebrachte Gedenktafel erinnert an den Schriftsteller Edouard Schuré (1841 – 1929), der hier zur Welt kam und seine Jugend verbrachte. Er studierte im benachbarten „Séminaire protestant“, wo er mit seinem Studienkollegen und Gesinnungsgenossen Rodolphe Reuss, dem späteren Stadtarchivar, enge Freundschaft schloss (siehe Seite 76 und 124). Auch Robert Redslob, der spätere „Doyen“ der Universität, gehörte zu diesem frankophilen „Straßburger Kreis“ (siehe Seite 91).

Nach dem deutsch-französischen Krieg „optierte“ Schuré, der eigentlich Schurer hieß, für Frankreich. In Paris schloss er sich avantgardistischen Literatenkreisen an. Auch wenn er den Staat Bismarcks verachtete, so war er doch ein Bewunderer deutscher Kultur. Besonders setzte er sich für die Ideen des Antroposophen Rudolf Steiner und die Musik Richard Wagners ein, was ihn zum „Fahnenjunker des Wagnertums in Frankreich“ (Georg Conrad) werden ließ. Populär wurde der Kosmopolit Schuré allerdings vor allem durch seine patriotischen „Elsassbücher“, mit denen er die Erinnerung an das französische Elsass wach halten wollte. Damit wurde er einer der literarischen Väter des „Revanche“-Gedankens.

Auf der anderen Seite der Kirche St. Nicolas verläuft entlang der Ill der Quai St.-Nicolas. Wir wenden uns zuerst nach links und gehen bis zum Haus mit der Nummer 6. Hier wohnten die „Frères Matthis“, ein dichtendes Zwillingsgespann und Straßburger Originale aus der Zeit der Jahrhundertwende. Die beiden ewigen Junggesellen Adolphe und Albert lebten in einer merkwürdigen, fast symbiotische Züge tragenden „Geschwister-WG", einer engen Wohn- und Arbeitsgemeinschaft. Ihre ersten Veröffentlichungen erschienen u. a. auch in der Zeitschrift „Der Stürmer" von René Schickele (siehe Seite 98). Später gaben sie – oft gemeinsam – eine Reihe von Gedichtbänden heraus, die sie in ihrer elsässischen Muttersprache verfasst hatten, ein Feuerwerk archaischer Motive und moderner Lautexperimente.

Wir folgen nun dem Quai St.-Nicolas in der Gegenrichtung. An der Ecke zur Rue d'Or steht ein vornehm-schlichtes Gebäude des 19. Jahrhunderts mit der Hausnummer 18. Eine Tafel erinnert daran, dass an dieser Stelle einst das Haus von Sebastian Brant (1457–1521) gestanden hat, dem berühmten Renaissance-Schriftsteller und langjährigen Stadtschreiber von Straßburg. 1494 veröffentlichte er einen echten „Bestseller", den er wohl auch hier verfasst hat: das „Narrenschiff".

Johann Geiler von Kaisersberg bediente sich der moralischen Erzählungen als Vorlage für seine Predigten im Straßburger Münster (siehe Seite 42). Die neue Technik des Buchdrucks ermöglichte darüber hinaus eine weiträumige Verbreitung. Berühmte Maler ihrer Zeit steuerten Illustrationen bei, so Hieronymus Bosch und Albrecht Dürer, der übrigens einige seiner Gesellenjahre in Straßburg verbracht hat. Bei René Schickele scheint der Text eher negative Erinnerungen an eine „Pflichtlektüre" aus seiner Schulzeit wachgerufen zu haben. Die folgenden Spottverse aus seinem Gedichtband „Die Leibwache" von 1914 zeugen davon:

Die Holzschnitte sind reizend.
Ich konnte die Verse nicht lesen –
Und glaube es auch keinem,
Daß er davon entzückt gewesen.
(Schickele, Leibwache, S. 62)

In den dreißiger Jahren des 20. Jahrhunderts kehrte das „Narrenschiff" als „satirisches Wochenblatt" nach Straßburg zurück. Der verharmlosende Untertitel täuscht darüber hinweg, dass es sich bei dieser Zeitschrift um ein antisemitisches und „pangermanisches“ Hetzblatt übelster Sorte handelte, das die in Straßburg lebenden deutschen Emigranten verunglimpfte, dafür aber Adolf Hitler hofierte. Da sich das Blatt gleichzeitig für die Autonomie des Elsass innerhalb Frankreichs stark machte, war der Gedanke an regionale Selbstverwaltung nach 1945 für lange Zeit kompromittiert.

Die Ehrenrettung Sebastian Brants übernahm Willi Münzenberg (1889 – 1940). Der ehemals mächtige kommunistische Medienzar war 1933 von Berlin nach Paris emigriert, wo er mit seinem Verlagshaus „Editions du Carrefour“ zum mächtigsten Verleger innerhalb der Emigrantenszene aufstieg. Sein Sturz kam 1937, als er – wir sind in der Zeit der stalinistischen „Säuberungen“ – aus der KPD ausgeschlossen und durch einen gewissen Walter Ulbricht ersetzt wurde, dem schon bald Wilhelm Pieck nachfolgte. Daraufhin gründete er in Straßburg den kleinen Sebastian-Brant-Verlag, der als Plattform für ein breites Bündnis von linken und bürgerlichen Intellektuellen dienen sollte. In den noch verbleibenden zwei Jahren bis zum Zweiten Weltkrieg erschienen dort 13 Titel in deutscher wie französischer Sprache, darunter die deutsche Übersetzung von René Schickeles französischem Essay „Le Retour“ (1938). Ferner brachte Münzenberg in Straßburg sein berühmtes „Braunbuch“ über den Nationalsozialismus und die Zeitschrift „Der Gegenangriff“ heraus. All das wurde in der „Imprimerie Française“ am Place du Corbeau gedruckt, gleich um die Ecke.

Wir folgen dem Quai St.-Nicolas weiter bis zum Musée Alsacien, das in zwei schönen Renaissance-Häusern mit den Hausnummern 23 und 24 untergebracht ist. Es wurde von Gustave Stoskopf gegründet, dem Leiter des Théâtre Alsacien (siehe Seite 90). Beide Institutionen hatten denselben Zweck, den damaligen deutschen „Herren“ die eigenständigen Traditionen des Elsass vor Augen zu halten und zugleich das regionale Selbstbewusstsein der Elsässer zu stärken. Mit der Rückkehr des Elsass zu Frankreich im November 1918 war diese Aufgabe allerdings überholt. Als Wolfgang Koeppen Straßburg im Jahr 1960 besuchte, erschien ihm das Museum denn auch als ein Ort „von gestern“:

Im Elsässischen Museum wird die Geschichte mit französischen Augen betrachtet. Viel Uniformen hängen auf Wachspuppen. Man sieht Staub, Plüsch, Mottenfraß, Epauletten, gestickte Käppis, rote Hosen, Stahlhelme, horizontblaue Grabenröcke; den deutschen Betrachter erinnert dies leider an die Illustrationen von Knabenbüchern „Aus großer Zeit“. (Koeppen, S. 15)

Rund um den Place du Corbeau

Folgt man dem Quai St.-Nicolas weiter, so kommt man auf den Place du Corbeau. Die Brücke, die hinüber auf die „Grande Île“ führt, trug während der französischen Revolution den Namen „Pont Rousseau“, zur Erinnerung an den großen Philosophen, der sich mehrmals in Straßburg aufgehalten hat. Auf der anderen Seite der Brücke liegt links die Ancienne Douane, das alte Zollhaus, und rechts das Musée Historique, das nach einer gründlichen Renovierung und mit einer völlig neu konzipierten Ausstellung im Jahr 2000 seine Tore wieder geöffnet hat.

Überragt wird der Place du Corbeau von dem ehemaligen „Hôtel du Rhin“ (Haus mit der Nr. 5), das 1843 kurz nach der Eröffnung des Bahnhofs errichtet wurde. Zwischen dem Ersten und Zweiten Weltkrieg war dort die „Imprimerie Française“ untergebracht, wo u. a. die Bücher des bereits erwähnten Sebastian-Brant-Verlages entstanden. Das Ganze gehörte dem Straßburger Zeitungsbaron Lucien Minck (1888–1972). Wegen seiner entschieden profranzösischen Einstellung wurden ihm nach 1918 einige Zeitungen zugeschanzt, darunter „La République“, deren Redaktion ebenfalls hier untergebracht war.

Die „Repüh“ – wie sie auch genannt wurde – war eine deutschsprachige Tageszeitung, trotz des französischen Namens. Von 1918 bis 1925 wurde sie von Camille Dahlet geleitet. Für das Feuilleton schrieb u. a. René Schickele. Er war ein ehemaliger Schulfreund Dahlets. In seinem Roman „Blick auf die Vogesen“ aus dem Jahr 1927 hat er Dahlet unter dem Namen „François Kern“ portraitiert:

Ein komischer Kauz, dieser Kern! Hatte von je die Rückkehr Elsaß-Lothringens zu Frankreich gewünscht und deshalb von den Deutschen allerhand Drangsalierungen erfahren, beim Einzug der Franzosen die Glocken geläutet wie nur einer. War als nationaler „Blutzeuge“ (man übertrieb gern in jenen frohen Tagen) an die Spitze eines Straßburger Blattes gestellt worden und langsam, langsam, dann immer schneller und durchaus gegen seinen Willen in die Opposition gerutscht. Nur, weil er nicht ganz so dumm, nicht ganz so von Haß und schlechtem Gewissen geblendet war wie die andern.

Je schärfer seine Feder fuhr, um so höher stieg die Abonnentenzahl. Das war sein Glück. Denn die Blutzeugenschaft war vergessen, und in der Präfektur rückte man so ungeduldig auf den Stühlen, daß seine Verleger die Warnung nicht überhören konnten. (Schickele, Bd. 1, S. 458f.)

Wegen seiner zunehmenden Kritik an der französischen Elsasspolitik wurde Dahlet schließlich 1925 abgelöst, mit dem Ergebnis, dass die Tagesauflage der „République“ innerhalb weniger Jahre von 20.000 auf schließlich nur noch 2.300 Exemplare zurückging. In der Folgezeit rutschte Dahlet zunehmend in das Lager der „Autonomisten“. 1926 gründete er die „Parti Progressiste“ bzw. „Fortschrittspartei“, die sich schon bald der radikal-autonomistischen „Landespartei“ annäherte. Die beiden Parteizeitungen fusionierten zur „Elsass-lothringischen Zeitung“ (ELZ), die ab 1933 zunächst versteckt, dann immer offener die Politik Hitlers unterstützte (siehe Seite 68).

Die „République“ dagegen ging klar auf Konfrontationskurs zu den Faschisten. Bereits wenige Tage nach Hitlers Ernennung zum Reichskanzler wurde sie daher in Deutschland verboten. Etliche deutsche Emigranten gehörten zu ihren Mitarbeitern, z. B. Joachim Maass, Werner Hegemann, Hans Theodor Joel, Ernst Roth, Oscar Wöhrle, Ernst Falk, Egon Erwin Kisch und der heute zu Unrecht vergessene Berthold Salomon Jacob (1898 – 1944).

Jacob war einer der „Star-Journalisten“ der Weimarer Republik. Wegen seiner Enthüllungen über die heimliche Aufrüstung der Reichswehr und grausame „Fememorde“ in ihren Reihen wurde er in der Weimarer Republik jedoch nicht etwa belobigt, sondern – zusammen mit seinem Freund Carl von Ossietzky – zu einer Gefängnisstrafe verurteilt, wegen „Landesverrats“. Zutiefst verbittert übersiedelte er daher bereits 1932 nach Straßburg, wahrscheinlich auf Einladung von Jean Knittel, dem Leiter der „Dernières Nouvelles de Strasbourg“. Bereits kurz nach seiner Ankunft stellte sich Jacob auch bei Lucien Minck vor:

Es sind nun etwa drei Jahre her, dass sich mir ein junger Deutscher von kleinem Wuchs und schwächlicher Gestalt vorstellte: „Ich bin Berthold Jacob. Ich habe Deutschland verlassen, weil ich aus sicherer Quelle weiss, dass mein Leben in Gefahr ist“. (Lucien Minck in der „République“ vom 24. 3. 1935)

Jacob wurde mit dem Deutschland-Ressort der „République“ beauftragt. In den Jahren 1932 bis 1935 erschienen einige hundert Artikel aus seiner Feder. Das „Lieblingskind“ Jacobs war allerdings sein „Service de presse indépendant“ bzw. „Unabhängiger Zeitungsdienst“ (UZD), der ab August 1932 ebenfalls in Mincks Druckerei hergestellt wurde und dessen Inhalt Jacob alleine gestaltete. „Unabhängigkeit“ ist nicht mit „Neutralität“ zu verwechseln. Der UZD zeigte klar Flagge. Sein Ziel: Kampf gegen Nazi-Deutschland mit allen Mitteln des seriösen Journalismus.

Schließlich holte die Gestapo zum Gegenschlag aus. Im März 1935 bekam Jacob in seiner Straßburger Wohnung überraschend Besuch von Hans Wesemann, einem vermeintlichen Freund, der jedoch für die Gestapo arbeitete. Es gelang diesem, Jacob nach Basel zu locken. Hier wurde er in einer „Nacht-und-Nebel-Aktion“ entführt und nach Berlin verschleppt. Allerdings hatte man dort wohl nicht mit den massiven internationalen Protesten gerechnet, die nun einsetzten. Schon im September desselben Jahres wurde Jacob daher wieder in die Schweiz abgeschoben. Lion Feuchtwanger (1884 – 1958), der ebenfalls 1933 nach

Frankreich geflüchtet war, hat den „Fall Jacob" in seinen Roman „Exil" aus dem Jahr 1940 eingearbeitet. Jacobs Zugfahrt von der Schweiz zurück ins sichere Frankreich hat er sich so vorgestellt:

Da stand er also am Fenster, in dem gleichen Anzug, in dem er weggefahren war, jetzt aber schlotterte der Anzug um ihn (...). Seine Wärter hatten ihm immer wieder zu verstehen gegeben, daß er sein Gefängnis kaum mehr lebend verlassen werde, kein Anwalt hatte Zutritt zu ihm gehabt, von den Anstrengungen, welche die zivilisierte Welt zu seiner Rettung unternommen, hatte er nichts erfahren, er hatte abgeschlossen und sich nur darauf vorbereitet, vor Gericht seinen Mann zu stellen und anständig und eindrucksvoll zu sterben. Als man ihn dann aus seinem Gefängnis herausholte und weitertransportierte, hatte er das Schlimmste befürchtet, daß man ihn nämlich ohne Prozeß hinterrücks erledigen werde. Wie man ihm später mitteilte, er stehe jetzt auf Schweizer Boden und sei frei, hatte er das zuerst für einen übeln Scherz gehalten... (Feuchtwanger, S. 730f.)

Was Feuchtwanger nicht wissen konnte: Am Ende sollten doch die Nazis siegen. Wesemann, der in der Schweiz wegen „Menschenraubs" zu einer mehrjährigen Haftstrafe verurteilt worden war, zog sich nach seiner Freilassung mit Hilfe der Gestapo nach Südamerika zurück, wo sich seine Spur verliert. Jacob dagegen landete noch zweimal im Gefängnis: Bei Ausbruch des Krieges wurde er als Angehöriger einer „Feindnation" in dem berüchtigten Lager bei Le Vernet am Pyrenäenrand interniert, aus dem ihm allerdings die Flucht gelang. Kaum war er den Franzosen entkommen, fiel er jedoch erneut den Deutschen in die Hände. Aus Lissabon, seinem letzten Exilort, wurde Jacob von der Gestapo ein zweites Mal nach Berlin verschleppt. Dort starb er 1944 im Gefängnis an Entkräftung.

Auf der anderen Seite des Platzes, im Hinterhof des Hauses am Quai des Bateliers Nr. 1, befindet sich der „Rabenhof" (Cour du Corbeau) aus dem 16. Jahrhundert. Ein steinerner Rabe links vom Eingang weist den Weg. Auch der „Rabenhof" ist ein ehemaliges Hotel, gewissermaßen der

Vorläufer des „Hôtel du Rhin“. Es existierte von 1528 bis 1854. Seine „große“ Zeit waren das 17. und 18. Jahrhundert. Seine Gästeliste liest sich wie ein Geschichtslexikon: Der französische Feldmarschall Henri de Turenne (1647), der polnische König Johann Casimir (1669), der deutsche Reiseschriftsteller August von Thümmel (1774), der österreichische Kaiser Joseph II. (1777), und der preußische König Friedrich II. (1774) haben hier übernachtet.

Friedrich II. wurde als Politiker zu seiner Zeit sehr verehrt, literarisch dagegen blamierte er sich vor der europäischen Öffentlichkeit mit seiner in französischer Sprache verfassten Abhandlung über die deutsche Literatur seiner Zeit: „De la littérature allemande“ (1780). In den Anmerkungen zu der Gedicht-Anthologie „Das Vermächtnis“, die 1948 posthum veröffentlicht wurde, hat René Schickele dem Preußenkönig ein paar spöttische Zeilen gewidmet:

Es war das Zeitalter Friedrichs des Großen. Was wußte Preußens originellster König von alldem? Nichts. Er schrieb eine Abhandlung „De la littérature allemande“, die seine Unwissenheit dokumentarisch belegt. Ihm klang die deutsche Sprache barbarisch. Das einzige Dichterwerk deutscher Sprache, das ihm zu Gesicht kam, war Goethes „Götz von Berlichingen“. Er nannte es eine erbärmliche Nachahmung der erbärmlichen Stücke von Shakespeare. (Schickele, Das Vermächtnis, S. 291)

Mehr als die deutsche Literatur schätzte Friedrich II. die französische. Einige ihrer bekanntesten Vertreter haben ebenfalls im „Rabenhof“ genächtigt, unter ihnen der Dichter-Philosoph Jean-Jacques Rousseau (1712–78) und sein Kollege und Intimfeind François-Marie Arouet, besser bekannt unter dem Namen Voltaire (1694–1778), der sich einige Jahre am Hof Friedrichs II. aufgehalten hat. Die Werke beider Autoren wurden übrigens von ihrem Kollegen Beaumarchais im benachbarten Kehl gedruckt (siehe Seite 195).

Noch ein dritter literarischer Gast des „Rabenhofes“ muss erwähnt werden: der Schriftsteller und Lebemann Giacomo Casanova (1725–1798). Auf seiner Reise von Paris nach München bezog er für eine Nacht im Cour du Corbeau ein Quartier und lernte bei der Gelegenheit – wie könnte es anders sein – auch eine charmante Dame kennen. In seiner in französischer Sprache verfassten mehrbändigen Biographie „L'histoire de ma vie" (Geschichte meines Lebens), die erst Jahrzehnte nach seinem Tod und um ihre politisch (nicht etwa erotisch!) brisanten Stellen gekürzt veröffentlicht wurde, hat Casanova die Anekdote der Nachwelt mitgeteilt:

Zwei Tage später traf ich in Straßburg ein und stieg im Gasthof „Zum Raben" ab, wo ich Desarmoises und meinen Spanier vorfand.

Da ich in dieser Stadt nichts zu tun hatte, wollte ich sogleich den Rhein überqueren; doch Desarmoises überredete mich, mit ihm in den Gasthof „Zum Heiligen Geist" zu gehen, um dort mit einer hübschen Frau zusammenzutreffen (...). aus Neugier gab ich nach. Ich folgte Desarmoises in ein Zimmer und sah dort eine hübsche Frau, erkannte sie jedoch nicht sogleich. Dann erinnerte ich mich, daß sie eine Tänzerin war, die ich im Dresdner Theater vor nunmehr acht Jahren reizend gefunden hatte. (...) sie liebte es, ausgiebig zu Abend zu speisen und ins Bett zu gehen, wenn sich ihr der Kopf drehte. Vom Wein erhitzt, wurde sie dann zu einer Bacchantin, die man schwer zufriedenstellen konnte; aber wenn ich nicht mehr konnte, bat ich sie, mich in Ruhe zu lassen, und notgedrungen gehorchte sie. (Casanova, Bd. 8, S. 27 u. 30)

Casanova und Cathérine Renaud – so hieß die Schöne – fuhren gemeinsam nach München weiter, wo sie ihn um einen guten Teil seines Geldes brachte. Später heiratete sie den Elsässer und französischen Hofjuwelier August Boehmer, eben den, der Marie Antoinette das berühmte „Halsband" verkaufen wollte (siehe Seite 49ff.). Später lebte sie in zweiter Ehe mit dessen – ebenfalls in die „Halsbandaffäre" verstrickten – Geschäftspartner Paul Bassenge.

Im 19. Jahrhundert hatte der Cour du Corbeau bereits viel von seinem einstigen Glanz verloren. 1838, wenige Jahre vor seiner endgültigen Schließung, übernachteten in dem damals bereits ziemlich heruntergekommenen Haus

Das ehemalige Hotel „Rabenhof" nach seiner Schließung. Nur wenig ist geblieben vom Glanz vergangener Tage.

noch zwei französische Schriftsteller, die eine gemeinsame Reise durch Deutschland planten: Alexandre Dumas (1802–70) und Gérard de Nerval (1808–55). Sehr teuer dürften die Zimmer damals nicht mehr gewesen sein. Wie es Nerval dennoch gelang, in Finanznöte zu kommen, schildert er in seinem autobiographischen Reisebericht „Lorely".

Im benachbarten Baden-Baden war ihm das Geld ausgegangen. Sein Reisegefährte Alexandre Dumas, der bereits nach Frankfurt vorausgefahren war, ließ ihm daraufhin per Post eine Geldspritze zukommen, die Nerval im Straßburger Cour du Corbeau erwartete. Zu seinem Entsetzen erfuhr er jedoch, dass der Wechsel nicht gedeckt war. Von seinem verbleibenden Geld konnte er sich gerade noch eine einfache Suppe leisten. Mit nur noch einem Franc in der Tasche machte er sich dann zu Fuß auf den nächtlichen Rückweg nach Baden-Baden, wo sich sein ganzes Gepäck befand. Ein „literarischer Spaziergang" war dies allerdings beileibe nicht:

...je mehr ich voranschritt, desto finsterer wurde die Nacht, und schon bald fiel ein feiner Regen nieder. Aus Angst, dass er stärker werden könnte und weil ich bei all meinem Mut diese Unangenehmlichkeit nicht vorhergesehen hatte, beschloss ich, im nächsten Dorf zu bleiben und den Tarif für reisende Handwerksgesellen, Studenten und andere Wanderer in Anspruch zu nehmen. (Nerval, S. 83; Übers. S.W.)

Wir folgen vom Place Corbeau aus weiter dem Quai, der nun Quai des Bâteliers heißt. Im Haus mit der Nummer 11 wohnte in den zwanziger Jahren der Journalist und liberale Politiker Charles Frey. 1918 wurde er Chefredakteur der „Straßburger Neuen Zeitung", die in den Jahren vor dem Ersten Weltkrieg René Schickele geleitet hatte (siehe Seite 175). 1935 folgte er dem Kommunisten Hueber im Amt des Bürgermeisters von Straßburg. Ihm zu Ehren trägt heute ein Teil des Quais seinen Namen.

Vom Quai des Bateliers zweigt rechts die Rue Sainte-Madeleine ab. Wer will, kann hier einen kleinen Abstecher machen und einen Blick auf die Kirche Sainte-Madeleine werfen, einen Bau aus dem Jahr 1911. Das Vorgängergebäude, eine Klosterkirche aus dem 15. Jahrhundert mit einem prächtigen Holzaltar, ist bei einem Brand völlig zerstört worden. Nur Reste des Klosterkreuzgangs sind noch erhalten. Man findet sie im Hof des „Lycée Geiler", an der Nordseite der Kirche.

Entlang der Rue de Zurich

Wir kehren zurück auf den Quai des Bateliers und folgen ihm weiter, bis rechts die Rue de Zurich abzweigt. Dort stoßen wir nach wenigen Schritten auf den kleinen, aber hübschen Place du Pont-aux-Chats. In der Mitte erhebt sich das „Monument des Zurichois", auch bekannt als „Fischart-Brunnen". Der altertümlichen deutschen Inschrift kann man entnehmen, dass das Denkmal im Jahr 1886 von dem „Straßburger Verschönerungsverein" aufgestellt wurde. Es erinnert an ein sportliches Ereignis der besonderen Art, das bereits mehr als 400 Jahre zurückliegt. Einer Gruppe junger Männer war es 1576 gelungen, auf einem Floß von ihrer Heimatstadt Zürich so schnell über den Rhein nach Straßburg zu rudern, dass ein bei der Abfahrt mit heißem Brei gefüllter Topf noch warm in der Elsassmetropole ankam. Damit wollten sie zeigen, wie schnell sie dem verbündeten Straßburg im Ernstfall zu Hilfe kommen könnten.

Der in Straßburg geborene Renaissance-Dichter Johann Fischart (1546–1590), wahrscheinlich ein Augenzeuge, hat das Ereignis in seinem Epos „Das Glückhaft Schiff von Zürich" beschrieben. Es ist ein Hymnus auf die neuen „bürgerlichen" Tugenden „Freundschaft" und „Arbeitsamkeit". Hier ein kurzer Auszug:

Und durch den Arm / genant Gisen /
Die Schiff wie inn ain Port darflisen /
Und die Freund / so sie bsuchen wöllen
Mögen inn mittler Stat ausstellen.
Zum selben Gisen sie anfuren
Ungefär um die sibend uren.

Weil man aber vor hat vernommen
Das die Geselschaft an solt kommen:
Auch etlich Gwett drauf waren bschehen
Wa man sie heut würd kommen sehen /
Da stund vom Gisen zwar herauf
Zum Kaufhaus zu / ain solcher hauf
Von Mann und Weibern / Jung und Alt
Das es sah wie am Gstad ain Wald (...).
(Fischart, S. 27ff.)

Zu den zahlreichen Lesern dieses Textes gehörte auch der jüdische Schriftsteller und Anarchist Gustav Landauer, der 1890 einen Teil seines Philosophie- und Philologie-Studiums an der Straßburger Universität absolvierte (siehe Seite 155). 1912 veröffentlichte er in der Schweizer Zeitschrift „Der Sozialist“ eine Neufassung dieser Verse in seinem Karlsruher Heimatdialekt. Darin interpretiert er Fischarts Text als einen Aufruf zur internationalen Solidarität und Völkerverständigung.

Doch Fischart war alles andere als ein toleranter Geist. In zahlreichen Pamphleten griff der gebürtige Straßburger und überzeugte Calvinist die Gegner seines Glaubens wüst an. 1582 gab er den berühmt-berüchtigten „Hexenhammer“ neu heraus, ein übles Machwerk des Inquisitors Heinrich Institoris, das unzähligen Frauen in ganz Europa den Tod auf dem Scheiterhaufen brachte (siehe Seite 56). Sein vielleicht bedeutenstes Werk allerdings ist die Übersetzung des französischen Romans „Gargantua“ von Rabelais, die eigentlich mehr eine „Fortschreibung“ ist. Fischart machte daraus ein groteskes Welttheater und eine wilde Sprachorgie, die in ihrer Weise einzigartig in der Renaissance-Literatur ist.

Wir folgen nun der Rue de Zurich bis zu der Stelle, wo sie auf den Place de Zurich mündet. Die Straße und der Platz sind übrigens nach den bereits erwähnten fleißigen Ruderern benannt, die mit ihrer heißen Ladung aus Zürich hier ankamen. Damals verlief hier nämlich der heute zugeschüttete „Rheingießen“, ein Kanal, der die Stadt mit dem Rhein verband. Am Rand des Place de Zurich, in der Rue de Zurich Nr. 34, liegt das Restaurant „Renard Prêchant“ (Wo der Fuchs den Enten predigt). Den Gastraum bildet eine ehemalige Kapelle, die früher direkt am Wasser stand.

Der Name erinnert an die mittelalterliche Tierfabel vom Fuchs Reinhart, der am Königshof des Löwen vom Wolf Ysegrimm allerlei Gaunereien beschuldigt wird, sich aber durch List retten kann. Die Fabel geht zurück auf den altfranzösischen „Roman de Renart“, den der Elsässer Heinrich von Glîchezaere ins Mittelhochdeutsche übertragen hat. Allerdings ist der Fuchs bei ihm kein liebenswerter Schelm, sondern ein verschlagener „Anti-Held“, der auch vor Meuchelmord nicht zurückschreckt, eine bitterböse Satire auf die höfische Gesellschaft des Mittelalters also. Vor dem Hintergrund der Französischen Revolution und ihrer Intrigen hat Goethe die Geschichte unter dem Namen „Reineke Fuchs“ 1794 ins Neuhochdeutsche übertragen.

1928 erzählte Will Vesper (1882–1962) die Geschichte in seiner „Historie von Reinecke dem Fuchs“ in Prosa nach. Über Hans Brandenburg kannte er auch René Schickele, mit dem er einen Briefwechsel unterhielt. 1932 kam es allerdings zum Bruch. Im Dritten Reich war Vesper, der 1931 in die NSDAP eingetreten war, einer der führenden Literaturfunktionäre. In den sechziger Jahren unternahm sein Sohn zusammen mit Gudrun Ensslin, dem späteren RAF-Mitglied, eine kritische Werkausgabe, die allerdings nicht über den ersten Band hinauskam.

Wir gehen am „Renard Prêchant“ vorbei und folgen dem weiteren Verlauf der Rue de Zurich, die bald nach rechts abbiegt und zu einer schönen Allee wird. Dort findet regelmäßig ein hübscher Wochenmarkt statt. Am Ende der Straße beginnt die „Esplanade“, das ehemalige Kasernenviertel Straßburgs, wo u. a. Ernst Stadler 1904 seinen Militärdienst ableisten musste. Heute befindet sich dort ein moderner Campus der Straßburger Universitäten.

Wir gehen nicht in die Esplanade hinein, sondern biegen vorher nach links in die Rue de l'Abreuvoir ab. Im Haus mit der Nummer 1 wohnte zu Beginn des 20. Jahrhunderts Salomon Grumbach (1884–1952), ein elsässischer Jude, der sich dem „Stürmer“-Kreis um René Schickele angeschlossen hatte. Otto Flake hat ihn in seiner Autobiographie so beschrieben:

Auch Salomon Grumbach, der kleine Mann mit dem dunklen Pigment und dem braunen Gelock, das an eine Beduinenfrau erinnerte, hatte Colmar mit Straßburg vertauscht (...). Realschüler, hörte er wild und bezog schon die Plattform, von der das gebildet-bürgerliche Treiben zu betrachten war: die der sozialdemokratischen Partei. (Flake, Es wird Abend, S. 96)

Grumbach ging später nach Paris, wo er als Journalist für verschiedene sozialistische Zeitungen arbeitete, deutsche („Vorwärts"), französische („Humanité") und elsässische („Mülhauser Tageblatt" und „Freie Presse"). 1914 ignorierte er den deutschen Einberufungsbefehl und wurde Franzose. Nach dem Ersten Weltkrieg und der Rückkehr des Elsass zu Frankreich, die Grumbach begeistert begrüßte, wurde er persönlicher Berater von Aristide Briand, der zusammen mit dem deutschen Außenminister Gustav Stresemann in den zwanziger Jahren die deutsch-französische Verständigung einleitete. Als dieser Traum mit der Machtübernahme durch die Nationalsozialisten zerplatzt war, engagierte sich Grumbach für ein Bündnis zwischen Frankreich und dem „anderen" Deutschland, das die in Frankreich lebenden Emigranten zu repräsentieren versuchten. So stellte er für seine deutschen Freunde nicht nur Kontakte zu höchsten Regierungsstellen her, sondern arbeitete auch selbst aktiv am „Pariser Tageblatt" mit, der einzigen Tageszeitung der deutschen Emigration in ganz Europa.

Mit Misstrauen verfolgte Grumbach dagegen den Aufstieg der elsässischen Autonomisten, deren späteres Bündnis mit den Faschisten er früh voraussah. Bereits 1928 veröffentlichte er im „Journal des Vivants" einen offenen Brief an „Mon cher René" Schickele, in dem er dessen Sympathien für einen (angeblich) gemäßigten Autonomismus als Selbstbetrug zu entlarven versuchte. Noch schärfer ging Grumbach jedoch gegen Einflussnahmen der Nationalsozialisten auf die Emigrantenszene in Frankreich vor. 1936 glaubte er, Beweise gefunden zu haben, dass Wladimir Poliakov, der Verleger des „Pariser Tageblatts", die Zeitung an die Nazis verkaufen wolle. Er informierte daraufhin die deutschen Mitarbeiter, die allesamt über Nacht das Blatt verließen und damit dessen Ende besiegelten. Zugleich aber gründeten sie mit unabhängigem Kapital die „Pariser Tageszeitung", die noch bis zum Einmarsch der deutschen Wehrmacht in Paris den publizistischen Kampf gegen den Nationalsozialismus engagiert fortsetzte.

Die Rue de l'Abreuvoir mündet auf den Place du Foin, wo während der Studentenrevolte von 1968 politisches Straßentheater gemacht wurde. Dort biegen wir in die Rue Paul-Janet ein, die in die Rue de la Manufacture-des-Tabacs übergeht. Sie ist nach der Manufaktur benannt, die bereits seit dem 18. Jahrhundert existiert. Der heutige Bau stammt aus den Jahren 1849 und 1866. Die Straße mündet in die Rue de l'Académie, benannt nach der Straßburger „Académie" des 19. Jahrhunderts (nicht zu verwechseln mit dem Nachfolger des Gymnasiums im 17. Jahrhundert), an der ab 1849 der berühmte Chemiker Louis Pasteur lehrte. Heute befindet sich in dem Bau das „Lycée Oberlin" (Haus Nr. 4).

Das Gebäude in der Rue de l'Académie Nr. 1 ist die „Ecole Supérieure des Arts Décoratifs". Es ist ein schöner Bau im „Art Nouveau"-Stil aus dem Jahr 1892, etwas versteckt gelegen hinter einem kleinen Park. Als die Institution noch „Kunstgewerbeschule" hieß, studierte hier Georges Ritleng, dessen Atelier in der heutigen Rue des Bouchers Nr. 17 einer der wichtigsten Treffpunkte des „Jüngsten Elsass" werden sollte. Das jüngste Mitglied der Gruppe war Hans Arp (siehe Seite 61), der später ebenfalls an der „Kunstgewerbeschule" von Straßburg studierte.

Schließlich muss auch noch Henri Solveen erwähnt werden (1891 – 1956). Vor dem Ersten Weltkrieg gehörte auch er zu den Studenten dieser Schule. In den zwanziger Jahren gründete er in Straßburg die Künstlervereinigung „Arc", die sich mit ihrem grenz- und gattungsübergreifenden Programm auf René Schickele berief. Schickele gehörte auch zu den Autoren einer literarischen Anthologie, die „Arc" 1924 veröffentlichte. In den dreißiger Jahren schließlich lehrte Solveen als Professor an eben jener Hochschule, an der er einmal studiert hatte. Leider gehörte er damals auch zu den Autoren der beiden faschistoiden Blätter Straßburgs: der „Elsass-Lothringischen Zeitung“ und des „Narrenschiffs“.

Etwas versteckt in der rechten Ecke des Parks befindet sich das Denkmal für die im deutsch-französischen Krieg von 1870/71 gefallenen Straßburger. In einem Gedicht aus dem Band „Die Leibwache“ (1914) hat der elsässische Schriftsteller René Schickele ihnen auch ein literarisches Denkmal gesetzt. Vielleicht ist es gerade der scheinbar sachliche „Reportage-Stil“, der den Text so ergreifend macht. In Anspielung auf die französischen Uniformen nennt Schickele ihn „Die roten Hosen“:

Das Schlachtfeld von Gravelotte.
Rotverhängter Horizont ist nah.
Manchmal ein Ruf, Gewimmer,
und als ob Kinder riefen
in der Stille.
Zwei Männer winken.
Ein Leichenwagen kommt im Trott,
Blut schwitzt durch schwarze Bretter.
(...)
Dann wird ein kleiner toter Soldat in roten Hosen
auf den Karren zu den andern gestoßen.
Aus dem Anzug fällt ein Pack von Briefen
in eine Lache Blut, und plötzlich schwimmen da
zwei welke Rosenblätter.
Ein preußischer Doktor bückt sich und liest
halblaut durch seine Brille:
„Deine Mudder und ich lieben dich, mein Schads!
Wir befelen dich immer
unter den Schudsmantel Maria...
Anastasia Stampf, Gertweiler bei Schlettstadt,
am 25. Heimonath 1870“.
Die blasse Schrift weint rote Tränen
und zerfließt.
(Schickele, Leibwache, S. 74)

Rund um den Place St.-Guillaume

Die Rue St.-Guillaume führt zum Place St.-Guillaume, auf dem die gleichnamige Kirche steht, ein gotischer Bau aus dem 14. Jahrhundert mit einem windschiefen Kirchturm aus dem 17. Jahrhundert. Angeblich hatte beim Bau der Teufel seine Finger mit im Spiel. Auf der Spitze des Turms steht denn auch kein Kreuz, sondern ein Schiffsanker. Gleich um die Ecke, am Quai des Pêcheurs, befand sich nämlich der Straßburger Stadthafen. Benannt ist die Kirche nach Wilhelm von Aquitanien, dessen Leben auf einem Hochrelief im Chor dargestellt ist.

Der Ritterheilige war schon im Mittelalter eine beliebte literarische Figur. Die bekannteste deutsche Bearbeitung stammt von keinem geringeren als Wolfram von Eschenbach, über den der Germanist und Dichter Ernst Stadler übrigens seine Doktorarbeit geschrieben hat. Für Wilhelm Scherer (siehe Seite 112) ist Wolfram der „größte Dichter des deutschen Mittelalters“ überhaupt. In seiner hier in Straßburg verfassten „Geschichte der deutschen Literatur“ hat er den Dichter sogar über Shakespeare gestellt:

Wolfram hat den Stoff mit freier, kühner Künstlerhand ergriffen und ihn reich und schön, voll Farbe, Glanz und Leben gemacht. Ihm gelingt alles, das Naive und das Bewußte, die Idylle wie das Hoffest, das Melancholische wie das Heitere. Er ist ein sichererer Menschendarsteller wie Shakespeare und ein Dichter der Duldung und Versöhnung gleich Goethe. (Scherer, S. 208)

Bis zu seinem Abriss im Jahr 1906 stand in der Rue St.-Guillaume Nr. 66 das alte Pfarrhaus der Kirche. Hier wohnte im 19. Jahrhundert der Pfarrer Johann Jakob Jaeglé, von Hans Mayer als „elsässischer Heimatforscher, deutscher Dichter und französischer Liberaler“ bezeichnet. Er zählte zu dem Kreis um „Papa Oberlin“, dessen Leichenrede er 1826 gehalten hat (siehe Seite 104). Einige seiner Gedichte sind in Friedrich Schillers Zeitschrift „Der Musenalmanach“ erschienen.

1831 zog bei Jaeglés für zwei Jahre der Medizinstudent Georg Büchner ein, „links die Treppe hoch“ in ein „etwas überzwerges Zimmer mit grüner Tapete“. Bei der Gelegenheit verliebte er sich gleich in das Pfarrerstöchterchen Wilhelmine, von ihm „Minni“ genannt. 1835 stand er plötzlich wieder unter ihrem Fenster. Aus Deutschland hatte er fliehen müssen, wo er – ein linker Demokrat – steckbrieflich gesucht wurde. Vielleicht hat sich die Szene so abgespielt, wie sie Kasimir Edschmid in seinem Roman „Georg Büchner – eine deutsche Revolution“ beschreibt:

„Minni“, hörte ich unter dem Fenster. Mein Blick fiel im Hof auf einen blühenden Mandelbaum, dann auf ihn. Dann fingen die Holzgalerien, die Fachwerkarbeit der den Hof umschließenden Häuser, die Blumen auf den Galerien an zu tanzen. Ich war meiner Sinne kaum mächtig. Da stand George, strahlend, staubig, entsetzlich schmutzig, die Ledertasche über die Schulter gehängt, ein wenig verkommen von der Reise, aber da stand er. (Edschmid, Büchner, S. 287)

Auf der anderen Seite des Platzes, strategisch günstig am Wasser gelegen, steht ein wilhelminisches Toilettenhäuschen. Im Zuge der Gleichberechtigung der Geschlechter hat es mittlerweile auch einen Fraueneingang bekommen. So steht sich hier Heiliges und Profanes seit bald drei Generationen Auge in Auge gegenüber.

Hinter der Bedürfnisanstalt, auf dem anderen Ufer der Ill, erhebt sich wie ein Gefängnis seit 1861 der Bau des „Collège Episcopal“. Zuvor hatte dort die Abtei St. Etienne gestanden. Die Kirche blieb zunächst stehen, wurde dann allerdings 1944 bei einem Fliegerangriff zerstört. Von 1871 bis 1918 war hier das katholische „Bischöfliche Gymnasium“ untergebracht, in das reiche Elsässer ihre Söhne schickten, während die Kinder der eingewanderten (meist protestantischen) Deutschen ins protestantische Gymnasium gingen, das heutige „Gymnase Jean Sturm“ (siehe Seite 101).

Zu den Schülern des „Bischöflichen Gymnasiums“ gehörte von 1896 bis 1901 auch René Schickele. Die ersten beiden Jahre war er „Internatszögling“, erst danach bekam er von seinem Vater die Erlaubnis, sich ein eigenes Zimmer zu mieten. Nur eines der drei Gebäude, in denen Schickele unterrichtet wurde, steht heute noch: das Haus am Quai des Bateliers Nr. 44bis, nur wenige Schritte von der Kirche St. Guillaume entfernt. Seine „Strafversetzung" aus dem heimatlichen Zabern nach Straßburg hatte Schickele angeblich einem Liebesgedicht auf eine gewisse Claire zu verdanken, das er in die Rückwand eines alten Schuppens eingeritzt hatte:

Die Inschrift wurde von Freunden meines großen Bruders entdeckt, die da hinten heimlich Wein tranken. Unter diesen Primanern befand sich auch der beneidete Bruder der Claire, Primus der Klasse und eine Art Savonerola. Nur von unserm Wein trank er gern, das war seine einzige Schwäche. Es half nichts, daß mein Bruder großmütig erklärte, das Gedicht sei von ihm. Claire kam nach Genf in die Pension, ich in das Internat des Bischöflichen Gymnasiums nach Straßburg. (Schickele, Bd. 3, S. 865)

Wenn man Schickeles Tagebuch glauben darf, so war er ein miserabler Schüler, vor allem in den Fächern Mathematik und Religion. Wichtiger waren dem gerade mal Fünfzehnjährigen dagegen die Theaterrezensionen, die er für die Straßburger Zeitung „Der Elsässer" heimlich unter der Schulbank verfasste. Ein homoerotisches Verhältnis zu seinem Mitschüler Paul Meyer und die Mitgliedschaft in der verbotenen Schülerverbindung „Blauer-Band-Orden" brachte Schickeles Lehrer zusätzlich in Rage.

Schließlich zog Vater Schickele selbst nach Straßburg, um seinen Filius besser unter die Fittiche nehmen zu können, allerdings mit wenig Erfolg. Statt anständig sein Abitur zu machen, brach Schickele im Jahr 1901 die Schule vorzeitig ab und entschied sich für eine freie „Künstlerexistenz". In seinem Fragment gebliebenen Roman „Grand' maman" hat er die Erinnerung an seine Straßburger Schulzeit literarisch verarbeitet. Das sich hinter dem Schüler „Robert" eigentlich ein „René" verbirgt, ist unverkennbar:

Es war ein grauer Tag und die Ill der dunkle Spiegel des Himmels. Jenseits der Brücke erhob sich der mächtige Bau der Schule. Obgleich sie einen großen, ungleichen Häuserblock bildete, verliehen ihr die Schönheit Maße und das Rosa des Sandsteins einen Ausdruck behaglicher Vornehmheit, die eine weitläufige, zwei Flügel verbindende Terrasse festlich betonte. Wenn vor dem grauen Tag noch ein Schimmer von Heiterkeit bestand, so war es hier.

Robert betrachtete die Schule ganz anders als sonst, denn jetzt kam er ja, um sie zu bewohnen. Jetzt waren sie für einander verantwortlich. Zum erstenmal glaubte er zu spüren, was die Lehrer gelegentlich den „Geist der Anstalt" nannten. Auch das bischöfliche Wappen im Schlußstein, nahm ihn gleichsam in seinen Dienst. (Schickele, Bd. 2, S. 914)

Wir wenden uns nun nach rechts zum Quai des Pêcheurs. Rechts fließt das durch den Fossé du Faux-Rempart geleitete Wasser wieder mit der Ill zusammen. An dieser Stelle befand sich früher ein Hafen. Die alten Lagerhallen auf der gegenüberliegenden Seite mussten in den zwanziger Jahren einem vornehmen Wohnblock weichen, mit teurem Blick aufs Wasser. Doch einige der Boote sind geblieben, auch wenn sie „umfunktioniert" worden sind zu Restaurants, Kneipen und sogar Wohnungen. An dieser Stelle mag auch Johannes Gutenberg in ein Boot gestiegen sein, als er 1444 die Stadt verlassen musste. Zumindest hat es sich der Schriftsteller Claus Back so ausgemalt:

Endlich wurde der Schiffleutstaden erreicht. Dort standen Gutenberg und Saspach bei einem Frachtschiff. Die Habe ward aufgeladen, die vier Reisenden stiegen ein. Der Eselskarren blieb zurück.

Das hohe, schmale Segel fiel nieder. Es blähte sich schnell im frischen Herbstwind, der auch die ersten gelben Blätter ins Wasser trieb. Der Kahn glitt die Ill hinab dem Rhein zu. Dort wendete er sich und segelte langsam stromauf. (Back, S. 137f.)

Auf dem angrenzenden Quai des Pêcheurs fand früher der Fischmarkt statt. Es ist ein neuralgischer Punkt innerhalb Straßburgs. Drei verschiedene Stadtviertel mit einer zu Beginn des 20. Jahrhunderts – und teilweise noch bis heute – deutlich unterschiedlichen Bevölkerungsstruktur berühren sich hier: die „Grande Île“, wo vorzugsweise die arrivierten Altelsässer wohnten, das wilhelminische „Quartier Allemand“, wo vor allem eingewanderte Deutsche lebten, und das Arbeiter- und Studentenviertel „Krutenau“. Damit lag der Quai des Pêcheurs vor 100 Jahren gleichsam in einem sowohl nationalen als auch sozialen „Niemandsland“, irgendwo zwischen Deutschem und Elsässischem, zwischen „oben“ und „unten“, ein Ort, der Künstler und Bohémiens anziehen musste, zumal seit der Errichtung der Universität (1884) und der Kunsthochschule (1892) in seiner unmittelbaren Nachbarschaft.

Heute findet man hier vor allem einige nette Cafés und Restaurants, die zur abschließenden Einkehr einladen. Der gelegentlich stattfindende Büchermarkt sorgt auch heute noch für ein literarisches „Flair“ am Quai des Pêcheurs. Darüber hinaus findet hier mehrmals jährlich der „Quai des Arts“ statt, eine Freiluft-Verkaufsausstellung von Künstlerinnen und Künstlern aus Straßburg und Umgebung. Hinzu kommt ein jährlicher „Aktions-Maltag“, der die Straßenzeile für einige Stunden in ein großes Atelier verwandelt. Wer bei der anschließenden Versteigerung mithält, kann sogar ein Stück Neu-Straßburger „Bohème“ mit nach Hause nehmen.

Blick zurück und Aufbruch – das „Quartier Allemand“

Der fünfte Spaziergang führt uns in das so genannte „Quartier Allemand“, das nach dem deutsch-französichen Krieg von 1870/71 als „Neustadt“ errichtet wurde. Bis 1918 lebten hier vor allem die in großer Zahl zugewanderten Deutschen, die am Vorabend des Ersten Weltkriegs immerhin rund ein Drittel der Stadtbevölkerung ausmachten. Heute ist das „Quartier Allemand“ ein stilles Viertel abseits der großen Touristenrouten – zu Unrecht. Mit seinen eleganten, breiten Gründerzeit-Chausseen, den protzigen Verwaltungs- und Repräsentationsbauten der wilhelminischen Ära und einer Reihe verspielter Jugendstilbauten ist es eines der kontrastreichsten und historisch interessantesten Viertel der Stadt. Auch die literarische Spurensuche fördert dort so manches zu Tage, wie wir gleich sehen werden.

Rund um den Place de l’Université

Wir beginnen unseren Spaziergang an der Kirche St.-Paul. Sie wurde in den Jahren von 1889 bis 1892 als „Garnisonskirche“ nach dem Vorbild des Doms von Marburg errichtet, ein Stück importiertes Deutschland im annektierten „Reichsland Elsass-Lothringen“ sozusagen, das René Schickele einfach nur „grässlich“ fand. Die Fenster zeigen immer noch die Wappen der damals in Straßburg stationierten deutschen Garnisonen: der Bayern, Sachsen, Mecklenburger und Preußen. Die Raumgliederung ist ein Abbild der deutschen Militär-Hierarchie. Unten stehen die „Mannschaftsgrade“, über ihnen befindet sich die „Loge der Zivilverwaltung“, darüber die „Loge der Stabsoffiziere“ und ganz oben die „Kaiserloge“.

Heute gehört St.-Paul den Straßburger Calvinisten. Die Gemeinde ist übrigens viel älter als ihre Kirche. Sie wurde von dem französischen Reformator Jean Calvin selbst gegründet, der sich von 1538 bis 1541 in der damals noch „Freien Reichstadt Straßburg"aufhielt. Sie war die erste französischsprachige Gemeinde in Straßburg und die erste calvinistische Gemeinde überhaupt.

Wir überqueren die Ill und gehen auf das Palais Universitaire zu, das ehemalige „Kollegiengebäude", das 1879–1884 nach Plänen Otto Warths errichtet wurde. Die Fassade ist geschmückt mit den Namen und Statuen ausschließlich deutscher Gelehrter. Auf dem vorgelagerten Platz steht seit 1904 eine Statue des deutschen Schriftstellers und Dichters Goethe. Das Denkmal des Franzosen Louis Pasteur dagegen wurde während des Zweiten Weltkriegs von den Nazis abgerissen. Es lohnt sich, einen Blick in den hübschen Lichthof des Gebäudes zu werfen. 1949 wurde hier der „Europarat" gegründet, der bald darauf in ein größeres, aber nicht annähernd so schönes Gebäude am Stadtrand umziehen musste (siehe Seite 172 und 215).

Doch zurück zur Straßburger Universität. Sie ging aus dem „Gymnasium" hervor (siehe Seite 101), wurde aber während der Französischen Revolution aufgelöst. Erst 1872 wurde sie als deutsche „Kaiser-Wilhelms-Universität" wiedergegründet. Bis zur Fertigstellung des Neubaus war sie im Rohan-Schloss neben der Kathedrale untergebracht (siehe Seite 47ff.). Innerhalb weniger Jahrzehnte entwickelte sie sich zu einer der führenden Universitäten des deutschen Kaiserreichs. Albert Schweitzer, der dort protestantische Theologie studiert hatte und von 1902 bis 1912 auch lehrte, lobte besonders ihren „jungen" Geist:

Die Straßburger Universität stand damals in voller Blüte. Durch keine Traditionen gehemmt, suchten Lehrer und Studierende miteinander das Ideal einer neuzeitlichen Hochschule zu verwirklichen. Bejahrte Professoren gab es fast keine in dem Lehrkörper. Ein frischer, jugendlicher Zug ging durch das Ganze (...) Noch heute kann ich den Blick nicht auf die Fenster des zweiten Hörsaals ostwärts vom Eingang des großen Universitätshauptgebäudes gerichtet halten, in dem ich gewöhnlich zu lesen pflegte. (Schweitzer, Bd. 1, S. 27 u. 125)

Rue Jacques Kablé
Boulevard Clemenceau
Avenue des Vosges
Palais des Fêtes
Rue du Général Rapp
Rue Sellénick
Rue Oberlin
Rue du Fossé-des-Treize
Rue Finkmatt
R.P.-Muller-Simonis
Rue Louis Apffel
Avenue des Vosges
Rue Graumann
Rue St.Léon
St.Pierre-le-Jeune (cath.)
Rue du Maréchal Foch
Palais du Rhin
Palais de Justice
Quai Finkmatt
Quai Kléber
Pont de la Fonderie
Fossé du Faux-Rempart
Place de la Republique
St.Pierre-le-Jeune (protest.)
Rue de la Fonderie
Théâtre Municipal Opéra
Pl.St.Pierre-le-Jeune
Rue de la Nuée-Bleue
R.d.l'Église
Banque de France
Place Broglie
Hôtel de la Préfecture
Hôtel de Klinglin
Rue de la Mésange
Rue Brûlée
Rue des Juifs
Pl.d.Étudiants
Rue des Étudiants
Hôtel de Ville
Aubette
Place Kléber
Place du Temple Neuf
Temple Neuf
R.d.Dominicains
Rue des-Grandes-Arcades
Place Gutenberg
Rue Gutenberg
Pl.de la Cathédrale
Cathédrale
Lycée Fustel de Coulanges

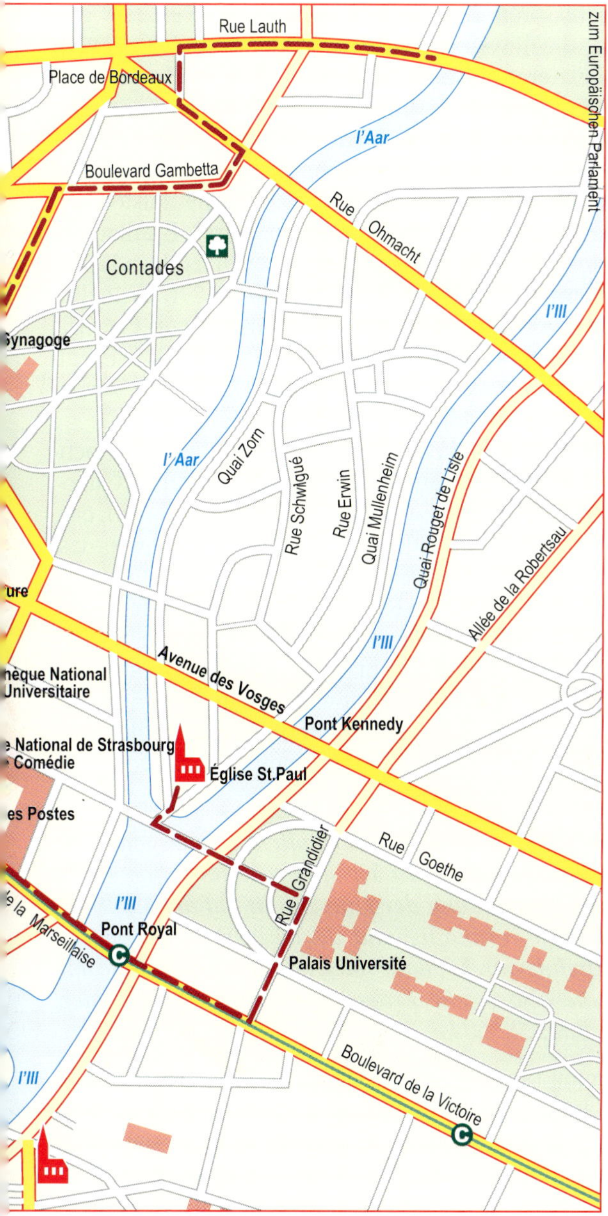

Rue Lauth
Place de Bordeaux
Boulevard Gambetta
zum Europäischen Parlament
l'Aar
Rue Ohmacht
Contades
Synagoge
l'Ill
l' Aar
Quai Zorn
Rue Schwilgué
Rue Erwin
Quai Mullenheim
Quai Rouget de Lisle
Allée de la Robertsau
ure
l'Ill
Avenue des Vosges
èque National
Universitaire
Pont Kennedy
National de Strasbourg
Comédie
Église St.Paul
es Postes
Rue Goethe
Rue Grandidier
la Marseillaise
l'Ill
Pont Royal
Palais Université
l'Ill
Boulevard de la Victoire

Zu den Professoren der „Kaiser-Wilhelms-Universität" gehörten u. a. die Physiker Wilhelm Röntgen und Karl von Braun – Letzterer entwickelte hier 1897 seine Braun'sche Röhre –, der Jurist Paul Laband (um 1900 der führende Rechtswissenschaftler des Kaiserreichs), der Ökonom Wilhelm Lexis (1872–74), der Philosoph Theobald Ziegler, der Anglist Bernhard ten Brinck (1872–92), die Historiker Herrmann Baumgarten (1872–93) und Harry Breßlau – seine Tochter Helene heiratete Albert Schweitzer. Den Lehrstuhl für Germanistik leitete von 1872 bis 1876 Wilhelm Scherer, dessen Schule eine ganze Generation von Germanisten geprägt hat (siehe Seite 112 und 145). Ihm folgte Erich Schmidt, der Entdecker des so genannten „Urfaust", sowie Ernst Martin, der Doktorvater von Ernst Stadler.

Mitten im Ersten Weltkrieg wurden schließlich noch zwei prominente, wenn auch sehr unterschiedliche „Querdenker" berufen: Der eine war Carl Schmitt (1916–18), der bekannte Verfassungsrechtler. Durch seine Ablehnung des „Parteienbundstaates"wurde er später einer der intellektuellen Wegbereiter des Dritten Reiches. Der andere war Georg Simmel (1914–18), der Begründer der modernen Soziologie. Der „ewige Privatdozent", der damals bereits weit über Deutschland hinaus bekannt war, bekam hier in Straßburg endlich seinen eigenen Lehrstuhl. Ernst Stadler, damals Assistent am Lehrstuhl für Germanistik, war von dem Neuzugang begeistert:

In Simmel haben wir einen wertvollen Bundesgenossen unsrer Sache bekommen. Er ist voller Aktionseifer, sucht eine stärkere Auswirkung der Universität auf die Stadt, ist politisch höchst vernünftig und dem Elsässischen gegenüber verständnisvoll. Ich habe mich neulich eine Stunde mit ihm über die elsässische Frage unterhalten. (zitiert nach Schickele, Bd. 3, S. 604)

Die Studenten (später auch Studentinnen) der Hochschule waren anfänglich fast ausschließlich „Altdeutsche". Erst nach 1900 nahm die Zahl der „Elsass-Lothringer" unter den Studierenden deutlich zu. Dennoch blieben sie weitgehend unter sich. Die Deutschen organisierten sich in den Studentenverbindungen, die Elsässer im „Cercle des Etudiants". So war es durchaus keine Selbstverständlichkeit, als sich 1902 mit dem „Jüngsten Elsass" eine Gruppe konstituierte, deren Mitglieder beiden Lagern angehörten: die „Alt-Elsässer" René Schickele und Salomon Grumbach sowie die „Neu-Elsässer" bzw. „Altdeutschen" Ernst Stadler und Otto Flake. Letzteren hat Hans Brandenburg in seinen Memoiren so beschrieben:

Man erzählte, er sei in Straßburg ein echter deutschtümelnder Verbindungs- und Bierstudent gewesen und nur durch Schickeles verhängnisvollen Einfluß aus seiner Bahn geworfen worden und in die Literatur entgleist. Der lange hochblonde Mensch saß totenstumm in unserem lebhaften Kreis und begnügte sich, mit stoischer Blasiertheit auf die Tischplatte zu starren und unzählige Zigaretten zu rauchen (...). Und keiner hätte wohl vorausgesagt, daß er später, fruchtbarer und erfolgreicher als wir anderen alle, Roman auf Roman schreiben sollte... (Brandenburg, S. 33)

Auch andere Studierende aus Straßburg haben sich später einen Namen gemacht, z.B. Hans Meyer (1880/81), der spätere Herausgeber von „Meyers Lexikon", Magnus Hirschfeld (ab 1888), der Begründer der Sexualwissenschaft, Gustav Landauer (1890), anarchistischer Schriftsteller und Revolutionär (siehe Seite 140), Ernst Robert Curtius, künftiger Professor für Romanistik in Bonn (siehe Seite 75 und 91), Robert Minder, später Germanist an der Sorbonne in Paris, und schließlich Kasimir Edschmid (1910), der eigentlich Eduard Schmid hieß (1890–1966). Da er in Straßburg Verwandte hatte, hielt er sich bereits in seiner Kindheit und Jugend häufig in Straßburg auf, nach eigenen Angaben seine „Lieblingsstadt". In einigen seiner Bücher spielt die Stadt eine wichtige Rolle.

Nach dem Ersten Weltkrieg gehörte Edschmid zu den bekanntesten deutschen Autoren. Vor allem seine leicht chauvinistisch angehauchten „Reisebücher" machten ihn populär. Heute ist seine Person eher umstritten. Für die einen der führende Theoretiker des literarischen Expressionismus, verkörpert er für die anderen ein „literarisches Spießbürgertum im Futuristenpelz“ (Armin Arnold), das mit seiner Glorifizierung von Männlichkeit und Gewalt den Nationalsozialismus mit vorbereitet habe.

Eine politisch und literarisch ganz andere Richtung sollte der fast gleichaltrige Ivan Goll einschlagen (1891 – 1950). Der Lothringer und zweisprachige Autor studierte von 1912 bis 1914 an der Straßburger „Kaiser-Wilhelms-Universität“. Seine spätere Frau Claire hat ihn in ihrer Autobiographie „La poursuite du vent“ aus dem Jahr 1976 (deutscher Titel: „Ich verzeihe keinem“) so beschrieben:

Er war als Kind französischer Eltern in Saint-Dié-des-Vosges geboren, hatte schon mit sieben Jahren den Vater verloren, und da seine Mutter nach Metz gezogen war, wurde aus ihrem Sohn unter der deutschen Herrschaft automatisch ein Deutscher. Da Yvan sehr groß war und gut aussah, kam er später in die kaiserliche Garde. Aber er wollte nicht gegen die Franzosen kämpfen. Französisch war seine Muttersprache, Frankreich seine wahre Heimat. Bei ihm in Lothringen sprach niemand eine Silbe Deutsch; auch Goll hatte die Sprache erst in der Schule gelernt. Um diesem Dilemma zu entrinnen, war er in die Schweiz gegangen. (Claire Goll, S. 39f.)

Nach dem Ausbruch des Ersten Weltkriegs setzte der überzeugte Pazifist seine Studien an der Universität von Lausanne in der neutralen Schweiz fort. Wahrscheinlich erst dort lernte er die Straßburger Schriftsteller Hans Arp, Otto Flake und René Schickele kennen. Daneben hatte er auch engen Kontakt zu Hermann Hesse und Stefan Zweig, Romain Rolland und Henri Barbusse. Nach dem Krieg lebte Goll in Paris. Den größten Teil seines literarischen Werkes hat er in seiner Muttersprache Französisch verfasst. Seine ersten Veröffentlichungen, die noch in seine Straßburger Zeit fallen, erschienen allerdings auf Deutsch. Im Alter fand er erneut zum Deutschen als seiner zweiten „Kultursprache“ zurück.

Nach dem Ersten Weltkrieg wurde die „Kaiser-Wilhelms-Universität“ aufgelöst und am selben Ort eine französische Universität eingerichtet. Über Frankreichs Grenzen hinaus wurde sie durch die Historikerschule „Ecole des Annales“ bekannt. Sie geht zurück auf die Zeitschrift „Annales“, die der Straßburger Historiker Marc Bloch zusammen mit Lucien Febvre, seinem Kollegen von der Sorbonne, gründete. Mit ihrem Bemühen um Sozial- und Wirtschaftsgeschichte wirkte sie stark auf die moderne Geschichtswissenschaft ein. Als Jude und „Résistant“ wurde Marc Bloch während des Zweiten Weltkriegs von den Nazis interniert und starb in einem Konzentrationslager. Die Straßburger Universität für Geisteswissenschaften trägt seit 1998 seinen Namen.

Bei Ausbruch des Zweiten Weltkriegs emigrierte die Straßburger Universität ins sicherere Clermont-Ferrand. Im von den Deutschen besetzten Straßburg wurde daraufhin eine „Gegen-Universität“ gegründet, die „Reichsuniversität“, die allerdings nur zwei Jahre lang existierte. Zu ihren Professoren gehörten u. a. der bekannte Physiker Carl Friedrich von Weizäcker, der Historiker Hermann Hempel und der Germanist Paul Gerhard Fricke. Letzterer bekannte sich 1965 in einer Rede an die Studierenden seines Lehrstuhls zu seiner Nazi-Vergangenheit und sprach von „unaufhebbarer Schuld“.

Heute gibt es „die“ Straßburger Universität nicht mehr. Nach der Studentenrevolte von 1968 wurde sie in drei unabhängige Universitäten aufgespalten: eine für Natur-, eine für Sozial- und eine für Geisteswissenschaften. Die meisten Veranstaltungen sind seitdem aus dem Palais Universitaire auf die drei verschiedenen Campus-Gelände der Stadt verlegt worden. Mit zusammengerechnet etwa 40.000 Studierenden ist Straßburg eine der größten Universitätsstädte Frankreichs und mit einem Anteil von circa 6000 ausländischen Studierenden eine der international beliebtesten.

Steht man mit Blick auf das Gebäude vor dem Palais Universitaire, so zweigt rechts vom Platz die Rue Grandidier ab, nach Ansicht Otto Flakes die „ruhigste und vornehmste Straße“ der Stadt. Im Eckhaus mit der Nummer 1 wohnte von 1901 bis zu seinem Tod 1910 Adolf Stadler, ein aus dem Allgäu eingewanderter deutscher Beamter. Ab 1903 arbeitete er als persönlicher Referent für den Prokurator der

„Kaiser-Wilhelms-Universität“, 1909 wurde er dessen Nachfolger. Auch sein ältester Sohn Hans ging in den Staatsdienst.

Dessen Bruder Ernst (1883–1914) dagegen entschied sich für eine wissenschaftliche und „poetische“ Laufbahn. Nach dem Abitur am protestantischen Gymnasium der Stadt (das er erst im zweiten Anlauf schaffte) und dem Militärdienst, den er ebenfalls in Straßburg ableistete, studierte er an der „Kaiser-Wilhelms-Universität“ Germanistik und Romanistik. In dieser Zeit schloss er sich dem „Jüngsten Elsass“ um René Schickele und Otto Flake an und begann Gedichte zu schreiben. Schon bald zählte er zu den bedeutendsten Vertretern des beginnenden Expressionismus.

Doch auch seine wissenschaftliche Karriere machte Fortschritte. Nach der Promotion und einem Studienaufenthalt in Oxford habilitierte sich Ernst Stadler in Straßburg und begann, Vorlesungen abzuhalten. Daneben schrieb er für das Feuilleton der „Straßburger Neuen Zeitung“, die zeitweise von René Schickele geleitet wurde. Ab 1910 baute er den Lehrstuhl für Komparatistik in Brüssel auf und hatte bereits einen Ruf an die Universität von Toronto in der Tasche, als er im Sommer 1914 einberufen wurde. Wenige Monate später fiel er bei Ypern. Er ist auf dem Friedhof im Straßburger Stadtteil Robertsau bestattet (siehe Seite 217).

Entlang der Tram C

Die Rue Grandidier führt zum Boulevard de la Victoire, wo die Linie C der Straßburger Tram verläuft. Schräg gegenüber, in der Nummer 16, wohnte 1933/34 der deutsche Emigrant Karl-Friedrich Gröhl, der als Journalist für die deutschsprachige Ausgabe der Straßburger Tageszeitung „Dernières Nouvelles de Strasbourg“ arbeitete. Dort lernte er Berthold Jacob kennen, der mit Gröhl das Emigrantenschicksal teilte (siehe Seite 132). Gemeinsam wollten sie eine Partei des „Dritten Weges“ gründen. Das Projekt scheiterte zwar, kann aber dennoch als Vorläufer der „Front

Poulaire“ gelten, jenem Linksbündnis aus Sozialisten, Kommunisten und Unabhängigen, das 1937 unter Léon Blum in Frankreich die Macht erobern konnte. Jacob hat das gemeinsame Projekt so beschrieben:

Formierung einer neuen, einheitlichen sozialistisch-kommunistischen Partei (...). Die Ansätze sind da, suchen Verbindung miteinander und arbeiten nach Uebereinkunft: ehemalige Kommunisten, ehemalige Sozialdemokraten, Arbeiterjugend, Frauen vor allem, Mitglieder der kleinen Gruppen, wie KP-O und SAP – alles findet sich zusammen... („République“ vom 16. 11. 1933)

Wir folgen der Tramlinie, überqueren die Ill und befinden uns nun auf der Avenue de la Marseillaise. Mit ihren repräsentativen, mehrgeschossigen Wohnhäusern ist sie eine typische Straße des „Deutschen Viertels“. Blaue Emailschildchen mit der Aufschrift „Gas in allen Etagen“ und eingemeißelte deutsche Inschriften „Erbaut von...“ erinnern an die Zeit ihrer Entstehung.

Auf der linken Straßenseite, in dem Eckhaus mit der Nummer 26, wohnten von 1911 bis 1912 René Schickele und seine Frau Anna, genannt „Lannatsch“, mit ihrem damals sechsjährigen Sohn Rainer, später ein hochrangiger UNO-Mitarbeiter. Die drei waren gerade von einem mehrjährigen Paris-Aufenthalt zurückgekehrt, wo Schickele als Paris-Korrespondent für die „Straßburger Neue Zeitung“ gearbeitet hatte. Wieder in Straßburg, avancierte er zu deren Chefredakteur. Gleichzeitig arbeitete er an seinen beiden Parisbüchern: dem Roman „Meine Freundin Lo“ und dem Essayband „Schreie auf dem Boulevard“.

Die rechte Straßenseite der Avenue de la Marseillaise wird dominiert von zwei Großbauten aus der deutschen Kaiserzeit, zwischen denen die Rue André-Malraux verläuft: dem „Hôtel des Postes“ (ehemals Hauptpostamt) und dem „Théâtre National de Strasbourg“ (TNS). Letzteres war bis 1911 der Sitz des „Landesausschusses von Elsass-Lothringen“, einer Ständevertretung mit sehr begrenzten Befugnissen und nur geringer demokratischer Legitimation. Als Chefredakteur der „Straßburger Neuen Zeitung“

hat René Schickele einige seiner Sitzungen besucht und darüber spöttisch berichtet:

Im Landesausschuß, diesem musterhaft schlechten Parlament, fällt dem Beobachter vor allem zweierlei auf: das infame Deutsch, das dort mit ermüdender Kunstlosigkeit vorgetragen wird, und die völlige Disziplinlosigkeit, auf die das hohe Haus auch noch stolz zu sein scheint. (Straßburger Neue Zeitung vom 27. 04. 1911)

Als dem „Reichsland" 1911 eine beschränkte Autonomie zugestanden wurde, trat an die Stelle des Landesausschusses der Landtag von Elsass-Lothringen, der im selben Gebäude seinen Sitz fand. Einige der damaligen Abgeordneten sind uns bereits auf unseren Spaziergängen begegnet: Paul Laband, der den „deutschen" Standpunkt vertrat, Pierre Bucher, Vertreter des „französischen", und Thomas Seltz, der zu vermitteln suchte. Doch auch die Vollmachten des neuen Regionalparlaments blieben begrenzt. Die Verfassung von 1911 war für René Schickele daher auch nur ein Anfang. Die Demokratisierung müsse weitergehen, ihr Ziel bleibe volle Autonomie und die Einführung der Republik:

Die Gewährung des allgemeinen, geheimen und gleichen Wahlrechts zur Zweiten Kammer ist erfüllt. Das ist der Preis, für den wir all das viele andre hinnehmen wollen, was nur gut genug ist, um möglichst bald wieder fortgeräumt zu werden, und das fallen muß, Stück um Stück, im selben Tempo, mit dem sich die Demokratisierung Deutschlands vollzieht, da der Preis gezahlt ist, wollen wir auch nicht weiter rechten und hadern, sondern das Gegebene nehmen als das wirksame Werkzeug zum weiteren Ausbau unserer Autonomie. (Straßburger Neue Zeitung vom 25. 05. 1911)

Mit der Revolution von 1918 benannte sich der Landtag in „Nationalrat" um, der anfangs mit dem Arbeiter- und Soldatenrat im „Palais de la Justice" konkurrierte. Bereits ein Jahr später wurde er für immer aufgelöst, da im Zentralstaat Frankreich kein Platz für eine Ländervertretung war. Statt dessen zog nun das „Théâtre National de Strasbourg" ein.

Nach fast einem halben Jahrhundert Unterbrechung hatte Straßburg damit endlich wieder ein eigenes französisches Theater. Allerdings gastieren dort auch häufig Truppen aus Deutschland und anderen Ländern.

Auf dem Place de la République

Die Schaufront des „Théâtre National de Strasbourg" ist dem Place de la République zugewandt, der vor 1918 „Kaiserplatz" und während der Nazi-Besetzung „Bismarckplatz" hieß. Alle Bauten an diesem Rondell stammen aus der deutschen Kaiserzeit, als sich hier das Verwaltungszentrum der Stadt befand. Einbezogen wurde in dieses Ensemble auch das „Palais Klinglin", ein eleganter Bau des 18. Jahrhunderts. Er befindet sich zwar auf der anderen Seite des Fossé du Faux-Rempart, ist aber dem „Kaiserplatz" zugewandt. Bis 1918 war er Sitz des „Kaiserlichen Statthalters", der von dort die Aktivitäten „seiner" Verwaltung buchstäblich „überblickte". 1940 zog „Gauleiter" Wagner in das Gebäude ein und errichtete von hier aus sein Terrorregime über den „Gau Oberrhein", bestehend aus dem Elsass und Baden. Nach dem Krieg wurde er in Frankreich zum Tode verurteilt. Heute residiert hier der französische Präfekt.

Beginnen wir nun unseren Rundgang über den Platz. Zunächst wenden wir uns nach rechts. Den ehemaligen Landesausschuss haben wir bereits kennen gelernt. Gleich daneben, an der nordöstlichen Ecke des Platzes befindet sich die Bibliothèque Nationale et Universitaire (BNU), die ehemalige „Universitäts- und Landesbibliothek". Sie ist ein „Monument des schlechten Gewissens", geschaffen nach der vollständigen Zerstörung der alten Bibliothek von Straßburg durch Sprenggranaten während des deutsch-französischen Krieges von 1870/71 (siehe Seite 106). Den Neubau schmücken Bildnisse europäischer Geistesgrößen. Ihre Anordnung ist bezeichnend. Links vom Hauptportal sieht man die „Ausländer": Dante steht für Italien, Shakespeare für Großbritannien, Calderón für Spanien (auf den autoritätskritischen Cervantes hat man wohlweislich verzichtet) und Molière für Frankreich, das ab 1871 auch zum Ausland gerechnet wurde. Auf der rechten und damit „richtigen" Seite dagegen befinden sich die in Stein gehauenen „Ikonen" des deutschen Geisteslebens: an erster Stelle natürlich Goethe und Schiller, dann Lessing und Gottfried von Straßburg, der Verfasser des „Tristan". Obwohl Letzterer viele Jahrhunderte vor der „Erfindung" des Nationalstaats gelebt hat, sollte er die Elsässer daran erinnern, auf welcher nationalen „Seite" sie künftig zu stehen hatten: eben der deutschen. René Schickele hat seinem großen Vorgänger ein Gedicht gewidmet, das er in den Band „Die Leibwache" aus dem Jahr 1914 aufgenommen hat. Hier ein kurzer Auszug daraus:

In den stark und klugen Zärtlichkeiten
und gelebten Liebesträumen
gallischer Konzerte aufgewachsen,
schrieb er rotdurchpulstes, blankes Deutsch,
so schlank wie Schwert und Frauen (...).
(Schickele, Bd. 3, S. 249)

Als Student der „Kaiser-Wilhelms-Universität" dürfte Schickele auch zu den Benutzern der Bibliothek gehört haben, genauso wie sein damaliger Freund und Studienkollege Otto Flake. Das Innere der Bibliothek hat Flake in seiner Autobiographie beschrieben:

In diesem Saal führte die Aufsicht am erhöhten Pult ein Einheimischer, der Berufs- und Poetenexistenz auf eine hübsche, ruhige Weise zu vereinen wußte, im deutschen Lager der örtliche Poeta laureatus, officiosus gar, der seine Lyrik in der Straßburger Post und den Vereinsblättern veröffentlichte; es floß Christian Schmitt, dem treuen Pflichtmenschen, immer ein Gedicht zu, aus den Jahreszeiten und den Gelegenheiten. (Flake, Es wird Abend, S. 70)

Christian Schmitt, für den Flake hier so warme Worte findet, gehörte dem 1893 gegründeten, erzkonservativen und deutschnational gesinnten „Alsabund" an, der hier im „deutschen Viertel" seinen kulturellen Nährboden fand. Die

Die Bibliothèque Nationale et Universitaire

Gruppe, der vorwiegend aus Deutschland eingewanderte Lehrer angehörten, forderte die Verschmelzung der elsässischen mit einer deutschen Nationalkultur auf konservativer Grundlage, ein Programm, das sie in ihrer Hauszeitschrift

„Erwinia“ verkündete. Diese wurde von Schmitt herausgegeben und in den Räumen der „Straßburger Neuesten Nachrichten“ gedruckt (siehe Seite 97f. und 171). Weder das „Junge Elsass“ um Stoskopf noch das „Jüngste Elsass“ um Schickele wollte allerdings mit dem „Alsabund“ etwas zu tun haben.

Die Nordflanke des Kaiserplatzes wird von dem Doppelbau der „Préfecture“ dominiert, wo vor 1918 das „Reichsministerium für Elsass-Lothringen“ untergebracht war. Zunächst war diese Regierungsbehörde in Berlin angesiedelt worden. Erst 1901, nach bereits dreißigjähriger Existenz, zogen die Beamten nach Straßburg um und damit in die Region, die sie eigentlich verwalten sollten. Einer von ihnen war der Vater von Ernst Stadler, der als Ministerialrat am Ministerium beschäftigt war. Sein Kollege war Max von Puttkamer, dessen Frau Alberta (1849–1923) um 1900 in Straßburg einen „literarischen Salon“ führte, der allerdings stramm deutschnational ausgerichtet war und dem „Alsabund“ nahe stand.

Die Westseite des Platzes wird beherrscht von dem prunküberladenen Palais du Rhin, dem ehemaligen „Kaiserpalast“, Symbol für die Präsenz der deutschen Hauptstadt Berlin im eroberten Straßburg. Man stelle sich vor, welchen Affront ein ähnlicher Bau in selbstbewussten Städten wie München oder Hamburg dargestellt hätte! Doch Elsass-Lothringen war eben nicht als gleichberechtigtes Bundesland, sondern als direkt der Zentralmacht und damit dem Kaiser unterstelltes „Reichsland“ an das neu gegründete „Deutsche Reich“ angeschlossen worden.

René Schickele nannte in seinem Essaybuch „Die Grenze“ den Palast einen „kolossalen Renaissancestall“ und war damit ausnahmsweise einer Meinung mit Kaiser Wilhelm II., dem seine Straßburger Nobelwohnung selbst überhaupt nicht gefiel. Angeblich hat er sie als „Elefantenhaus“ verspottet und es vorgezogen, im eleganten französischen Palais Rohan gleich neben dem Münster zu nächtigen, wie vor ihm schon Napoleon I. Heute ist das Gebäude Sitz der „Internationalen Rheinkommission“. Es lohnt sich, einen Blick ins Innere auf das beeindruckende Treppen-

Korinthische Säulen und Putten schmücken das Portal des ehemaligen Kaiserpalastes (Detail).

haus zu werfen. Einmal im Jahr, am Tag des „Patrimoine“, des „Kulturellen Erbes“, sind auch die Prunksäle für Besucher geöffnet.

Auch die Ausrichtung des ehemaligen „Kaiserpalastes“ ist bemerkenswert: Wie ein gewaltiger Riegel verschließt er das Platzrondell in westlicher Richtung. Sein mit muskelbepackten Titanen und flügelschlagenden preußischen Adlern geschmücktes Hauptportal öffnet sich dagegen zum Platz hin, also Richtung Osten. Er zeigt damit, wie ein kaisertreuer Elsässer künftig zu „stehen“ habe: die Vogesen und damit Frankreich im Rücken und den Blick zum Rhein gewandt, Richtung Deutschland.

Vor dem Palais du Rhin stand bis 1918 das Standbild Kaiser Wilhelms I., dargestellt in der Pose eines siegreichen

Feldherrn, natürlich hoch zu Ross, obwohl jeder wusste, dass der alte Kaiser in seinen letzten Lebensjahren ohne fremde Hilfe nicht mehr in den Sattel fand. Interessanterweise hatte auch er den Blick nicht etwa nach Westen gewandt, wie ein aus Deutschland einziehender Eroberer, sondern nach Osten. Damit gab er den Elsässern die künftig geltende Blickrichtung vor. Während der Straßburger Räterepublik im November 1918 wurde das Denkmal gestürzt. Alfred Döblin (1878–1957) hat das Ereignis in „Bürger und Soldaten", dem 1939 fertiggestellten ersten Teil seines dokumentarischen Revolutionsromans „November 1918" beschrieben:

...da bemächtigten sie sich, wie es stiller geworden war, eines gewaltigen Seils (...). Ein paar Mann sprangen auf das Piedestal, und jetzt wurde die Rolle des Schiffstaus klar: man legte es der bronzenen Kaiserfigur dreimal um den Rumpf. Und dann, während sie von oben heruntersprangen und ein großer Kreis freigemacht wurde, begann ein regelrechtes Tauziehen unter aktiver und anfeuernder Beteiligung des ganzen versammelten Volkes. Ihr „Ho hü" tönte regelmäßig über den Platz. Ein Zittern oben, ein Nachgeben, ein sichtbares Schwanken, und nun ein gelles allgemeines „Ho hü", ein Schrei, und knackend beugte sich die Bronzefigur vor und schmetterte krachend, splitternd vornüber auf die Steinquader hin. Der Jubel, das Getümmel. Und nun trat das Handwerkszeug in Funktion. Sie waren auf alles eingerichtet, man hatte alles vorbedacht. Sie hockten zu drei und vier auf der zerschmetterten Figur, meißelten, hämmerten, drückten. Mit einem Knirschen brach der Bronzekopf ab. Die Arbeit war beendet. (Döblin, S. 284f.)

Döblin war während des Ersten Weltkriegs als Militärarzt in Saarguemines (Saargemünd) und Haguenau stationiert. Die Ereignisse in Straßburg erlebte er zumindest teilweise selbst mit. Nach 1933 emigrierte er nach Frankreich und nahm auch die französische Staatsangehörigkeit an. Zusammen mit dem elsässischen Germanisten Robert Minder besuchte er 1938 Straßburg, um sich der Orte zu vergewissern, die er in seinem Roman darstellen wollte. Nach dem

Zweiten Weltkrieg war er für die literarische Zensur in der französischen Zone des besiegten Deutschland zuständig. 1953 kehrte er wieder in seine Wahlheimat Frankreich zurück.

Im Quartier Juif

Wir verlassen den Place de la République in nördlicher Richtung über die Avenue de la Paix. Sie kreuzt die breite Avenue des Vosges. Als sie noch „Vogesenstraße“ hieß, wohnte hier in der Nummer 16 der frisch examinierte Gynäkologe Gustave Schickele, der Bruder von René (siehe Seite 124).

Jenseits von der Avenue des Vosges beginnt heute das „Quartier Juif“. Die jüdische Gemeinde Straßburgs ist die zweitgrößte Frankreichs, nach Paris. Das Gemeindezentrum hat sich allerdings im Lauf der Geschichte mehrmals verlagert: Im Mittelalter lag es in der Rue des Juifs im Stadtzentrum, bis zum Zweiten Weltkrieg rund um die ehemalige Synagoge im „Faubourg de Saverne“ (siehe Seite 111) und heute befindet es sich in einem Teil des „Quartier Allemand“, wo nach dem Zweiten Weltkrieg die neue Synagoge errichtet wurde, genannt: „Grande Choule“. Sie liegt in der Avenue de la Paix und grenzt an den Contades-Park, benannt nach einem Marschall des 18. Jahrhunderts, dessen Koch Straßburg die Erfindung der berühmten Gänseleber verdankt.

Zu der jüdischen Gemeinde Straßburgs gehört seit 1984 auch die aus Deutschland stammende Malerin und Schriftstellerin Barbara Honigmann. In ihrem Buch „Damals, dann und danach“ (1999) hat sie das Viertel vorgestellt:

Eine Ironie der Geschichte will es, daß gerade im „Quartier allemand“, wo früher Kaiser Wilhelms Beamte wohnten, nun die Juden in großer Zahl eingezogen sind, so daß die ganze Gegend hinter der großen, consistorialen Synagoge, hier „Grande Schul“(geschrieben Grande Choule), genannt, bis hoch zum Boulevard Clemenceau heute zum

„quartier juif“ geworden ist, oder wie es manche mit Humor nennen: das Ghetto. Die Gegend zwischen Orangerie und Esplanade, wo wir wohnen, die erst ein wenig später zum „quartier juif“ geworden ist, wird folgerichtig „das zweite Ghetto“ genannt. (Honigmann, Damals, S. 59)

Lange waren die elsässischen Juden in ihrer Mehrheit askenasischer, d. h. ostjüdischer Abstammung. Heute ist das anders. Mit der Unabhängigkeit Algeriens wurden die dort lebenden sephardischen Juden, die als „Weiße“ mit den Franzosen identifiziert wurden, vertrieben. Viele von ihnen siedelten sich im Elsass an. Das Zusammenleben von sephardischen und askenasischen Juden mit ihrer unterschiedlichen Geschichte und Kultur gestaltet sich nicht immer einfach, wie Barbara Honigmann in ihrem Roman „Soharas Reise“ aus dem Jahr 1996 zeigt. Sie schildert darin die schwierige Freundschaft zweier Frauen, der eigentlich aus Mannheim stammenden Frau Kahn und der Ich-Erzählerin Sohara, die in Algerien aufgewachsen ist:

Frau Kahn nennt die Deutschen immer Kannibalen. Lange Zeit kannte ich Frau Kahns Geschichte nicht. Manchmal, wenn ich ihr die Post aus dem Briefkasten holte, habe ich ihr allerdings zusammen mit anderen Kuverts und Werbeprospekten die Zeitschrift „Le Déporté“ auf den Tisch gelegt, und im Sommer, wenn sie eine kurzärmlige Bluse trug, war die tätowierte Nummer auf ihrem Unterarm zu sehen (…). Bei euch in Afrika war alles nicht so schlimm, haben uns die Aschkenasim gesagt, als wir hierherkamen, und sie wußten wenig von dem, wie es wirklich in Afrika gewesen war (…) Wir saßen mit ichweißnichtwieviel Tausenden in provisorischen Lagern am Rande des Meeres und warteten, daß wir Plätze auf einem Schiff bekämen, meine Mutter, meine Schwester und ich. Zwei Koffer hatten wir bei uns, mehr durfte man nicht mitnehmen (…). Diesmal war es ein Abschied von allem, von einem ganzen Land und für immer. Zweitausend Jahre haben wir da gewohnt! Sechzig Generationen! (Honigmann, Soharas Reise, S. 21 u. 41)

Unmittelbar neben der Straßburger „Grande Choule“ beginnt der schöne Contades-Park. René Schickele hat ihn noch vor dem Bau der Synagoge erlebt und in seinem Roman „Blick auf die Vogesen“ von 1927 als schon damals meditativen Ort beschrieben. Allerdings erlebt sein Held Claus Breuschheim auch, wie die politischen Spannungen der damaligen Zeit selbst in dieses Naturidyll vordringen:

Jenseits grauten ältere Häuser mit der unsichtbaren Front gegen die „Contades“, eine Anlage, deren mächtige Bäume hier und da zwischen den Dächern hervorschauten (...). Claus fröstelte, als er nach Überschreiten einer schmalen heißen Holzbrücke in den Schatten der Anlagen trat. Die Bäume waren zu einem Wald von gründenden Säulen und Gewölben versammelt, und trotz des großen Zwischenraums zwischen ihnen berührten und vermischten sich die Kronen in der Höhe, so daß der Rasen auf dem Boden nur kümmerlich gedieh. Die Höhe der Bäume schuf eine Einsamkeit, die, von den weiten Schattengewölben nach allen Richtungen hin gespannt, gleichsam gefestigt dastand und, was vom Lärm der Stadt und von Menschen hier eindrang, unter ihr still waltendes Gesetz zwang.

Auf dem Grund des Säulenwaldes wusselte ein Trüppchen Kinder. Sie spielten „Deutsche und Franzosen“... (Schickele, Blick auf die Vogesen, S. 107 u. 111)

Wer will, kann von der Synagoge einen Abstecher zum Place Bordeaux machen, dem größten, aber sicher nicht schönsten Platz im „Quartier Allemand“ (zusätzliche Gehzeit für Hin- und Rückweg ca. 1/2 Stunde). Sein Name erinnert an die „Déclaration de Bordeaux“, in der die elsässischen Abgeordneten des französischen Parlaments 1871 gegen die Abtretung ihrer Heimat an das Deutsche Reich protestierten. Dominiert wird der Platz von zwei modernen Komplexen, dem „Palais de la Musique et des Congrès“ und dem Gebäude von „France 3 Alsace“, dem elsässischen Regionalfernsehen.

Am Pfingstwochenende des Jahres 1935 kam es hier zu einer Straßenschlacht zwischen der Polizei und Arbeitern, die an der „Internationalen Arbeitermusik- und Gesangsolympiade Europas“ auf dem Kongressgelände am Wacken teilgenommen hatten. Diese musikalisch-politische Veranstaltung sollte ein Bündnis aller linken Parteien gegen den immer mächtiger werdenden Faschismus einleiten, die so genannte „Einheits-“ oder „Volksfront“. Zu dem Ehren-Komitee gehörte eine ganze Reihe bekannter Schriftsteller: die Franzosen Henri Barbusse, André Malraux und Romain Rolland sowie die Deutschen Berthold Brecht, Egon Erwin Kisch und Theodor Plivier.

Präsident der Jury war kein geringerer als Hans Eisler, der viele Stücke Brechts vertont hatte und später auch die Hymne der DDR komponieren sollte. Am Vorabend der Veranstaltung las Eisler einen Vortrag mit dem unverfänglichen Titel „Musikalische Reise durch Amerika“, der von „Radio Strasbourg“ übertragen werden sollte, gewissermaßen dem Vorläufer von „France 3 Alsace“. Sein Auftritt jedoch wurde zum Skandal. Als er die schlechte Lage der Arbeiter von Ford in den Vereinigten Staaten ansprach, wurde er gewaltsam vom Mikrofon gezerrt und belehrt, dass Ford zu den wichtigsten Investoren im Elsass gehöre und doch bitte nicht verschreckt werden solle. Erst nach einigem Hin und Her durfte er seinen Bericht doch noch beenden.

Vor dem Ersten Weltkrieg markierte der „Schiltigheimer Platz“, wie er damals noch hieß, den äusseren Rand der wilhelminischen „Neustadt“. Wer hier eine Wohnung hatte, lebte fast schon „im Grünen“. Kein Wunder, dass die Gegend damals – anders als heute – zu den gefragtesten der Stadt gehörte und sich die gut betuchte Prominenz hier ansiedelte. Zum Beispiel der elsässische Schriftsteller und deutsche Nationalist Fritz Lienhard, der – so darf man annehmen – wohl ganz bewusst seine Wohnung ins „deutsche“ Viertel der Stadt verlegte (siehe Seite 74f.), an den heutigen Boulevard Gambetta Nr. 6, um genau zu sein. Er ist die letzte Straße vor dem Place Bordeaux, die von der Avenue de la Paix nach rechts abzweigt.

Wir folgen dem Boulevard Gambetta, der nach links abiegt und in die Rue Ohmacht mündet. Dort wenden wir uns nach links und gehen Richtung Place Bordeaux. Auf der rechten Seite, im Haus mit der Nummer 7, wohnte um 1900 ein guter Bekannter Lienhards: Charles Spindler

(1865–1938). Der Kunsthandwerker und Schriftsteller stand zwar dem regionalistischen „Jungen Elsass“ nahe, deren wichtigstes Organ, die „Revue Alsacienne Illustrée“, er mit begründet hatte. Daneben arbeitete er aber auch mit Straßburger Autoren des „deutschen“ Lagers zusammen, deren Bücher er illustrierte, z. B. die Alberta von Puttkammers und Fritz Lienhards. Ein weiterer Vertreter der „deutschen“ Partei wohnte nur zwei Häuser weiter in der Nummer 3, der bereits erwähnte Christian Schmitt vom „Alsabund“ (siehe Seite 162).

Auf dem Place Bordeaux angekommen, wenden wir uns scharf nach rechts und biegen in die Rue Lauth ein. Links liegen die Gebäude von „France 3 Alsace“. In der Nummer 10 auf der rechten Seite wohnte in den zwanziger Jahren Camille Dahlet, Abgeordneter im französischen Parlament und damaliger Chefredakteur der Tageszeitung „La République“ (siehe Seite 131f.). Claus Breuschheim, der Held aus René Schickeles Roman „Blick auf die Vogesen“, besucht ihn dort und schimpft mit ihm gemeinsam über die elsässische Politik.

100 Meter weiter, an der Stelle der heutigen Nummer 36, befand sich das Wohnhaus des Deutschen Werner Wittich, der nach 1918 freiwillig die französische Staatsangehörigkeit annahm. Anders als seine Landsleute, die alle ausgewiesen wurden, durfte er deshalb im Elsass bleiben. Als einer der ersten propagierte er bereits um 1900 eine deutsch-französische „Doppelkultur“, die er im Elsass bereits verwirklicht sah. Seine Bücher haben stark auf das „Jüngste Elsass“ um René Schickele eingewirkt.

Wir folgen der Rue Lauth über das Flüsschen Aar. Auf der anderen Seite sieht man rechter Hand ein Kasernengelände, wo mal deutsche, mal französische Soldaten dazu ausgebildet wurden, ihre Nachbarn totzuschießen. Linker Hand dagegen erstrecken sich die modernen Bauten des „Europaviertels“, wo die Vertreter dieser und anderer Nationen an ihrer gemeinsamen Zukunft arbeiten. Demnächst entsteht dort auch ein Neubau für den deutsch-französischen Kulturkanal ARTE, dessen Zentrale hier in Straßburg ihren Sitz hat. Die Programme werden allerdings zum größten Teil von den beiden Partnerorganisationen in Paris und Baden-Baden geliefert.

Hinter dem ARTE-Neubau sieht man die Rotunde des europäischen Parlaments und daneben die Front des Europaratsgebäudes. Sie verdeckt eine weitere Europa-Institution: den europäischen Gerichtshof für Menschenrechte. Leider fehlt der kühlen Repräsentationsarchitektur jene Poesie, die die „Idee Europa“ einst für viele deutsche, französische und andere Schriftsteller hatte: für Saint-Simon, Hugo, Gide und Rolland auf der einen Seite des Rheins, für Novalis, Heine, Hofmannsthal und Heinrich Mann auf der anderen, um nur einige Namen zu nennen. Heute bleibt oft nur die Ernüchterung oder sogar Verbitterung. Der deutsche Essayist Hans Magnus Enzensberger hat sie 1989 unüberhörbar formuliert:

Nur Spezialisten sind in der Lage, diese Einrichtungen und Behörden aufzuzählen. Wir haben einen europäischen Ministerrat, eine Kommission mit Ausschüssen und Unterausschüssen, eine Montanbehörde; einen Gerichtshof, ein Parlament und einen Europarat (der mit der Gemeinschaft nichts zu tun hat), ferner eine riesige Zahl von GOs und NGOs, von Dachverbänden und anderen Gremien, in denen sich niemand auskennt, abgesehen von denen, die in ihnen amtieren (...). Gemeinsam ist diesen Institutionen ihre penetrante Unglaubwürdigkeit, deren Wurzel seltsamerweise so gut wie nie erwähnt wird. Es fehlt ihnen nämlich entweder die politische Kompetenz oder die demokratische Legitimation. Daß dies der europäischen Bevölkerung nicht verborgen geblieben ist, beweisen die Ergebnisse aller Umfragen zu diesem Thema. (zitiert nach Lützeler, S. 503)

Nach diesem Abstecher an den Rand der alten „Neustadt“ gehen wir über den Place Bordeaux und die Avenue de la Paix zurück ins Herz des „Quartier Juif“. Schräg gegenüber der Synagoge zweigt von der Avenue de la Paix die Rue Oberlin ab. In der Nummer 18 befand sich vor dem Ersten Weltkrieg die Privatwohnung des bereits mehrfach erwähnten Gustave Stoskopf, Gründer des Théâtre Alsacien und des Musée Alsacien, langjähriger Direktor der „Straßburger

Der europäische Gerichtshof für Menschenrechte

Neuen Zeitung", Präsident des elsässischen Schriftstellerverbandes, Maler und Theaterautor (siehe Seite 90 und 130).

Von der Rue Oberlin biegen wir links in die Rue Sellénick ein, wo sich heute das jüdische Gemeindezentrum befindet. In der links abzweigenden Rue du Général-Rapp steht das „ägyptische Haus" (Nr. 10), ein prächtiger Jugendstilbau von 1905/06.

Nachdem wir einen Blick darauf geworfen haben, folgen wir weiter der Rue Sellénick. An der Stelle, wo sie in die Avenue des Vosges mündet, steht rechter Hand das „Palais des Fêtes", das ehemalige „Sängerhaus". Eigentlich für den Straßburger „Männer-Gesangs-Verein" in den Jahren 1901 bis 1903 errichtet, wurde es schon bald ein Zentrum des politischen Lebens der Stadt. 1912 wurde hier die „Elsässische Fortschrittspartei" gegründet, die sich zu einem Liberalismus Friedrich Naumann'scher Prägung bekannte und sich besonders für den Ausbau der Autonomie von Elsass-Lothringen und den Dialog mit Frankreich stark machte. Zu den Gründungsmitgliedern gehörte René Schickele. Ein Jahr lang saß er sogar im Präsidium. In den dreißiger Jahren fanden dort zahlreiche Versammlungen von Sozialisten und Kommunisten statt, u. a. auch eine gemeinsam organisierte Protestveranstaltung gegen den Judenboykott im Deutschland des Jahres 1933.

Rund um das Palais de la Justice

Wir überqueren die Avenue des Vosges nun ein zweites Mal und verlassen damit das „Quartier Juif". Danach folgen wir der schräg gegenüberliegenden Rue Paul-Muller-Simonis, die auf die katholische Kirche St.-Pierre-le-Jeune zuläuft, ein eindrucksvoller Kuppelbau aus dem späten 19. Jahrhundert, der nicht mit der mittelalterlichen protestantischen Kirche gleichen Namens in der Nähe des Broglieplatzes verwechselt werden darf (siehe Seite 97). Vor der Kirche gabelt sich die Straße. Wir wählen den rechten Arm (Rue St.-Léon) und treffen nach wenigen Metern auf die Rue Finckmatt, wo wir uns nach rechts wenden.

In der Nummer 6, dem zweiten Haus auf der rechten Seite, ist das Kulturzentrum „Centre Culturel du Fossé des Treize" untergebracht. In der Eingangshalle erinnert eine Schautafel und eine alte Druckerpresse daran, dass sich hier bis 1986 der Sitz der Zeitung „Der Elsässer" befand, der katholischen Tageszeitung Straßburgs. Ressortleiter und später auch Chefredakteur war Thomas Seltz (1877–1959), der sich selbst Paul Laîné nannte. Zu seinen „Entdeckungen" gehörte der junge René Schickele, der von 1899 bis 1903 unter dem Pseudonym „Paul Savreux" Buch- und Theaterrezensionen für das Blatt verfasste. Später gehörte Seltz selbst zu den Autoren von Schickeles Zeitschrift „Der Stürmer". Otto Flake hat ihn so portraitiert:

Ein um etwa acht Jahre älterer Elsässer war sein Mentor, Thomas Seltz, der damals das Feuilleton des katholischen Blattes, des „Elsässers", leitete, später dessen Chef und schließlich Abgeordneter wurde, ein Mann, der sich in dem schwierigen Fahrwasser der einheimischen Politik subtil bewegte, vom deutsch-elsässischen Kulturproblem viel verstand, sich der Notwendigkeit eines Ausgleichs nicht verschloß und die Kunst der behutsamen Behandlung beherrschte, dank einem sensitiven Nervensystem. (Flake, Es wird Abend, S. 83)

Nach dem Ersten Weltkrieg verließ Seltz die Zeitung und ging in die Politik. Die weitere Geschichte des „Elsässer" ist wenig ruhmreich. Ab Winter 1933/34 schloss sich das Blatt der Hetze gegen die in Straßburg lebenden Emigranten an, die bereits seit einigen Monaten in den Blättern der so genannten „Autonomisten" („ELZ" und „Narrenschiff") auf Hochtouren lief. Eines der Opfer des „Elsässer" war Berthold Jacob, in dem das Blatt einen deutschen Spion vermutete (siehe Seite 132ff.).

Über die gegenüberliegende Rue Graumann erreichen wir die Parallelstraße Rue du Fossé-des-Treize. Vor uns liegt das Haus mit der Nummer 27, in dem sich bis 1918 die Redaktionsräume einer anderen Zeitung befanden. Auch sie war für das literarische Leben der Stadt von großer Bedeutung: die 1909 gegründete „Straßburger Neue Zeitung" (SNZ). Für sie arbeiteten „so gut wie alle schriftstellerischen Talente, die das Elsass hervorgebracht hat" (René Schickele in der SNZ vom 02. 05. 1911). Möglich wurde dies durch das Bündnis zweier bisher verfeindeter Künstlergruppen, die sich in der Redaktion der SNZ zusammengeschlossen hatten: das eher konservative „Jung-Elsass" und das kulturpolitisch eher links stehende „Jüngste Elsass".

Durch einen weisen Kompromiss wurde der Streit zwischen ihren beiden „Anführern" vermieden. Direktor der Zeitung wurde Gustave Stoskopf vom „Jungen Elsass", Chefredakteur ab 1911 René Schickele vom „Jüngsten Elsass". Zu den Mitarbeitern zählten auch Otto Flake, Ernst

Stadler, Thomas Seltz und Hermann Wendel. Ausgeschlossen blieben allein die „Nationalisten“ jedweder Couleur: der nach Frankreich orientierte Flügel des „Jungen Elsass“ um Pierre Bucher und der deutschnationale „Alsabund“ um Christian Schmitt.

Wir folgen nun der Rue du Fossé-des-Treize bis ans Ufer des Fossé du Faux-Rempart, genauer gesagt bis zum Quai Finckmatt. Dort erhebt sich unübersehbar das „Palais de la Justice“, der in den Jahren 1894–97 im Schinkel-Stil errichtete Justizpalast. Bis 1918 war hier das „Landesgericht von Elsass-Lothringen“ untergebracht. Zu den hier beschäftigten Anwälten gehörte der Jurist und Schriftsteller Oskar Jerschke (1861–1928). Der im Elsass geborene Deutsche war eng mit Arno Holz befreundet, mit dem er gemeinsam etliche Gedichtbände und Dramen verfasst hat. Das bekannteste davon ist „Traumulus“, ein wilhelminischer „Schmachtfetzen“, der sogar 1935 mit Emil Jannings in der Hauptrolle verfilmt wurde. Natürlich kannte Jerschke auch René Schickele, mit dem er sich allerdings nicht sonderlich gut verstanden hat, wie folgende „Fröhliche Grabrede“ aus Schickeles Essayband „Die Grenze“ von 1932 zeigt:

Was haben wir uns damals in Straßburg gezankt! Einmal wollte er mich sogar nicht mehr grüßen (...).Deshalb verscheuchte er schon von weitem die Erinnerung an die Tantiemen des „Traumulus“, an sein ausgezeichnetes Goldgräberbüro, den profunden Weinkeller und die Sauf- und Dichtabende mit Arno Holz und alle Herrlichkeiten, stich- und hiebfeste, der Straßburger Sommerzeit (...). Auch die deutsche Literatur ging ihm gegen den Strich. Er wollte sie in Ordnung bringen, indem er mit Arno Holz ein neues Stück schrieb. So polterte, lachte, seufzte er, rummelte und hustete kriegerisch bis zuletzt. (Schickele, Bd. 3, S. 641f.)

1913 spielte sich hier im Landesgericht eine Justizposse ab, über die nicht nur Deutschland, sondern die ganze Welt den Kopf schüttelte. Straßburger Autoren wie René Schickele, Ernst Stadler und Hermann Wendel, aber auch „Auswärtige“ wie Erich Mühsam, Carl von Ossietzky und sogar Lenin haben darüber geschrieben. Vorangegangen war die so genannte „Zaberner Affäre“, die der sozialistische Schriftsteller Erich Mühsam (1878 – 1934) so beschreibt:

Ein Rudel Leutnants geht spazieren, darunter Herr von Forstner. Spielende Kinder bemerken ihn und eins ruft „Bettschisser“. Das Rudel Leutnants zieht die Plempen und jagt hinter den Kindern her, – ein wahrhaft kriegerischer Anblick (...). Da erscheinen auf der Bildfläche 50 Mann Füsiliere, stellen sich in zwei Gliedern auf, das vordere kniet nieder, die Leute legen auf die Schüler an, und unter Trommelwirbel ertönt die Aufforderung, sich zu zerstreuen. Wer nicht sofort verschwindet, wird festgenommen – im ganzen 27 Personen, darunter zwei Landgerichtsräte und ein Staatsanwalt, die gerade einen Übeltäter gegen die bürgerliche Ordnung verknallt haben.

Die Verhafteten werden im ausgeräumten Kohlenverlies der Regimentskaserne, dem sogenannten Pandurenkeller, untergebracht, einem stinkenden, dunklen Loch (...) Selbst die Tätigkeit, zu der dem beleidigten Leutnant im Manöver ein Bett zur Verfügung stand, mußte in aller Gegenwart in einer Ecke des Lokales vollzogen werden. Hier wurden die Sünder die ganze Nacht festgehalten. Leider hatte man die Juristen vorher freigelassen. Gerade für sie, denen das Verhängen von Freiheitsstrafen Lebensberuf ist, wäre die Erfahrung am eigenen Leibe vielleicht sehr nützlich gewesen. (zitiert nach Fröba/Nitsche, S. 9f.)

Das Ereignis hatte natürlich ein juristisches Nachspiel. Die verantwortlichen Offiziere wurden wegen Überschreitung ihrer Kompetenzen angeklagt. Der Prozess fand im großen Schwurgerichtssaal des Landesgerichts von Elsass-Lothringen statt. Als Zeugen wurde das gesamte Offizierskorps des 99. Infanterieregiments geladen, ferner Dutzende von Unteroffizieren und Mannschaften dieses Regiments, Beamte aller Zivilbehörden von Zabern und schließlich alle, die in dem Keller der Kaserne eingesperrt worden waren. Das öffentliche Interesse war enorm. Einlass war nur mit Eintrittskarten möglich, die zum großen Teil von Pressevertretern aus aller Welt in Anspruch genommen wurden. Hier ein Auszug aus dem Prozessprotokoll zur Vernehmung des Leutnants Schad:

Zuerst habe ich den Bankbeamten Cahn festgenommen, der mich ausgelacht hatte.

Verhandlungsf.: Haben Sie denn gesehen, daß Cahn gelacht hat?

Angeklagter Schad: Persönlich habe ich ihn nicht lachen sehen, aber ich hatte ihn in Verdacht, daß er gelacht hätte (...). Landgerichtsrat Kalisch sagte mir, ich hätte ihm gar nichts zu sagen, und da habe ich ihn selbstverständlich festgenommen (...). Wir haben alle verhaftet, die wir im Verdacht hatten, uns beleidigt zu haben. Denn die Bevölkerung war zu feige, uns ins Gesicht hinein zu beleidigen (...). Ich habe einige Haustüren einschlagen müssen... (zitiert nach Fröba/Nitsche, S. 82)

Nach nur fünf Tagen Verhandlung war Urteilsverkündigung: Freispruch für alle Angeklagten! Der Skandal war perfekt. Der Staat deckte das offenkundig ungesetzliche Vorgehen seiner Offiziere, nur um die Ehre der Armee nicht zu beflecken. Und das ausgerechnet im politisch ohnehin sensiblen Elsass. Es folgten Debatten im Landtag und im Reichstag, die schließlich den Rücktritt der gesamten Regierung von Elsass-Lothringen zur Folge hatten.

René Schickele erlebte die Ereignisse nur aus der Ferne mit. Er hatte Straßburg bereits 1913 verlassen und wohnte nun in Mecklenburg. Dennoch widmete er der „Zaberner Affäre" einen „Nachruf", der u. a. in der Straßburger Kulturzeitschrift „Cahiers Alsaciens" erschien. Es ist die bitterböse Satire auf die endgültig gescheiterte Integration des Elsass in das Deutsche Reich:

Seit vierzig Jahren wohnt, bis über die Augen bewaffnet, ein rothaariger Koloß in diesem Land, er hockt auf dem Rand der Vogesen, um seine grobgestiefelten Beine in der Ebene, die Rebhügel hinauf kommen und gehen die Jahreszeiten.(...) Es hat lange gedauert und kostete Mühe. Aber schließlich ist es gelungen... allerdings mußte schon das Militär die Sache in die Hand nehmen. Zabern wurde ger-

manisiert... Mit diesem Fremdwort bezeichnet man im neuen deutschen Reich einen sehr schwierigen Handgriff der Verwaltungskunst. Er besteht darin, Sonntagsspaziergänger und Kegelschieber von Amts wegen fuchsteufelswild, ja wenn möglich, zu Rebellen zu machen (...). Während einiger Tage herrschte da, mitten im Frieden, die Militärdiktatur. (Schickele, Bd. 3, S. 988f.)

Gerade mal fünf Jahre nach dem Zaberner Spektakel bot der Straßburger Justizpalast ein Schauspiel ganz anderer Art. Die Novemberrevolution war ausgebrochen, die Vertreter der alten Ordnung einstweilen verjagt, und der „Arbeiter- und Soldatenrat" hatte sich im Gerichtsgebäude eingerichtet. Döblin hat die Ereignisse in „November 1918" festgehalten:

Der Justizpalast in Straßburg wurde am selben Vormittag zu einer wahren soldatischen Hochburg. In dem weiten schicksalschweren Schwurgerichtssaal etablierte sich der erweiterte Soldatenrat, mit hundertzwanzig Delegierten aus dreißig Formationen. Rauchwolken aus Pfeifen, Zigarren, Zigaretten erfüllten den Raum, die Wände waren nackt, die zentnerschwere Gusseisenbüste des Kaisers und Bilder hatte man heruntergerissen, sie lagen in einem Haufen neben der Estrade des Gerichts beieinander, wie eine Schar geschlachteter Hammel. Aber fröhlich lärmende Feldgraue saßen und kletterten über die Bänke der Geschworenen und Zuhörer. (Döblin, S. 40f.)

Ein besonderes Ereignis in diesen turbulenten Tagen war der Einzug einer Abordnung elsässischer Matrosen, die aus Wilhelmshaven nach Straßburg gekommen waren, um ihre Heimat „vor den Franzosen zu retten". Gleich nach ihrer Ankunft wollten sie die unabhängige „Republik Elsass-Lothringen" ausrufen. Ihrem Auftritt im Justizpalast hat Döblin ein ganzes Kapitel gewidmet:

Es ist gegen Mittag (...) – da erhebt sich unten ein gewaltiger Lärm, nicht der normale Lärm, den ein Donnerwetter beendet – ein Hochrufen, Freudengeschrei, man marschiert die Treppe herauf, die Türen des Schwurgerichts-

saals krachen auf, und die rote Fahne voran, geführt von dem baumlangen Thomas, ziehen Matrosen ein! Der Saal ist aufgesprungen.

Als sich der allgemeine Jubel gelegt hat und die Blaujacken sich im Raum verteilen, um sich zu setzen und Bekannte zu begrüßen, schreitet Thomas, der riesige, gewichtig auf das Podium, und von da herab verkündet er, wie froh sie alle wären, nun in ihrem alten Straßburg zu sein. Sie kämen aus Wilhelmshaven, um im Namen von sechzehntausend elsässischen Matrosen ihrer Flottenstation die liebe Heimat herzlich zu grüßen! Und nun wären sie da und wollten im Sinne der Internationale wirken, damit auch ihre Landsleute der neuen Zeit einer goldenen Freiheit und des völkerversöhnenden Friedens teilhaftig würden. (Döblin, S. 153)

Aus der unabhängigen Republik wurde bekanntlich nichts. Auch interessierte sich in jenen Tagen kaum jemand für die Idee einer Neutralisierung. Stattdessen bereitete sich Straßburg freudig auf die Ankunft der Franzosen vor. Hierzu ein letztes Mal Döblin:

Bunt und bunter wurde inzwischen die schöne Stadt mit Girlanden, Blumen, Fahnen und Transparenten. Wahrhaftig, hier herrschte keine Furcht vor der militärischen Okkupation. Nein, so wurden keine Fremden erwartet (...).

Und ein gespenstisches Klopfen und Poltern begann in den Magazinen des städtischen Bauamts. Man öffnete weit die Fenster, der Staub wehte, man suchte in alten Kisten. Die Straßenschilder aus der Zeit vor 1870 hatte man da verschwiegen, anhänglich und hoffend aufbewahrt. Junge Leute nahmen jetzt in die Hand, was alte, tote hier hingelegt hatten. Sie lasen Rue Vauban, Manège, Daguerre, Magenta.

Und der Kaiserpalast hörte auf Kaiserpalast zu sein und wurde ein Rheinschloß. Aus der Kaiser-Wilhelm-Straße wurde eine Freiheitsstraße, aus der Kaiser-Friedrich-Straße eine Friedensstraße... (Döblin, S. 282f.)

Der Spaziergang durch das „Quartier Allemand" lässt sich abschließen mit einem Café-Besuch auf dem Broglieplatz.

Man erreicht ihn, wenn man die vor dem Palais de la Justice liegende Brücke überquert und dann einfach der Rue de la Fonderie bis zu ihrem Ende folgt.

Kunstvoll gestaltete Fenster schmücken die Front eines Restaurants in der Rue de La Fonderie.

Büchermacher und Bücherverbrenner – die Nachbarstadt Kehl

Kehl, die deutsche Nachbarstadt Straßburgs, taucht in kaum einem Reiseführer auf. Zugegeben, es gibt schönere Städte. Dennoch ist die kleine Stadt am Rhein mit ihren gut 30.000 Einwohnern ein geschichtlich hochinteressanter Ort. Ähnlich wie Straßburg wurde sie immer wieder zwischen Deutschland und Frankreich hin- und hergerissen. Und auch was die Literatur anbetrifft, ist Kehl im wahrsten Sinne des Wortes kein „unbeschriebenes Blatt". Von der Straßburger Innenstadt aus erreicht man Kehl entweder mit dem Zug „Métro Rhin" oder der Buslinie 2, die beide vom Gare Centrale abfahren, oder mit der Buslinie 21, deren Haltestelle am Gutenbergplatz zu finden ist. In einigen Jahren soll auch wieder – wie bereits vor 1918 – eine Trambahn die beiden Städte miteinander verbinden. Bei schönem Wetter lohnt es sich allerdings, ein Fahrrad zu leihen und eine Radtour auf die andere Seite des Rheins zu machen.

Auf der Europabrücke

Wer mit dem Bus fährt, steigt am besten an der Haltestelle „Parc du Rhin" aus und geht die letzten 100 Meter auf französischem Boden zu Fuß. Vorbei an der verweisten Grenzstation geht es auf die „Pont de l'Europe", die Europabrücke, ein eher unspektakulärer Betonbau aus dem Jahr 1960, aber von hohem Symbolwert. Sie verbindet Kehl mit Straßburg, das deutsche mit dem französischen Ufer. Jährlich überqueren an dieser Stelle etwa 20 Millionen Europäer die Grenze. Seit 1999 ist die Brücke zudem auch ein literarisches Denkmal. Eine Reihe von Schautafeln mit literarischen Texten in allen Sprachen Europas soll der grauen Brücke mehr „Farbe" verleihen und ihre Funktion als ein

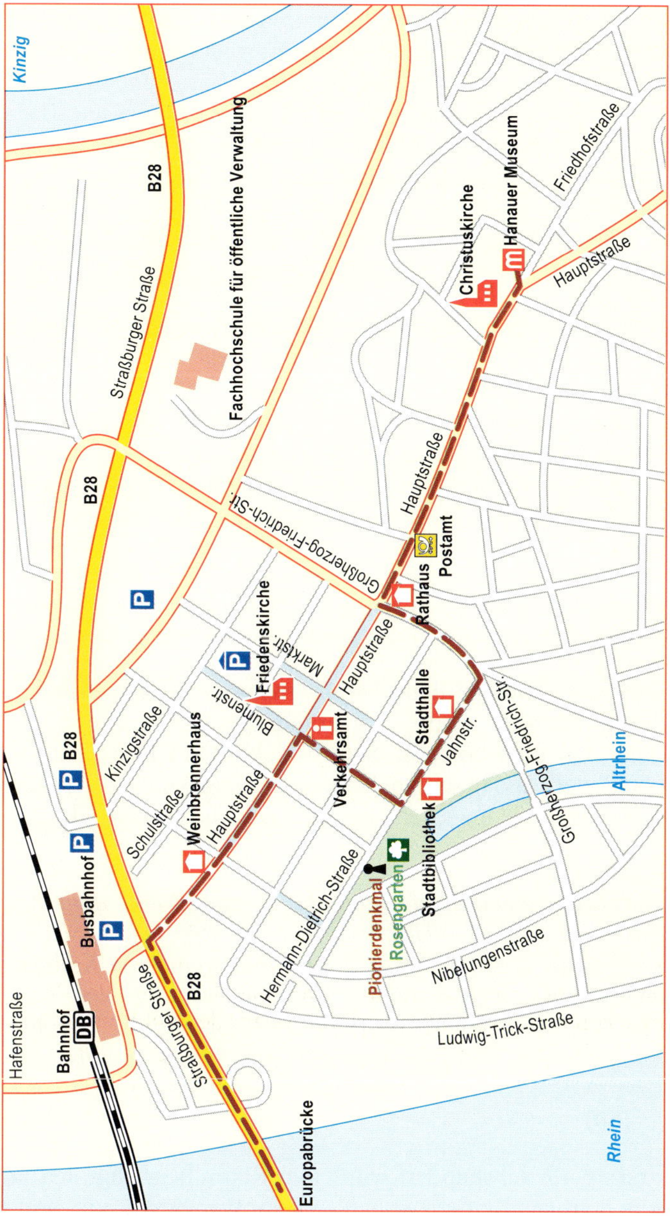
Kinzig
B28
Straßburger Straße
Fachhochschule für öffentliche Verwaltung
B28
Großherzog-Friedrich-Str.
Hauptstraße
Christuskirche
Hanauer Museum
Friedhofstraße
Hauptstraße
Postamt
Rathaus
Friedenskirche
Marktstr.
Hauptstraße
Stadthalle
Jahnstr.
Großherzog-Friedrich-Str.
Altrhein
Blumenstr.
Verkehrsamt
Kinzigstraße
Weinbrennerhaus
Schulstraße
Hauptstraße
B28
Busbahnhof
Bahnhof
DB
Hafenstraße
Straßburger Straße
B28
Hermann-Dietrich-Straße
Pionierdenkmal
Rosengarten
Stadtbibliothek
Nibelungenstraße
Ludwig-Trick-Straße
Europabrücke
Rhein

völkerverbindendes Band unterstreichen. Dabei übertönen die pathetischen Bekenntnisse zu Europa mitunter die stilleren Stimmen, die auf die immer noch bestehenden Unterschiede zwischen den einzelnen Ländern hinweisen. Barbara Honigmann, die in Straßburg lebende jüdische Autorin aus Ost-Berlin, gehört zu Letzteren:

Manchmal fahren wir mit den Fahrrädern zum Rhein hinunter, das ist ja nur eine Viertelstunde von unserem Haus entfernt. Da gibt es einen Park und einen Weg immer am Rhein entlang, auf der deutschen Seite kann man ihn sogar bis Basel hinauf wandern oder fahrradfahren, aber auf der französischen Seite verliert er sich irgendwo in einer Steppe vor einer Industrieanlage, und wir sind ja auf der französischen Seite. Kurz vor der Steppe haben wir uns auf eine Bank gesetzt und über den Fluß geschaut: da drüben ist Deutschland. Ich habe zu Peter gesagt, eigentlich wissen wir gar nicht mehr so recht, wo wir nun hingehören, aber Peter hat geantwortet, das ist auch nicht so wichtig, wir gehören eben an unseren Schreibtisch. (Honigmann, Damals, S. 39)

Die Europabrücke hatte bereits mehrere Vorgängerinnen, die immer wieder zerstört wurden. Bis 1897 gab es allerdings nur eine hölzerne Schiffbrücke. Otto Flake hat sie noch erlebt und in seinem Roman „Freitagskind“ (1913) beschrieben. Wie man sieht, hat sich auch die Landschaft seitdem sehr verändert:

So fuhren sie mit der Dampfbahn bis zum Rhein, dann betraten sie die alte Holzbrücke, die unter jedem Schritt schwankte, denn sie bestand aus einer Reihe von Kähnen, über die Dielen gelegt waren: sie lagen dicht über dem Wasser. Wenn man den Strom hinabsah, standen hohe Pappeln an den Ufern. Es war eine einsame und düstere Landschaft, kein Dorf, kein Haus, kein Mensch. (Flake, Freitagskind, S. 160)

Erst im 19. Jahrhundert wurde der Rhein begradigt und in sein heutiges Bett gezwungen. Davor war er sehr viel brei-

Die Schiffbrücke über den Rhein in der ersten fotografischen Aufnahme von 1865

ter gewesen – und die Brücke daher auch sehr viel länger. Bis zu 1.400 Metern soll die frühere „Lange Bruck“ gemessen haben. Sie führte über mehrere Rheininseln, von denen es heute keine mehr gibt. Die Rheinschnaken dagegen, von denen bereits Goethe berichtet, sind geblieben:

Die Rheininseln waren denn auch öfters ein Ziel unserer Wasserfahrten. Dort brachten wir ohne Barmherzigkeit die kühlen Bewohner des klaren Rheines in den Kessel, auf den Rost, in das siedende Fett, und hätten uns hier, in den traulichen Fischerhütten, vielleicht mehr als billig angesiedelt, hätten uns nicht die entsetzlichen Rheinschnaken nach einigen Stunden wieder weggetrieben. (Goethe, Bd. 14, S. 507f.)

Auf einer dieser Rheininseln zwischen Straßburg und Kehl entstand in jener Zeit ein merkwürdiger Bau aus Holz. Dort sollte Marie Antoinette, die Erzherzogin von Österreich und künftige Königin Frankreichs französischen Boden betreten. Ihr Landsmann, der Schriftsteller Stefan Zweig, hat das Gebilde in seiner Roman-Biographie „Marie Antoinette“ genau beschrieben und erklärt:

... nach endlosem Beraten, ob die feierliche Übergabe der Braut noch auf österreichischem Hoheitsgebiet oder erst auf französischem erfolgen sollte, erfand ein Schlaukopf die salomonische Lösung, auf einer der kleinen unbewohnten Sandinseln im Rhein, zwischen Frankreich und Deutschland, ein Niemandsland also, einen eigenen Holzpavillon für die festliche Übergabe zu erbauen, ein Wunder der Neutralität, zwei Vorzimmer auf der rechtsrheinischen Seite, die Marie Antoinette noch als Erzherzogin betritt, zwei Vorzimmer auf der linksrheinichen Seite, die sie nach der Zeremonie als Dauphine von Frankreich verläßt, und in der Mitte den großen Saal der feierlichen Übergabe, in dem sich die Erzherzogin endgültig in die Thronfolgerin Frankreichs verwandelt. (Zweig, Marie Antoinette, S. 23f.)

„Normalsterblichen" war der Zutritt selbstverständlich untersagt – es sei denn, man half mit ein paar Münzen nach. Zu denen, die auf diese Weise gleich mehrmals Zutritt erlangten, gehörte der junge Goethe, der sich ja – wir erinnern uns – just zu diesem Zeitpunkt in Straßburg aufhielt. Allerdings fand er die Einrichtung völlig missraten:

Höchst erfreulich und erquicklich fand ich diese Nebensäle, desto schrecklicher den Hauptsaal. Diesen hatte man mit viel größern, glänzendern, reichern und von gedrängten Zieraten umgebenen Hautelissen behängt, (...) äußerst empörte mich der Gegenstand: Die Bilder enthielten die Geschichte von Iason, Medea und Kreusa, und also ein Beispiel der unglücklichsten Heirat. Zur Linken des Throns sah man die mit dem grausamsten Tode ringende Braut, umgeben von jammervollen Teilnehmenden; zur Rechten entsetzte sich der Vater über die ermordeten Kinder zu seinen Füßen; während die Furie auf dem Drachenwagen in die Luft zog. (Goethe, Bd. 14, S. 396)

Man sieht, Goethe kannte sich in der griechischen Mythologie gut aus. Schließlich war das „Land der Griechen" ja auch das Sehnsuchtsland der deutschen Klassiker schlechthin. Für die deutschen Demokraten dagegen war nicht Griechenland, sondern Frankreich der Ort aller Träume von

Freiheit und Gleichheit. Während der großen Französischen Revolution von 1789 und ihrem „Nachbeben“ von 1830 zog es viele Deutsche über den Rhein, wo sie sich ein freieres Leben erhofften.

Ludwig Börne (1786–1837) war einer von ihnen. Der politische Publizist und literarische Essayist war unter dem Namen Juda Löw Baruch im Frankfurter Judenghetto aufgewachsen. Den Staat hatte er nur als „Feind“ erlebt. Wegen seiner jüdischen Abstammung war er – wie alle seine Glaubensgenossen im damaligen „Deutschen Bund“ – „zwangspensioniert“, wegen seiner politischen Artikel in der von ihm herausgegebenen Zeitschrift „Die Waage“ sogar ins Gefängnis geworfen worden. Seine ganze Hoffnung setzte er schließlich auf ein neues Leben in Frankreich:

Die erste französische Kokarde sah ich an dem Hute eines Bauers, der von Straßburg kommend, in Kehl an mir vorüberging. Mich entzückte der Anblick. Es erschien mir wie ein kleiner Regenbogen nach der Sündflut unserer Tage, als das Friedenszeichen des versöhnten Gottes. Ach! und als mir die dreifarbige Fahne entgegenfunkelte – ganz unbeschreiblich hat mich das aufgeregt. Das Herz pochte mir bis zum Übelbefinden, und nur Tränen konnten meine gepreßte Brust erleichtern. Es war ein unentschiedenes Gemisch von Liebe und Haß, von Freude und Trauer, von Hoffnung und Furcht. Der Mut konnte die Wehmut, die Wehmut in meiner Brust den Mut nicht besiegen. Es war ein Streit ohne Ende und ohne Friede. Die Fahne stand mitten auf der Brücke, mit der Stange in Frankreichs Erde wurzelnd, aber ein Teil des Tuches flatterte in deutscher Luft. (Börne, Bd. 2, S. 8f.)

Börne überquerte im Herbst 1830 den Rhein. Nur wenige Monate später, im Frühjahr 1831, folgte ihm ein anderer Schriftsteller nach: Heinrich Heine. Beide waren sie deutsche Juden aus Frankfurt, beide linke Demokraten, beide auf dem Weg nach Paris. Dort wurde aus der anfänglichen Freundschaft schon bald erbitterte Feindschaft, die in Heines Börne-Schrift von 1840 gipfelte, einer „literarischen Hinrichtung“ des eben verstorbenen Kollegen. Wie ähnlich sich ihre politischen Überzeugungen im Grunde waren, macht folgender Auszug aus Heines 1854 verfassten „Geständnissen“ deutlich. Allerdings blickt Heine bei seiner Rheinüberquerung nicht hinauf zur Fahne, sondern hinunter ins Wasser:

Den 1. Mai 1831 fuhr ich über den Rhein. Den alten Flußgott, den Vater Rhein, sah ich nicht, und ich begnügte mich, ihm meine Visitenkarte ins Wasser zu werfen. Er saß, wie man mir sagte, in der Tiefe und studierte wieder die französische Grammatik von Meidinger, weil er nämlich während der preußischen Herrschaft große Rückschritte im Französischen gemacht hatte, und sich jetzt enventualiter aufs neue einüben wollte. Ich glaubte, ihn unten konjugieren zu hören: j aime, tu aimes, il aime, nous aimons – Was liebt er aber? In keinem Fall die Preußen. (Heine, Bd. VI/1, S. 459f.)

In Paris freundete sich Heine mit seinem französischen Kollegen Gérard de Nerval an. Beide waren sie romantische „Ironiker“, beide Vermittler zwischen Deutschland und Frankreich, sowohl als Übersetzer wie auch als Essayisten. Während Heine Frankreich liebte, verehrte Nerval Deutschland, das er in seinem Reisebericht „Lorely“ liebevoll-ironisch „unser aller Mutter – Teutonia“ nennt:

Sie werden verstehen, dass der erste Gedanke des Reisenden aus Paris, der in Straßburg aus der Kutsche steigt, der Wunsch ist, den Rhein zu sehen; er hört sich um, beeilt sich, summt vor Freude den halb germanischen Refrain von Alphonse Karr: „Am Rhein, am Rhein, da wachsen unsere Reben!“ Aber bald erfährt er zu seiner Verwunderung, dass der Rhein noch eine Meile von der Stadt entfernt ist. (…) dann sieht er zu seinen Füßen den großen Strom, wie er, reißend und wogend, mit seinen grauen Wellen in ewigem Rauschen dahinfließt. Aber auf der anderen Seite, dort drüben am Horizont, am anderen Ende der aus sechzig Schiffen gebildeten, sich bewegenden Brücke, wissen Sie, was dort liegt? … Da liegt Deutschland.! Das Land Goethes und Schillers, das Land Hoffmanns; das alte Deutschland, unser aller Mutter! … Teutonia. (Nerval, S. 63f.; Übers. S. W.)

Der vielleicht europäischste unter den Rheinreisenden des 19. Jahrhunderts war jedoch Victor Hugo. Als er auf der Kehler Brücke stand, blickte er weder sehnsuchtsvoll nach Frankreich noch nach Deutschland, sondern in die damals noch wilden Fluten des Flusses, der für ihn „deutsch und französisch zugleich" war:

Zum ersten Mal sah ich den Rhein vor einem Jahr in Kehl, als ich über die Schiffbrücke fuhr. Die Nacht brach herein, der Wagen ging im Schritt. Ich erinnere mich, dass ich damals eine gewisse Ehrfurcht empfand, als ich den alten Strom überquerte. Seit langem hatte ich Lust darauf, ihn zu sehen (...) Ja, mein Freund, er ist ein edler Fluss, feudal, republikanisch, kaiserlich und würdig, deutsch und französisch zugleich zu sein. Die ganze europäische Geschichte, von diesen beiden großen Punkten aus betrachtet, spiegelt sich in diesem Strom der Krieger und der Denker, in dieser herrlichen Welle, die Frankreich aufspringen lässt, und in diesem tiefen Murmeln, das Deutschland zum Träumen bringt.
Der Rhein vereinigt alles in sich. (Hugo, S. 99f.; Übers. S.W.)

Bis zur Verwirklichung der Vision Hugos von den „Vereinigten Staaten Europas" sollte noch viel Zeit vergehen. Zunächst einmal standen die Zeichen auf Sturm. In den vierziger Jahren des 19. Jahrhunderts kam es zur deutsch-französischen „Rheinkrise". Der französische „Empereur" Napoleon III. erhob Anspruch auf die bayerische Pfalz und die preußische Rheinprovinz, was dort eine Welle des Patriotismus auslöste. Scharf wurde zurückgeschossen, vorerst allerdings nur mit Gedichten. Das bekannteste davon ist Schneckenburgers „Die Wacht am Rhein", schon bald einer der populärsten Gassenhauer in Deutschland:

Es braust ein Ruf wie Donnerhall,
Wie Schwertgeklirr und Wogenprall:
„Zum Rhein! Zum Rhein! Zum deutschen Rhein!"
Wer will des Stromes Hüter sein?
Lieb Vaterland, magst ruhig sein:
Fest steht und treu die Wacht am Rhein.

Das „Gebrause“ und „Geklirre“ auf der deutschen Rheinseite wollten französische Dichter nicht unbeantwortet lassen, unter ihnen Musset und Lamartine. Auch ein in Frankreich lebender Deutscher formulierte einen literarischen Protest gegen Schneckenburgers Kriegsgesang: August Wilhelm Lamey. Der wenig bekannte Dichter wurde 1771 in Kehl geboren und verstarb 1861 in Straßburg. Sein literarisches Werk ist in den Sprachen beider Länder verfasst: die Dramen in französischer, die Gedichte in deutscher Sprache. So gehört Lamey buchstäblich beiden Seiten an. Kein Wunder also, dass er in seiner „Streithymne“ die Streithähne beider Nationen zur Besonnenheit aufrief. Politisch allerdings stand Lamey nie „über den Parteien“, sondern hatte nur eine einzige Heimat, die Republik.

Im Jahr von Lameys Tod schien es für kurze Zeit, als hätten seine Appelle gefruchtet. Zwischen Straßburg und Kehl entstand damals eine zweigleisige Eisenbahnbrücke (die heutige ist nur eingleisig), die auf den Namen „Brücke der Eintracht“ getauft und als völkerverbindendes Symbol gefeiert wurde. Doch auch die Militärs beider Seiten hatten ihre Finger im Spiel. Die „Unbrauchbarmachung“ der Brücke im Kriegsfall war bereits mit eingeplant. Für den berühmten Orientalisten und Übersetzer Friedrich Rückert (1788 – 1866) war das Bauwerk daher mehr das Zeichen eines nahenden Krieges als ein Symbol der „Eintracht“. In einem seiner 10.000 (!) Gedichte hat er darauf hingewiesen:

Hütet euch über die Brücke der Eintracht, Brücke des Friedens,
Die sie gebaut bei Kehl, hütet darüber zu gehn
Euch und darüber zu fahren! Sie geht in der Mitt’ auseinander,
Schnappt mit der Hälfte zu uns her, mit der anderen hin
Zum Freundnachbar hinüber. Sie haben sich weiter versichert
Beide von hier und dort ihres gemeinsamen Baus,
Haben ihn unterminirt und elektrische Fäden gezogen
am germanischen hier, drüben am gallischen Rand,
Die in jedem Momente der zündende Funke belaufen

Kann und straks in die Luft sprengen den teueren Bau;
Um zu verhindern den einen der Nachbarn, daß er dem andern
Zur unschicklichen Zeit mache den Freundesbesuch.
Also unterminirt ist die Eintrachtsbrücke der beiden
Lande, das Friedenswerk ist der verkündigte Krieg.
(zitiert nach Sadlau/Schneider/Steckner, S. 106)

Der „Spielverderber“ Rückert sollte leider recht behalten. Nur wenige Jahre nach Einweihung der Eisenbahnbrücke war er da, der Krieg zwischen Deutschland und Frankreich. Zwei weitere sollten innerhalb der nächsten nicht einmal 70 Jahre folgen. Beide Kehler Brücken wurden dabei immer wieder zerstört. Zum ersten Mal 1870, dann erneut im Zweiten Weltkrieg. Die Fundamente sind noch heute zwischen der neuen Eisenbahnbrücke und der neuen Straßenbrücke zu sehen. Auf der alten Straßenbrücke hat René Schickele oft gestanden. Er konnte sie nicht überqueren,

Die Straßburger Seite der 1897 fertiggestellten Straßenbrücke

ohne dabei an den schrecklichen Ersten Weltkrieg zu denken, den seine Generation erlebt hatte:

Hier habe ich mich freigeschwommen als Junge, zum erstenmal mit einer leibhaftigen Frau gebadet, als es dämmerte im Juli, und mein erstes Gedicht – fabelhaft! – plötzlich am Weg gefunden. Einen ganzen westeuropäischen Kongreß für die Sicherung des Weltfriedens habe ich hier in die Schwemme geführt, jemand sprach von „unserem Ganges…“; paar Jahre darauf rückten die Menschenfreunde einander mit Donnerbüchsen auf den Leib. In der Mitte des Stroms, es war Hochwasser, und die Schnellen verwirbelten sich, fiel den Ernst Stadler ein Krampf an, wir nahmen ihn zwischen uns, brachten ihn, zwei Kilometer tiefer, ans Ufer. Dann schossen sie ihn bei Ypern tot… (Schickele, Bd. 3, S. 494)

Als der Krieg vorbei war, wurden die in Straßburg lebenden Deutschen – es waren etwa 40.000 – von den französischen Siegern ausgewiesen. Sie mussten sich hier an der Kehler Brücke versammeln, wo sie unter Spottrufen von Einheimischen „ausgetrieben“ wurden. Döblin hat die Szene in „November 1918“ so beschrieben:

Hier zog der alte Rheinstrom, breit und flach. Sein Wasser offen. Zwei starke Brücken verbanden die Ufer, der Weg herüber war nicht weit. Aber jetzt sah man den Eingang zur Fußgängerbrücke nicht. Die ganze Zugangsstraße war von einer Menschenmasse belagert, die sich besonders in der Nähe der Brücke schwarz ballte. Mühsam wurde ein enges Spalier aufrechterhalten, um einen Durchgang zu schaffen. In der Gasse sah man ein paar Menschen sich bewegen. Es waren die Altdeutschen, die man austrieb, und die zu Fuß nach Kehl gingen. (Döblin, S. 343)

Nicht alle Elsässer begegneten den Deutschen damals mit Verachtung, auch wenn die vorangegangenen Jahre dazu so manchen Anlass gegeben hatten. Viele halfen ihren deutschen Freunden in den schweren Jahren nach dem militärischen Zusammenbruch. Einer von ihnen war Albert Schweitzer, der Lebensmittel über den Rhein schaffte, die es auf der deutschen Seite nicht mehr gab:

In der Zeit des Waffenstillstandes und in den beiden auf ihn folgenden Jahren war ich eine den Zollbeamten der Rheinbrücke wohlbekannte Persönlichkeit, weil ich gar manchmal mit einem Rucksack voll Lebensmittel nach Kehl wanderte, um von dort aus hungernden Freunden in Deutschland etwas zukommen zu lassen. (Schweitzer, Bd. 1, S. 192)

Wenige Jahre später gab es wieder Anlass für die Elsässer, den Deutschen zu helfen. Nach Hitlers Wahlsieg vom März 1933 flüchteten viele Tausende über Straßburg nach Frankreich. Die Grenzer beschränkten sich darauf, Listen anzufertigen, die bis heute erhalten geblieben sind. Darauf sind auch die Namen der Schriftsteller Thomas und Heinrich Mann zu finden, die hier die Grenze zu Frankreich überschritten haben. Einige Straßburger Publizisten waren bemüht, den Flüchtlingen rasch Arbeit als Journalisten zu verschaffen.

Die Hilfe wurde von Seiten Nazi-Deutschlands schlecht belohnt. Am 28. März 1933 wurde auf der Kehler Seite der Rheinbrücke ein großes Schild aufgestellt. Es war eine „Schwarze Liste", die die Namen elsässischer „Verräter" nannte und diese vor einem Aufenthalt in Deutschland warnte, darunter Jean Knittel von den „Dernières Nouvelles de Strasbourg" (siehe Seite 97f.) sowie Lucien Minck und Frédéric Hecker von der „République" (siehe Seite 131f.).

Ein weiterer, noch schrecklicherer Krieg musste kommen, bevor Victor Hugos Vision von einem vereinten Europa endlich konkrete Formen anzunehmen begann. Die ersten Ansätze in den fünfziger Jahren waren noch bescheiden, und doch änderte sich schlagartig die eben noch durch den Krieg vergiftete Atmosphäre. Wolfgang Koeppen hat die Vorboten dieser „europäischen Réveille" registriert, als er nach dem Krieg über die wieder aufgebaute Kehler Brücke fuhr:

Paßkontrolleure und Zöllner näherten sich freundlich der motorisierten Invasion, atmeten leichthin, lächelten entschuldigend für ihr zurückgebliebenes Tun, sie hatten die Mär vom vereinten Europa vernommen, sie hatten Verordnungen über den Gemeinsamen Markt empfangen, sie dachten vielleicht an die bedrohte oder strahlende Zukunft, vergessen waren alle Toten diesseits und jenseits des Rheins, und die Schranken bäumten sich auf wie steife alte Zöpfe. Die Kehler Brücke knüpfte sicher das Band der Montanunion. Auf dem Wasser glitten kohlebeladene Kähne von Zeche zu Zeche, von unabgetragener zu getürmter Halde, stromauf- und stromabwärts, wie ein zwischen den Nachbarn hin- und hergeschobener Schwarzer Peter… (Koeppen, S. 8f.)

Vor dem Bahnhof

Wir gehen nun über die Brücke hinüber auf die deutsche Seite. Rechts führt die Hauptstraße in die Kehler Innenstadt, links liegt der Bahnhof, dem wir uns nun zuwenden. Barbara Honigmann hat den Bahnhof von Kehl zu einem der Schauplätze ihrer Erzählung „Soharas Reise“ aus dem Jahr 1996 gemacht. Ihre Heldin Sohara holt hier regelmäßig ihren Mann Simon vom Zug ab, einen unsympathischen Haustyrannen und Betrüger obendrein, von dem sie sich am Ende in einer spektakulären Aktion emanzipiert:

In den letzten Jahren rief Simon manchmal an und sagte, er sei auf der Durchreise mit dem Zug, in Kehl, ich solle rasch mit den Kindern zum Bahnhof hinüberkommen, damit wir uns sehen könnten (…). Dann stand Simon in der Bahnhofshalle, neben dem Zeitungskiosk, wir stellten uns um ihn herum auf, da hielt er hof wie der Sonnenkönig (…). Auf den Bahnsteig begleiten durften wir ihn nie. Wir haben dann wieder kehrtgemacht und sind zu Fuß über die Rheinbrücke zurückmarschiert, auf der immer so viel Wind weht… (Honigmann, Soharas Reise, S. 9f.)

Der moderne Zweckbau des Bahnhofs von 1966 lässt kaum erahnen, dass man hier auf einem historisch bedeutsamen Platz steht. Vom 17. bis zum 19. Jahrhundert befand sich etwa an dieser Stelle die nach Plänen des französischen Festungsbaumeisters Vauban in den Jahren 1680–88 errichtete „Veste Kehl“. Sie machte aus Kehl eine Soldatenstadt –

und ein häufiges Ziel militärischer Angriffe. Wer sich eine Vorstellung davon machen will, dem sei ein Besuch des „Parc de la Citadelle“ im Straßburger Stadtteil Esplanade empfohlen. Dort befinden sich die Reste der Straßburger Zitadelle, die zur selben Zeit und vom selben Architekten erbaut worden ist wie ihr Kehler Pendant. In Kehl dagegen erinnert nur noch eine Hand voll erst kürzlich ausgegrabener Quader an dieses Bauwerk. Sie sind, zum Denkmal aufgeschichtet und mit einer erläuternden Inschrift versehen, auf der gegenüberliegenden Seite des Platzes zu „bestaunen“, wo die Kehler Hauptstraße ihren Anfang nimmt. Mit keinem Wort wird jedoch auf der besagten Gedenktafel erwähnt, welche Rolle die Kehler Zitadelle für die Literatur gespielt hat. Tragen wir also diese Geschichte nach.

Nachdem sich das Verhältnis zwischen Österreich und Frankreich entspannt hatte, zogen die Soldaten ab und dafür Metzger, Bäcker und Wirte ein. 1780 allerdings mussten sie wieder neuen Mietern weichen. Ausländer waren es, schlimmer noch: Franzosen. Die Kehler waren sehr misstrauisch, zumal ihr Straßburger Bischof Louis de Rohan sie in einem Hirtenbrief ausdrücklich vor diesen Leuten gewarnt hatte. Was also wollte dieses Volk hier in Kehl?

Es waren keine Soldaten, sondern die etwa 200 Arbeiter einer Druckerei, die sich mit ihren Ehepartnern und Kindern in der Zitadelle einrichteten, eine große „Drucker-WG“ sozusagen (zum Vergleich: Kehl hatte damals nur 2.300 Einwohner). Ihr Brötchengeber war die „Société Littéraire et Typographique“, die elf Jahre lang existieren sollte, bis in die Zeit der Französischen Revolution hinein. Sie gehörte keinem geringerem als dem französischen Schriftsteller Pierre Augustin Caron, besser bekannt unter seinem Autorennamen Beaumarchais (1732–99). Die Leitung übernahm zunächst ein gewisser Le Tellier, später abgelöst von De la Hogue.

Es war ein frühindustrielles Unternehmen, das hier in Kehl entstand, mit weit verzweigten Handelsbeziehungen. Die Drucklettern etwa stammten aus Großbritannien und wurden noch bis in die zwanziger Jahre des 20. Jahrhunderts von der Straßburger Druckerei Berger-Levrault benutzt. Das Papier kam aus den Vogesen und aus Holland, wo Beaumarchais jeweils eine eigene Papierfabrik gekauft hatte. Man sieht: Die so genannte „Globalisierung“ ist gar kein so neues Phänomen.

Die „Französische Druckerei“, wie sie schon bald genannt wurde, entwickelte sich rasch zu einem Musterbetrieb, der zahlreiche prominente und literarisch interessierte Besucher anzog, unter ihnen Prinz Heinrich von Preußen, Herzog Karl Eugen von Württemberg und Erzherzog Ferdinand von Österreich. Besonders ausführlich wurde die Druckerei von Johann Heinrich Campe (1746–1818) gewürdigt. Der Theologe und Jugendschriftsteller hat den „Franzosen von Kehl“ 1785 auf seiner Reise durch Deutschland und die Schweiz einen Besuch abgestattet und spart in seinem Bericht nicht mit Superlativen:

Diese einzige Fabrik in ihrer Art ist in der eigentlichen ehemaligen Citadelle angelegt und füllt die sämtlichen Gebäude derselben an (...). Etwas Prächtigeres und Vollendeteres ist, glaube ich, in dieser Art wohl noch nie gesehen worden. Pergament, so weiß wie Schnee, Buchstaben, so scharf und zierlich, als wären sie in Kupfer gestochen, und eine Druckerschwärze, gegen welche die andere beste Schwärze nur grau zu seyn scheint! (zitiert nach Einstein-Gymnasium, S. 41f.)

Die Produkte der „Französischen Druckerei“ in Kehl wurden auch auf der schon damals bedeutenden Leipziger Messe vorgestellt. Zwei davon erregten besonderes Aufsehen. Es handelte sich um die gesammelten Werke der in Frankreich damals teilweise verbotenen Aufklärer Rousseau und Voltaire. Markgraf Karl-Friedrich von Baden, der mit Voltaire befreundet war, hatte zuvor seine Einwilligung gegeben, die kritischen Denker im badischen Kehl zu verlegen.

Die Kehler Rousseau-Ausgabe umfasste schließlich 32 Bände, die der Werke Voltaires sogar 72. Damit ist sie auch heute noch eine der umfangreichsten Voltaire-Ausgaben, die je hergestellt wurde. Allein die Briefe füllen 20 Bände! Darin enthalten ist die erstmals vollständig abgedruckte

Modell der Kehler Zitadelle (Musée Historique, Strasbourg)

Korrespondenz Voltaires mit dem Preußenkönig Friedrich II., mit der russischen Zarin Katharina II., mit dem französischen Auklärer d'Alembert und mit anderen prominenten Zeitgenossen. Weitere Erstveröffentlichungen kommen hinzu, z. B. Voltaires Memoiren („Mémoires pour servir à la vie de M. Voltaire"). Jeder Band ist mit einer Einleitung, einem genauen Inhaltsverzeichnis und Anmerkungen versehen, die häufig von Beaumarchais selbst stammen. Hinzu kommt ein ausführliches Register, das weitere zwei Bände füllt.

Nach der Fertigstellung der Bände begann eine der frechsten Schmuggelaktionen der Literaturgeschichte. In große Ballen verpackt, wurden die Bücher über den Rhein nach Straßburg und von dort weiter nach Paris gebracht. Allein 1786 fertigte der französische Grenzposten 45 Tonnen Papier ab, das in nur sechs Wochen die Brücke passierte. Und dies war erst der Anfang. Doch da die Ladungen als Transitgut deklariert waren, durften sie nach dem damaligen Recht nicht von der Polizei geöffnet werden.

Wirtschaftlich gesehen war das Kehler Projekt dennoch ein riesiger Flop, der Beaumarchais völlig ruinierte. Für die Voltaire-Ausgabe, Beaumarchais' ehrgeizigstes und teuerstes Produkt, interessierten sich gerade mal 2000 Subskribenten in ganz Europa. Als das Pariser Haus von Beaumarchais nach dessen Verhaftung im Jahr 1792 von Revolutionären gestürmt und geplündert wurde, fand man seinen ganzen Keller voll von unverkauften „Voltaires“. Heute erinnert nichts mehr an diese „goldenen Jahre“ Kehls, kein Denkmal, kein Straßenname. Nur von 1945 bis 1953 gab es im damals französisch verwalteten Kehl eine „Rue Beaumarchais“. Heute heißt sie wieder „Schulstraße“.

Beaumarchais’ „Französische Druckerei“ zog auch noch einen anderen Unternehmer nach Kehl: den deutschen Verleger Johann Gottlieb Müller. Ab 1782 betrieb er in der Stadt eine „Deutsche Druckerei“, die mit ihren gerade mal 20 Mitarbeitern allerdings Beaumarchais keine Konkurrenz machen konnte und wohl auch nicht wollte. Im Unterschied zu diesem druckte Müller nämlich ausschließlich deutsche Bücher und Zeitschriften.

Dazu gehörten das auch in Straßburg sehr populäre Magazin „Oberrheinische Mannigfaltigkeiten“ (1781–84), die „Jugendzeitung“ (1783) und das „Magazin für Frauenzimmer“ (1782–88). Bezeichnenderweise wurde Letzteres von einem Mann gestaltet, dem Tübinger Professor David Christoph Seyboldt. 1785 wurde es von dem Straßburger Frédéric Saltzmann übernommen (siehe Seite 103f.). Die Zeitschrift war in Deutschland immerhin so bekannt, dass die Schriftstellerin und engagierte Frauenrechtlerin Sophie de la Roche (1730–1807) es für nötig erachtete, ein „Gegenprojekt“ zu starten: die „Pomona“ (1783). Gleich ihr erster Artikel enthält einen Seitenhieb auf die Kehler Konkurrenz:

Das Magazin für Frauenzimmer (...) zeigt meinen Leserinnen, was deutsche Männer uns nützlich und gefällig achten. Pomona wird ihnen sagen, was ich als Frau dafür halte. (zitiert nach Ortenau, Jg. 52, 1972, S. 198)

Wie Beaumarchais war auch Müller literarisch engagiert. So erschien bei ihm 1783 ein Druck von „Das wundertätige Kruzifix“ des bekannten Publizisten und Frauenhelden Christian Schubart (1739–1791), der damals wegen seines Eintretens für eine freiere Gesellschaftsordnung in der Festung Hohenasperg eingekerkert war. Es folgte eine deutsche Übersetzung von Beaumarchais’ „Les noces du Figaro“ (1785), sozusagen eine „Hommage“ an den französischen Kollegen in Kehl.

Auch aus der Region stammende Dichter wurden gedruckt. 1789 erschien in Kehl eine Ausgabe der Gedichte von Gottfried Jakob Schaller (1762–1831), einem elsässischen Pfarrer und Anhänger der Revolution. Noch im selben Jahr folgte ein Gedichtband von Johann Christian Schäffer (1753–1833), einem gebürtigen Kehler, der später als Antiquar in Hamburg lebte.

Wahrscheinlich wurde bei Müller auch die Farce „Götter, Helden und Wieland" gedruckt, deren Autor kein geringerer als Goethe war. 1773 hatte er den Text an seinen damaligen „Noch-Freund" Lenz in Straßburg geschickt, den dieser im Jahr darauf in Kehl drucken ließ. Darin verspottete Goethe aufs Schärfste seinen Kollegen Martin Wieland, der kurze Zeit später in Weimar sein Nachbar werden sollte. Wieland verhielt sich übrigens hervorragend, er empfahl sogar ausdrücklich die Lektüre, was Goethe nicht wenig beschämte. Später, als Wieland bereits sein Freund geworden war, versuchte er sich damit herauszureden, er habe die Veröffentlichung eigentlich ja gar nicht gewollt. Alle Verantwortung lastete er stattdessen dem armen Lenz an:

Wir sahen Wielanden (...) als Kritiker, launisch, einseitig und ungerecht (...). Diese Beschwerden hatten wir kaum in unserer kleinen Sozietät leidenschaftlich durchgesprochen, als die gewöhnliche Wut alles zu dramatisieren mich eines Sonntags Nachmittags anwandelte, und ich bei einer Flasche guten Burgunders, das ganze Stück wie es jetzt daliegt, in einer Sitzung niederschrieb. Es war nicht sobald meinen gegenwärtigen Mitgenossen vorgelesen und von ihnen mit großem Jubel aufgenommen worden, als ich die Handschrift an Lenz nach Straßburg schickte, welcher gleichfalls davon entzückt schien und behauptete, es müsse auf der Stelle gedruckt werden (...). Erst lange nachher erfuhr ich, daß dieses einer von Lenzens ersten Schritten gewesen, wodurch er mir zu schaden und mich beim Publikum in üblen Ruf zu setzen die Absicht hatte... (Goethe, Bd. 14, S. 706f.)

Wie gesagt, von der Zitadelle ist heute bis auf das schlichte Denkmal nichts mehr zu sehen. Nach dem Pariser Frieden von 1814 wurde sie vertragsgemäß geschleift. 1838 jedoch hätte Kehl fast einen „zweiten Frühling“ als Druckereistandort erlebt, aber leider eben nur fast. Der mittlerweile in Paris lebende Schriftsteller Heinrich Heine plante nämlich, eine französische Zeitung in deutscher Sprache und für deutsche Leser herauszugeben, die er „(Deutsche) Pariser Zeitung“ nennen wollte. Sie sollte in Paris geschrieben und in Deutschland gedruckt werden. Seinem potentiellen Partner, dem Schauspieler und Schriftsteller August Lewald (1792–1871), schlug er Kehl als Standort vor und malte ihm das rege Treiben bereits in bunten Farben aus:

Da würden eben, wie überhaupt für jeden Fall, die redigierte ausländische Parthie des Journals, nemlich faits du jour, die Tages-Korrespondenzen und Briefe aus England und dem Westen, um 6 Uhr Nachmittags von hier mit der Post abgehen (welche günstige Stunde!!) nach Straßburg, wo jemand das Paquet gleich von der Post abholt und nach Kehl hinüber nach der Druckerey trägt, wo sie in die schon zum Theil mit deutschen Nachrichten und sonstigen stehenden Füllartikeln begonnene Zeitung hineingedruckt werden, so daß diese, wenn die Post von Kehl abgeht (was erst spät, da sie in Straßburg gewiß eine geraume Zeit verweilt), gleich nach Deutschland weiter expidiert werden kann. (Heine, Bd. VI/2, S. 441)

Leider scheiterte das Projekt Heines. So entstand an der Stelle der Zitadelle keine neue Druckerei, sondern ein Bahnhof, der die Reisenden an Kehl eher vorbeiführt, statt sie an die Stadt heranzuführen. Als René Schickele nach dem Ersten Weltkrieg mit der Bahn aus der Schweiz über Kehl ins nun wieder französische Straßburg fuhr, war auch er nur ein Durchreisender. Das Wiedersehen mit der fremd gewordenen Heimat weckte in ihm ambivalente Gefühle:

Ich lasse mich westwärts treiben in einem Züglein, das ferienhaft bummelt, durch das gesegnete Hanauer Land, wo auf Höfen, blank wie ein Tischtuch am Sonntag, hohe, schmalgeschnittene Bauern sitzen, ich fahre durch den Vorgarten des Elsaß, aber mir ist bang zumut. (Schickele, Bd. 3, S. 494)

Der Kehler Bahnhof um 1862

Nach dem Wahlsieg Hitlers im März 1933 flüchteten zahlreiche Deutsche über Kehl nach Frankreich, nicht wenige mit der Eisenbahn. Nach dem „Anschluss" Österrreichs im Jahr 1938 kam es zu einer neuen Fluchtwelle. Einer von denen, die damals in Frankreich Asyl suchten, war Sigmund Freud, ohne dessen psycholanalytische Schriften die Literatur des 20. Jahrhunderts wohl anders ausgesehen hätte. An seine sicher sehr hastige Durchreise durch Kehl erinnert heute eine Gedenktafel in der Wartehalle des Bahnhofs.

Von den neuen Nazi-Machthabern wurde der Bahnhofsvorplatz „Schlageter-Platz" getauft. Schlageter gehörte zu jenen so genannten „Freicorps"-Soldaten, die nach dem Ende des Ersten Weltkriegs nichts Besseres zu tun hatten, als den Krieg gegen Frankreich fortzusetzen, nun aber im eigenen Land, genauer gesagt, im französisch besetzten Ruhrgebiet. Wegen der von ihm begangenen terroristischen Anschläge wurde er zum Tode verurteilt und erschossen. Das „nationale" Deutschland hatte damit seinen Märtyrer.

Der militante Nationalist Schlageter wurde in den dreißiger Jahren zu einer Kultfigur der extremen Rechten, und die Literatur half dabei kräftig mit. Den Anfang machte Heinz Kükelhans (1902–1946), der zur Gruppe Schlageter gehört hatte und in seiner Autobiographie „Erdenbruder auf Zickzackkurs" (1931) davon berichtete. 1933 legte Hanns Johst (1890–1978) mit seinem Stück „Schlageter" nach. Noch im selben Jahr wurde es in über 1000 Städten Deutschlands uraufgeführt, darunter auch in Kehl. Damit begann der steile Aufstieg des ehemaligen Expressionisten zum viel geehrten „Staatsdichter“ und Kulturfunktionär des Dritten Reiches.

Entlang der Hauptstraße

In seinen „Briefen eines reisenden Deutschen“ von 1785 bezeichnete der Reiseschriftsteller Theophil Friedrich Ehrmann Kehl als einen „dreifachen Ort“, bestehend aus der „Veste“, dem „Dorf“ und der „Stadt Kehl“. Letzterem Teil wenden wir uns nun zu. Vom Bahnhof führt eine Unterführung auf die andere Seite der Straßburger Straße, heute die verkehrsreichste Straße Kehls. Drüben angekommen, setzen wir unseren Spaziergang auf der „alten“ Hauptstraße fort, die in ihrem Kernstück heute eine friedliche Fußgängerzone ist, die Lebensader der „Stadt Kehl“.

Alte Häuser gibt es hier nur wenige zu sehen, und das hat seinen Grund. Allein in den letzten dreihundert Jahren wurde Kehl in 14 verschiedenen Kriegen zerstört und wechselte dabei siebenmal den Besitzer. Kein Wunder, dass die Stadt sich nur langsam entwickelt hat. Selbst in der Zeit von Beaumarchais' Druckerei erschien sie Campe als ein „höchst unbedeutender Ort“. Noch deutlicher wurde Moritz August von Thümmel (1738–1817). Der einst bekannte deutsche Reiseschriftsteller kam 1774 auf seinem Weg in die „mittäglichen Provinzen Frankreichs“ auch durch Kehl. 1791 veröffentlichte er den ersten Teil seines Berichts, in dem er Kehl als einen Ort des Schmuggels und der Prostitution schildert. So manchen Kehler mag dies noch heute ärgern:

Dieser kleine Ort steht diesseits und jenseits des Rheins in einem etwas zweideutigen Rufe, der ihm übrigens gleich einer hübschen Dirne, ohne daß die Liebhaber sich durch ihr bescheidenes unschuldiges Gesicht irre machen lassen, vortrefflich zu seinem Gewerbe dient.
An diesem Gränzort zweyer Reiche lauschet

Der Contreband, und wälzt den wachsenden Gewinn
Verbotnen Tands, den es von Einem tauschet,
Für gleichen Tand dem Andern hin… (Thümmel, Bd. 1, S. 24)

Von der Stadt, die Campe und Thümmel kannten, ist heute nichts mehr zu sehen. Während der Revolutionskriege wurde Kehl mehrmals so gründlich zerstört, dass buchstäblich kein Stein auf dem andern blieb. An zwei dieser Schlachten erinnert sich bei seinem Kehl-Besuch Julien Sorel. Er ist der etwas zweifelhafte Held des Romans „Le rouge et le noir", den der französische Romancier Stendhal 1830 veröffentlichte. Stendhal hieß eigentlich Frédéric Beyle (1783 – 1842). Als Bediensteter der napoleonischen Militärverwaltung hielt er sich mehrere Jahre in Deutschland auf. Vielleicht stieß er dabei auf den Namen des mitteldeutschen Städtchens Stendal (ohne „h"), das er zu seinem Pseudonym wählte.

Die Schlachten, auf die Stendhal im folgenden Textauszug anspielt, waren so ruhmreich übrigens nicht. Der französische General Desaix erlitt hier 1793 eine schwere Niederlage gegen die Österreicher. Sein Kollege St. Cyr blieb 1799 zwar Sieger, konnte aber Kehl für Frankreich dennoch nicht halten. Aber Juliens Besichtigung der Schlachtfelder von Kehl hat ohnehin weniger patriotische als vielmehr „therapeutische" Gründe: Er leidet unter heftigem Liebeskummer. Und da ist eben jede Ablenkung willkommen. Übrigens: Die folgende Übersetzung des Romans „Rot und Schwarz" stammt von dem Schriftsteller Otto Flake (siehe Seite 89):

Gezwungen, acht Tage in Straßburg zuzubringen, suchte Julien Zerstreuung in den Vorstellungen von Soldatenruhm und Hingabe ans Vaterland. War er denn verliebt? Er wußte es nicht (…). Er durchschweifte zu Pferd niedergedrückt die Gegend von Kehl; das ist ein Flecken am Rhein, den Desaix und Gouvion Saint Cyr unsterblich gemacht haben. Ein deutscher Bauer zeigte ihm die kleinen Zuflüsse, Pfade und Inseln des Rheins, wo die beiden großen Generäle ihren Mut bewiesen hatten. Sein Pferd mit der Linken führend, hielt Julien mit der Rechten die prächtige Karte ausgebreitet, die die Denkwürdigkeiten des Marschals Saint Cyr schmückt. (Stendhal, S. 461f.)

Nach dem Pariser Friedensschluss begann – wieder einmal – der Aufbau Kehls. Von dieser Bauphase blieben wenigstens einige Gebäude erhalten, so zum Beispiel das klassizistische „Weinbrennerhaus“ in der Hauptstraße Nr. 22. Es entstand in den Jahren 1816–19. Möglich, dass der französische Romantiker Gérard de Nerval es bei seinem Kehl-Besuch im Jahr 1838 gesehen hat. Doch auch seine Erinnerungen klingen nicht gerade begeistert:

Wir haben den Rhein überquert; jetzt stehen wir auf dem deutschen Ufer und vor dem deutschen Zoll. Noch hat sich nichts verändert; wir haben drüben Zöllner zurückgelassen, und hier stoßen wir auf neue; nur daß die von Frankreich Deutsch sprachen und die von Baden Französisch; das ist normal. Kehl ist auch eine kleine, durch und durch französische Stadt, wie alle Städte im Ausland nahe unserer Grenzen. Um eine deutsche Stadt zu sehen, müssen wir nach Straßburg zurückkehren. (Nerval, S. 64f.; Übers. S. W.)

Im deutsch-französischen Krieg hatte Kehl erneut Pech. Es war die einzige deutsche Stadt überhaupt, die von der französischen Artillerie zerstört wurde, dafür aber gründlich. Wieder wurde aufgebaut, diesmal im preußischen Stil. Dieses Kehl lernte auch René Schickele kennen. War die Stadt Nerval noch zu französisch, erschien sie ihm nun als zu deutsch. Als Schickele Kehl nach dem Waffenstillstand von 1918 besuchte, fand er allerdings eine von französischen Soldaten besetzte Stadt vor, darunter viele Nordafrikaner. In dem Essayband „Wir wollen nicht sterben!“ hat er sie beschrieben:

Kehl ist der alte Spucknapf geblieben. Wie kam diese märkische Amtsstadt an den Rhein? Aber sie hat Verdienste. Hierher flüchteten die Enziklopädisten mit ihren Büchern vor der Zensur.

Viel Soldaten in Horizontblau. Sie geben sich adrett und ahnungslos. Jeden Marokkaner grüße ich mit einem Lächeln, um für mein Teil gut zu machen, daß wir, das Kains-

volk der Weißen, die Unschuldigen in unsere Händel gezogen haben. Ihre Offiziere führen sagenhafte Gestalten in kurzen Haaren und kurzen Röcken spazieren. (Schickele, Bd. 3, S. 494)

1922, im selben Jahr, in dem Schickele seinen Text über den „Spucknapf" Kehl veröffentlichte, erschien auch ein Artikel des amerikanischen Schriftstellers Ernest Hemingway (1899 – 1966), in dem er seine Eindrücke von der „kleinen hässlichen Stadt Kehl" niederschrieb. Anders als Schickele interessierte er sich allerdings weniger für die Soldaten, als vielmehr für die Leiden der „kleinen Leute" in der so genannten „Inflationszeit":

Unseren ersten Einkauf machten wir an einem Obststand am Rand der Kehler Hauptstraße, wo eine alte Frau Äpfel, Pfirsiche und Pflaumen verkaufte. Wir suchten uns fünf sehr schöne Äpfel heraus und gaben der alten Frau einen Fünfzig-Mark-Schein. Sie gab uns achtunddreißig Mark heraus. Ein sehr freundlich aussehender alter Herr mit weißem Bart sah uns die Äpfel kaufen und zog seinen Hut. „Entschuldigen Sie, mein Herr", sagte er ziemlich schüchtern auf Deutsch, „wieviel haben die Äpfel gekostet?" Ich zählte das Wechselgeld ab und sagte: „Zwölf Mark." Er lächelte und schüttelte den Kopf. „Das kann ich nicht bezahlen. Es ist zuviel." (zitiert nach Baden-Württemberg, Jg. 3, 1984, S. 15)

Die französischen Soldaten, die Schickele beschrieben hat, zogen 1930 ab. Doch bald schon tauchten neue Uniformen in Kehl auf, die der SA. Nach der Ernennung Hitlers zum Reichskanzler veranstaltete sie einen Fackelzug durch die Kehler Hauptstraße, die schon bald den Namen „Adolf-Hitler-Straße" bekommen sollte. Doch auch die Kommunisten hatten Anhänger in Kehl. Gleich am nächsten Tag organisierten sie einen Gegen-Umzug durch dieselbe Straße. Später wurden sie zunehmend in den Untergrund abgedrängt. Etwa ein Jahr lang jedoch existierten verschiedene Widerstandsgruppen, die u. a. von in Straßburg lebenden deutschen Emigranten mit Material versorgt wurden (siehe Seite 121).

Einer dieser Emigranten wurde allerdings bei seinem ersten Straßburg-Aufenthalt im Februar 1933 nach Kehl ausgewiesen: Heinrich Brandler (1881 – 1967). Er war einer der führenden KPD-Funktionäre gewesen, bis zu seinem Ausschluss aus der Partei 1928 wegen „trotzkistischer Tendenzen". Zusammen mit August Thalheimer gründete er daraufhin die KPD-O, zu deren Mitgliedern u. a. der spätere Literaturwissenschaftler Hans Mayer gehörte (siehe Seite 70).

Alle drei, Brandler, Thalheimer und Mayer, tauchten im Frühjahr 1933 in Straßburg auf, um den Schulterschluss mit der elsässischen KPO zu suchen. Dort wurde Brandler, der mit ungültigen Papieren eingereist war, am 31. Januar 1933 verhaftet und eine Woche später nach Kehl abgeschoben. Hueber, der Chef der elsässichen KPO begleitete ihn und lud ihn erst einmal zum Essen ein. Was Brandler damals nicht wusste: Die französische Geheimpolizei saß mit am Tisch. Später, als der Druck in Deutschland immer mehr zunahm, durfte Brandler dennoch wieder nach Frankreich zurückkehren.

Wir folgen der Hauptstraße weiter bis zum Marktplatz, auf dem regelmäßig ein hübscher Wochenmarkt stattfindet. Der Schriftsteller Ernst Glaeser (1902 – 63) scheint bis hierher nie vorgedrungen zu sein, sonst hätte er wohl kaum in seinem Roman „Das Gut im Elsass" von 1932 Kehl eine „lächerliche Stadt ohne Zentrum" genannt. Und ein Zentrum war der Marktplatz tatsächlich. Hier stand das Rathaus und die beiden Schulgebäude, die Kirche und – gleich um die Ecke – auch die Synagoge. Heute steht von allen diesen Gebäuden allerdings nur noch die Kirche.

Und die Literatur? Sie hatte nur einmal einen „großen" Auftritt auf dem Marktplatz, der allerdings vor allem eine große Peinlichkeit war. Nach der Berliner „Großveranstaltung" vom 10. Mai 1933 wollten nämlich auch die Kehler Nazis „ihre" Bücherverbrennung haben. Sechs Wochen später, am 26. Juni 1933, war es „endlich" so weit. Das Ereignis wurde in der gleichgeschalteten Presse Kehls, aber auch in der kritischen Presse von Straßburg „gewürdigt". Hier ein Auszug aus den „Straßburger Neuesten Nachrichten" (siehe Seite 97f.):

Einst schmückte sie die alte Eisenbahnbrücke: die „Mutter Kinzig" auf dem Marktplatz in Kehl.

In der Mitte des Marktplatzes wurde bereits am Samstagnachmittag ein riesiger Scheiterhaufen errichtet, der aus Reisig, Bretterabschnitten und altem Papier bestand. Sechs mit Hakenkreuzen auf weißem Feld geschmückte Fahnen „zierten" den Ort der Handlung (. . .), als gegen halb neun bei strömendem Regen die (...) Kehler Jugend zur Feier der Sonnenwende und des Jugendfestes anrückte (. . .). Unter Trommelwirbel zogen sie heran: kleine Knirpse im Alter von 6 bis 8 Jahren (. . .). Herr Dr. Bauer, der Vorsitzende des Kehler Stadtausschusses für Leibesübungen, sprach von der Erhaltung der deutschen Jugend und des deutschen Geistes, worauf die Jugend aufgefordert wurde, Bücher von undeutschem Geist der Flamme zu überantworten. (zitiert nach Stüwe, S. 43f.)

Unter den Autoren, deren Bücher hier und in anderen deutschen Städten verbrannt wurden, waren auch etliche, denen wir bereits in Straßburg begegnet sind: Alfred Döblin zum Beispiel, der der Straßburger „Räterepublik“ ein literarisches Denkmal gesetzt hat. Ferner Stefan Zweig, der über die Straßburg-Aufenthalte von Erasmus von Rotterdam, Marie Antoinette und Rouget de Lisle geschrieben hat. Natürlich auch Carl von Ossietzky, für dessen Freilassung aus dem Konzentrationslager der Straßburg-Emigrant Berthold Jacob sich so sehr eingesetzt hat. Ebenso Lion Feuchtwanger, der jenen Berthold Jaocob in seinem Exil-Roman zu „ewigem Leben“ verholfen hat. Und sogar Kasimir Edschmid, der ja nun wirklich der Letzte war, der den Nazis hätte gefährlich werden können.

Rund um die Stadthalle

An der Nordwestseite des Marktplatzes verläuft die Blumenstraße, die in Richtung Südwesten hinunter zum „Rosengarten“ führt. In den dreißiger Jahren trug dieser den weniger lyrischen, dafür aber markigeren Namen „Hindenburgplatz“, benannt nach dem kaiserlichen Feldmarschall und späteren Reichspräsidenten, der 1933 Adolf Hitler zum Kanzler ernannte. Als Hindenburg 1934 starb, veröffentlichte der in Straßburg lebende deutsche Journalist Berthold Jacob im Verlag von Lucien Minck ein bitterböses Buch mit dem Titel „Die Hindenburg-Legende“, in dem er mit dem „Mythos“ radikal aufräumte (siehe Seite 131).

Wir wenden uns nun nach links und gehen die Jahnstraße hinunter, die Verlängerung der Hermann-Dietrich-Straße, die während des Dritten Reiches „Horst-Wessel-Ring“ hieß, zur Erinnerung an den „SA-Dichter“ von „Die Fahne hoch“. Neben dem Deutschlandlied war dieses so genannte „Horst-Wessel-Lied“ so etwas wie die „zweite Nationalhymne“ von Nazideutschland.

Nicht gerade die Werke Horst Wessels, dafür aber viele Bücher der 1933 auf dem Kehler Marktplatz verbrannten Autoren findet man in der Kehler Stadtbibliothek. Sie befindet sich in der Marktstraße Nr. 9, dem letzten Eckhaus auf der rechten Seite vor der Kreuzung. Bis in die achtziger Jahre befand sich hier das Offizierskasino der französischen Garnison von Kehl. Dort biegen wir nach rechts und gehen bis zum Altrhein hinunter, einst ein Seitenarm des Rheins, bis zu dessen Begradigung im 19. Jahrhundert. Heute vergnügen sich Enten und Tretbootfahrer auf dem nun stehenden Gewässer.

Das Wohnviertel auf der anderen Seite des Altrheins heißt „Insel“. Bis zur Rheinbegradigung war es tatsächlich eine Rheininsel. Seine Straßen sind nach den Gestalten des mittelalterlichen Nibelungenliedes benannt: Gunther, Hagen, Siegfried, Dankwart, Hildebrand, Kriemhild, Rüdiger, Etzel, Gerenot, Giselher, Brunhild. Tatsächlich kamen die Nibelungen ja vom Rhein, allerdings nicht aus Kehl, sondern dem ein paar hundert Kilometer weiter nördlich gelegenen Worms. Trotzdem: Schon René Schickele fand, dass die Nibelungen „eigentlich“ hierher gehören:

Hier ist er noch der Rhein der Nibelungen, düster selbst an Abenden, wo er den ganzen Goldschatz des Sonnenuntergangs in seinen Fluten wälzt.

Er strömt in großartiger Einsamkeit – Vergnügungsdampfer mit Wimpeln und Musik wären hier fehl am Ort. Dem fröhlichen Zecher bliebe der Rheinjodler in der Kehle stecken.

Seine Ufer sind Gefängnismauern. Dahinein hat man seinen Lauf gezwängt, aber jenseits der Mauern dehnen sich die Dschungeln der Altwasser, wahre Urwälder, und trotz aller Zuchthausvorrichtungen traut man ihm so wenig, daß drinnen im Land auch noch Wälle gegen ihn errichtet sind. (Schickele, Bd. 3, S. 565)

So richtig literarisch ging es auf der „Insel“ jedoch erst in den Jahren 1945–53 zu, als Kehl für kurze Zeit wieder mal französisch war. Die Germanen mussten damals französischen Klassikern weichen: „Ronsard“ und „Rabelais“, „Racine“ und „Molière“, „Descartes“ und „La Fontaine“ konnte man nun auf den Schildern lesen. Sie alle hatten mit Kehl natürlich nicht mehr zu tun als zuvor die Nibelungen.

Wir gehen nun zurück zur Stadtbibliothek und biegen nach rechts wieder in die Jahnstraße ein. Auf der linken Seite steht die Stadthalle, eine große Mehrzweckhalle für kulturelle Veranstaltungen aller Art. Sie ersetzte nach dem Zweiten Weltkrieg die alte Stadthalle auf der rechten Seite, von der nichts mehr zu sehen ist. Heute befindet sich dort ein Parkplatz.

In dieser ersten Stadthalle wurde 1933 die „Deutsche Bühne“ eingerichtet, die nach dem Willen Goebbels dem deutschen „Emigrantentheater“ aus Straßburg Konkurrenz machen sollte (siehe Seite 92). Sie wurde abwechselnd von den Truppen aus Karlsruhe und Baden-Baden bespielt.

Den Anfang machten die Karlsruher mit einer Inszenierung der „Hermannsschlacht“, dem sicher nicht besten, dafür aber sehr patriotischen Stück des deutschen „Klassikers“ Heinrich von Kleist (1777–1811). Eigentlich wurde dieser von den Nazis ja nicht sonderlich geschätzt. Der Kleist-Preis und die Kleist-Gesellschaft wurden von ihnen schon bald verboten. Aber die „Hermannsschlacht“ ließ sich eben propagandistisch ausbeuten, denn den Kampf zwischen Römern und Germanen hatte schon Kleist eindeutig auf den Konflikt zwischen Frankreich und Preußen bezogen. Hier an der deutsch-französischen Grenze des Jahres 1933/34 bekam diese Botschaft eine neue, brisante Aktualität. Unverhohlen wurde dem Nachbarn mit einem Revanche-Krieg gedroht, zu dem es bekanntlich wenige Jahre später auch kommen sollte. Dass Kleists Hermann alles andere als ein Held, sondern vielmehr eine recht problematische Figur war, interessierte die damaligen Theaterschaffenden natürlich wenig.

Fünf Jahre später, während des November-Pogroms von 1938, wurden die Kehler Juden an diesem Ort, an dem zuvor Kleist gespielt worden war, einen Tag und eine Nacht lang eingesperrt und auf so ungeheuerliche Weise misshandelt, wie es sogar im damaligen Deutschland ungewöhnlich war. Von jungen, kräftigen Männern wurden sie stündlich „gezüchtigt“, d. h. blutig geschlagen. Dazwischen wurden sie durch die Stadt getrieben und man zwang sie, sich gegenseitig anzuspucken und Nazi-Parolen zu brüllen. Der

Vorplatz soll damals voller Schaulustiger gewesen sein. Etliche Schulklassen bekamen sogar unterrichtsfrei, um dem „Spektakel" beiwohnen zu können.

Ein nach dem Krieg angestrengter Prozess wurde nach kurzer Dauer eingestellt. Von den über 20 an den Ausschreitungen beteiligten Deutschen und Österreichern wurden nur zwei – es waren Kehler – zu geringen Haftstrafen verurteilt. Gegenüber, vor der neuen Stadthalle, steht zur Erinnerung immerhin ein kleines Mahnmal. Es besteht aus einer in der Mitte zerbrochenen Säule, in deren hektagonalen Querschnitt ein Davidsstern eingemeißelt ist. Doch die Inschrift erinnert mit keinem Wort an die Kehler Ereignisse vom November 1938. Sicher, das Denkmal drückt Trauer aus. Anklagen tut es nicht.

Rathausplatz

Die Jahnstraße mündet in die Großherzog-Friedrich-Straße. Hier wenden wir uns nach links. Nach etwa 150 Metern erreichen wir den Rathausplatz. Das Rathaus wurde auf

Der Kehler Rathausplatz mit dem Gasthaus „Zum Rehfus" (Aufnahme von 1930)

den Grundmauern einer Kaserne aus dem Jahr 1819 errichtet. Während der badischen Revolution von 1849 meuterten hier die Soldaten. Vielleicht waren sie in dem benachbarten „Gasthof Rehfus“ mit revolutionären Ideen in Berührung gekommen. Dort verkehrten nämlich Straßburger Studenten, die Propaganda für die Ideen der Revolution machten. Der Gasthof stand ungefähr an der Stelle, wo sich heute die Post befindet.

Die heutige Fassade des Rathauses stammt aus den Jahren 1921 – 23. Dreimal war das Rathaus seitdem Schauplatz wichtiger „Fusionen“. 1910 wurde hier die Vereinigung von Kehl-Stadt und Kehl-Dorf vollzogen, die genau hier, am Rathausplatz, aneinander grenzen. 1942 wurde im selben Bau der Anschluss Kehls an „Groß-Straßburg“ besiegelt. Der dann nach dem Krieg von Frankreich erhobene Anspruch auf Kehl wurde mit dieser Vereinigung begründet. Erst auf Druck der USA und Großbritanniens wurde die Forderung wieder fallen gelassen und Kehl „scheibchenweise“ an die junge Bundesrepublik übergeben. In den siebziger Jahren schließlich wurden zehn Nachbargemeinden an die nunmehr „Große Kreisstadt Kehl“ angeschlossen, wodurch sich deren Einwohnerzahl verdoppelte.

Linker Hand führt die Hauptstraße zurück auf den Marktplatz, wo man sich zum Abschluss einen Kaffee gönnen kann.

Wer will, kann zuvor noch einen kleinen Abstecher ins ehemalige „Dorf Kehl“ machen (ca. 15 Minuten). Wir überqueren hierzu den Rathausplatz in der Gegenrichtung und folgen der Hauptstraße stadtauswärts. Schlagartig verändert sich das Ortsbild: Der geometrische Grundriss der klassizistischen Garnisonsstadt weicht den gewundenen Pfaden eines typischen Straßendorfes.

Nach ein paar Minuten sehen wir auf der linken Seite das Haus mit der Nummer 108, in dem heute das Kreissozialamt untergebracht ist. Hier befand sich im 19. Jahrhundert ein Gasthof, in dem der Schriftsteller Johann Peter Hebel (1760 – 1826) bei seinen Kehl-Aufenthalten zu übernachten pflegte. Hebel gehörte ganz und gar der Welt des Oberrheins an. Im schweizerischen Basel aufgewachsen, verbrachte er den größten Teil seines Lebens im badischen Karlsruhe. Am liebsten hielt er sich aber in Straßburg auf, wo viele seiner Freunde wohnten. Seine Gedichte verfasste er in der Sprache, die Schweizer, Deutsche und „Franzosen“ in der Region damals am besten verstanden: das Alemannische. Seine „Alemannischen Gedichte“ (1803) waren es denn auch, die den Straßburger Georg Daniel Arnold dazu ermutigten, ein Stück im elsässischen Dialekt zu verfassen (siehe Seite 126).

Wir folgen weiter der Hauptstraße, von der nach wenigen Metern links die Friedhofsstraße abzweigt. Neben der Christuskirche befindet sich ein Haus aus dem Jahr 1863, für Kehler Verhältnisse ein stolzes Alter. Dort, in der Friedhofsstraße Nr. 5, befand sich einst eine Schule, die zusammen mit dem schräg gegenüberliegenden ehemaligen Rathaus und der Kirche das Zentrum von „Dorf Kehl“ bildete. Heute ist in dem Gebäude das „Hanauer Museum“ untergebracht, dessen ständige Ausstellung ebenso wie seine diversen Wechselausstellungen ganz der Geschichte Kehls gewidmet sind. Wer noch über genügend Energie verfügt, dem sei sein Besuch wärmstens empfohlen.

Literarische Exkursionen ins Umland

Das folgende Kapitel enthält vier Vorschläge für Exkursionen vor die Tore Straßburgs – für jede Himmelsrichtung eine. Alle Ziele sind mit dem Auto in maximal 45 Minuten zu erreichen. Wer Zeit und Energie mitbringt, dem sei allerdings empfohlen, die Ausflüge per Fahrrad zu machen. Verleihstationen der günstigen „City Bikes" gibt es u. a. am Bahnhof und bei den Touristenbüros (Syndicat d'Initiative). Übrigens sind alle Routen so angelegt, dass das Programm auch auf mehrere Tage und dementsprechend auf verschiedene Verkehrsmittel verteilt werden kann (z. B. mit dem Rad in die Straßburger Vororte, mit dem Auto zu den etwas weiter entfernten Zielen).

Rheinabwärts – die Nordroute

Wir beginnen unsere Tour am Place Sébastien-Brant, benannt nach dem berühmten Renaissance-Dichter (siehe Seite 129f.). Unser erstes Ziel ist das am Stadtrand gelegene Schloss Pourtalès. Man erreicht es mit dem Auto oder der Buslinie 15. An der Haltestelle „Lamproie" muss man allerdings aussteigen und das letzte Stück zu Fuß gehen. Am schönsten ist natürlich die Fahrt mit dem Fahrrad, die auch genügend Zeit lässt, um die kleinen Sehenswürdigkeiten zu betrachten, die am Wegesrand liegen.

Vom Place Sébastien-Brant folgen wir in nordöstlicher Richtung der Allée de la Robertsau, die in ihrem späteren Verlauf Avenue de l'Europe heißt. Sie ist ein breiter, eleganter Boulevard, an dem sich noble Gründerzeit-Villen aneinanderreihen. Heute sind dort die Konsulate und Ständigen Vertretungen der Länder untergebracht, die Mitglied des Europarates sind. Sitz dieser nicht sehr bekannten europäischen Organisation, zu der auch die meisten osteuropäischen Länder und die Türkei gehören, ist das „Palais de l'Europe", ein unübersehbarer, ziemlich wuchtig wirkender Bau aus den siebziger Jahren. Er liegt ganz am Ende dieser Straße auf der linken Seite, gleich gegenüber dem schönen „Parc de l'Orangerie". Hier ist schon Büchner mit seiner Wilhelmine „lustgewandelt". René Schickele war besonders von seinem Teich angetan. In seinem Roman „Blick auf die Vogesen" hat er ihn augenzwinkernd „gewürdigt":

Genaugenommen, war es ein Parkteich wie viele andre, mit flachen Ufern und einer Halbinsel, auf der Felsen künstlich zum Gebirge getürmt waren. Es gab den schummerigen Grottengang mit einem Fischbassin in der Felswand, hinter der Scheibe konnte man einige verschlafene Fische erkennen (...). Auf andern Parkteichen langweilten sich die üblichen zwei Schwäne entsetzlich... (Schickele, Blick auf die Vogesen, S. 144f.)

In diese Idylle brach über die Pfingstfeiertage des Jahres 1935 unversehens die große Politik ein. Damals fand im Pavillon der Orangerie die Eröffnungsveranstaltung zur „Ersten Internationalen Arbeitermusik- und Gesangsolympiade Europas" statt (siehe Seite 169). In Gegenwart von Hans Eisler, dem Präsidenten der Jury, erklang hier zum ersten Mal das von ihm komponierte „Einheitsfrontlied", mit dem er für ein Bündnis aller antifaschistischen Kräfte gegen Hitler werben wollte. Der schmissige Refrain soll danach von allen Anwesenden mitgesungen worden sein:

Links – zwei – drei! – Links – zwei – drei
Wo dein Platz, Genosse, ist.
Reih' dich ein in die Arbeitereinheitsfront,
Weil du selbst ein Arbeiter bist!

Nach dem Abstecher in die mittlerweile wieder recht „bürgerlich" gewordene Orangerie folgen wir der Straße weiter bis zum Rhein-Marne-Kanal, der 1842 angelegt wurde, um Straßburg mit dem französischen Binnenland zu verbinden. Von der Brücke hat man einen schönen Blick auf die Gebäude der beiden anderen europäischen Organisationen, die ihren Sitz in Straßburg haben: den Europäischen Gerichtshof für Menschenrechte, ein futuristischer Bau aus den achtziger Jahren (siehe Seite 173), und die riesige Rotunde des Europa-Parlaments aus den Neunzigern. Der deutsche Essayist Hans Magnus Enzensberger hat sich 1989 in einem Essay über die Unübersichtlichkeit dieser „Eurokratie" und ihren Mangel an demokratischer Legitimation mokiert (siehe Seite 172).

Auf der anderen Seite der Brücke beginnt das Vorstadtviertel Robertsau, die ehemalige Gartenstadt von Straßburg, die sich ihren teilweise dörflichen Charakter bis heute bewahrt hat. Für René Schickele war sie der schönste Vorort Straßburgs, in dem er selbst gerne gewohnt hätte. Anderen ist dies gelungen, beispielsweise Lucien Minck, dem Straßburger Zeitungszar und Verleger, dem die deutschen Emigranten der dreißiger Jahre so viel verdanken (siehe Seite 131ff.). Ein weiterer ist Kasimir Edschmid. Gleich an den Ufern der Ill, an denen früher Arbeiter die Kähne an Seilen entlang zogen, besaß seine Tante bis zum Ersten Weltkrieg ein schönes Haus.

Später hat Edschmid einen Teil der Handlung seines phantastischen Romans „Die gespenstischen Abenteuer des Hofrats Brüstlein" aus dem Jahr 1926 in dieses Viertel verlegt. Entsprechend gruselig beschreibt er auch dessen Atmosphäre:

In der Nähe von Straßburg gibt es einen Ort, der fast nur aus Gärtnereien besteht, die Vorstadt Rupprechtsau. Die Franzosen nennen sie Robertsau. Die beiden Namen wechseln mit der Geschichte des Elsaß, meist laufen sie aber nebeneinander her (...). Die Häuser Rupprechtsaus liegen alle weit voneinander entfernt und schließen sich nur selten zu Straßenzügen zusammen. In der Nähe der Festung zeigen sie die gleiche niedere Bauart. Die Wege, die sie verbinden, sind eigenwillig verschlungen und gleichen in der Dunkelheit einem Labyrinth, in dem die Pappeln der Herrschaftshäuser und die Weiden der Rheinniederung mit gespenstischen Umrissen stehen (...) Sogar am Morgen oder am frühen Mittag, wenn die Blumen der Gärtnereien frisch erglühen, scheint über dem Gelände eine leise Drohung zu schweben. (Edschmid, Pourtalès, S. 5f.)

Wir folgen dem weiteren Verlauf der Straße, die nun Rue Boecklin heißt. Bald sieht man auf der rechten Seite den Eingang zum „Cimétière St. Louis“, dem alten Dorffriedhof. Wer sich die Zeit nimmt, kann dort das Grab von Karl Trübner finden, dem Straßburger Verleger aus der Zeit der Jahrhundertwende (siehe Seite 33). Auch der expressionistische Lyriker Ernst Stadler liegt auf diesem Friedhof begraben (siehe Seite 158), sowie eine gewisse Comtesse de Pourtalès. Sie bewohnte zu Beginn des 20. Jahrhunderts das Schloss, zu dem wir gerade unterwegs sind.

Wir fahren immer weiter die Straße entlang, bis rechter Hand die protestantische Dorfkirche, die „Eglise protestante de la Robertsau“, auftaucht, in der im Dezember 1914 die Beisetzungsfeier für den im Krieg gefallenen Ernst Stadler stattfand. In der katholischen Tageszeitung „Der Elsässer“ erschien dazu folgender Bericht:

Ein stimmungsvolles Begräbnis fand am letzten Samstag von der schlichten Kirche in Ruprechtsau aus statt. Der junge Dichter und Gelehrte, Privatdozent Dr. Ernst Stadler, der vor einigen Wochen auf dem französischen Boden gefallen war, wurde im Beisein einer auserlesenen Schar von Leidtragenden beerdigt: Bürgermeister, Bezirkspräsident, Professorenkollegium der Universität, Kameraden aus dem Regiment und zahlreiche Freunde folgten dem mit herrlichen Kranzspenden bedeckten Leichenwagen. („Der Elsässer“ vom 15. 12. 1914)

Hier gabelt sich die Straße. Wir folgen von nun an der Beschilderung Richtung Parc de Pourtalès und biegen daher nach rechts in die verschlungene Rue Mélanie ein. Nach einigen Kurven taucht auf der rechten Seite ein weitläufiges Grundstück auf, in dem sich verschiedene Sozialeinrichtungen befinden. Eine davon ist das Kinderheim „Crèche Lovisa“, dessen Bau aus dem Jahr 1880 von der Straße aus zu sehen ist.

Nicht immer waren dort Kinder untergebracht. 1933 diente es als inoffizielles Auffanglager für Flüchtlinge aus Deutschland, das der kommunistische Bürgermeister Charles Hueber mit Duldung der Polizei eingerichtet hatte. Einer der Flüchtlinge war Hans Mayer, der sich in seiner Autobiographie „Ein Deutscher auf Widerruf" an dieses stadtbekannte „Versteck" erinnert (siehe Seite 70 und 94).

Draußen in der Vorstadt, irgendwo in der Robertsau, stand ein städtisches Gebäude, ursprünglich wohl ein Kinderheim. Dort hatte der Bürgermeister von Straßburg Charles Hueber, der mein Genosse war, wie ich nun erfuhr, seine deutschen Freunde untergebracht: ungefährdet durch die Polizei des bürgerlichen Polizeipräfekten, der von Paris die Anweisung bekam, die deutschen Emigranten in ihrem wohlbekannten „Versteck" nicht zu stören. (Mayer, Widerruf, Bd. 1, S. 169)

Wir folgen weiter der Rue Mélanie, umrunden einen Kreisverkehr und befinden uns schon bald im Grünen. Auf der rechten Seite taucht ein gebührenfreier Parkplatz auf, wo die Autofahrer ihren Wagen abstellen und die letzten Meter zu Fuß gehen müssen. Der Weg führt durch einen wunderschönen Park, in dessen Mitte das Schloss Pourtalès liegt. In den Räumen und angrenzenden Gebäuden sind heute ein Restaurant, ein Teesalon und ein Café untergebracht.

Die Pourtalès waren ein Adelsgeschlecht aus Paris, das sich in Straßburg niederließ, nachdem die Stadt französisch geworden war. Einer ihrer berühmtesten Vertreter ist Baptiste Pourtalès, ein General des Sonnenkönigs Louis XIV. Edschmid hat aus ihm eine regelrechte „Ikone" gemacht:

Er war ein berühmter General. Er hatte Schlachten hinter sich gebracht, er hatte mit zweiunddreißig Jahren bereits zwei Divisionen befehligt (ohne sich auch nur einmal damit zu brüsten), er war ein Freund Colberts gewesen, was er höher einschätzte als Kriegsruhm, er besaß die Gunst des Königs, was ihm eine ernste Sicherheit gab. Er war gebildet und in allen körperlichen Übungen bewandert, kurz er war das Ideal seiner Zeit, die keineswegs, wie fälschlich geglaubt wird, nur das Graziöse, aber auch keineswegs etwa das Monumentale verehrte, sondern vielmehr die Harmonie, die sich aus beiden Vorstellungen ergab. (Edschmid, Pourtalès, S. 167)

Eine der Nachfahrinnen des Generals war die Comtesse Mélanie de Pourtalès. Schon zu Lebzeiten war sie ein Mythos. Vor 1870 gehörte sie zur „feinen Gesellschaft" des französischen „Empire". Mit der Kaiserin Eugénie, der Frau Napoleons III., war sie befreundet. Nachdem das Elsass deutsch geworden war, blieb sie trotzig im Land. Ihre Soiréen, auf denen ausschließlich Französisch gesprochen wurde, waren die gesellschaftlichen Ereignisse in Straßburg schlechthin. Albert Schweitzer (siehe Seite 75) berichtet von einer Begegnung mit der Fürstin Metternich. Und Robert Redslob (siehe Seite 91) erzählt, dass sogar der Statthalter des deutschen Kaisers der „grande dame" seine Aufwartung machte:

Im Grunde war es ein Zauberschloss. Nur wenige hatten seine Grenzen überschritten. Die Phantasie bevölkerte es. Man wusste nur, dass dieser Herrensitz von einer „grande dame" aus der alten Zeit bewohnt wurde, die eine wichtige Rolle am kaiserlichen Hof gespielt hatte. Man munkelte, dass Napoleon III. und die Kaiserin Eugénie in dem Gebäude gewohnt hatten (…)

Wenn man das Gitter durchschritt und die große Allee betrat, hatte man das Gefühl, in eine andere Zeit zu geraten. Es war, als blättere man im Buch der Geschichte zurück (…). Bei den Dienstagsempfängen ereignete sich bisweilen ein kleiner Zwischenfall. In einer geöffneten Kutsche, gezogen von einem eleganten Gespann, das den Park rasch durchquerte, sah man den Statthalter von Elsass-Lothringen ankommen, Graf Wedel und die Gräfin (…). Eine beeindruckende Hommage, die das siegreiche Deutschland der besiegten Heimat erwies (…). So bekam die Comtesse de Pourtalès ihre Revanche für 1870, vor den Preußen blieb sie die Siegerin. (Redslob, S. 73ff.; Übers. S. W.)

Den Letzten aus dem Geschlecht der Pourtalès, der hier in den zwanziger Jahren gelebt hatte, machte Kasimir Edschmid zum Helden seines phantastischen Romans „Die gespenstischen Abenteuer des Hofrats Brüstlein", der 1946 unter dem veränderten Titel „Pourtalès Abenteuer" neu verlegt wurde. Redslobs Ausspruch, das Schloss sei ein „Zauberschloss", das die „Phantasie bevölkert", Edschmid darin alle Ehre. Er lässt dort im Geiste ein alchemistisches Labor entstehen, das als Ausgangs- und Endpunkt einer phantastischen Reise des Helden durch andere Epochen und andere Körper fungiert. Nicht der Schlossherr, ein geheimnisvoller Zwerg hat hier das Sagen:

Er wirkte wie eine Goldsucherkammer des Mittelalters, aber er wirkte auch wie ein mit den ausgesuchten Mitteln des zwanzigsten Jahrhunderts unterhaltenes Laboratorium. Wohin die hellblauen Augen des Hofrats fielen, trafen sie zwischen Blasebälgen, Retorten, Wurzeln, Phiolen, Kaminen und ausgestopften Vögeln jene glatten und glänzenden Instrumente, die, wenn man ihnen eigene Vernunft verleihen könnte, die Konstruktion des menschlichen Körpers als etwas unsäglich Veraltetes, Minderwertiges und Unvollkommenes erscheinen lassen würden.

(...) „Ich kann Ihnen die Möglichkeit geben, jede Gestalt, welche Sie auch wollen, anzunehmen und kann Sie das Leben dieser Gestalt führen lassen", versicherte der Zwerg, zu Boden blickend. (...) „Und wie nehmen Sie die Verwandlungen vor?" „Ich werfe eine elektrische Welle in dem Augenblick auf Sie, in dem Sie mit aller Willensstärke sich in die Gestalt hineinwünschen, deren Dasein Sie ungehemmt von Ihrer augenblicklichen Körperlichkeit zu erleben vorhaben." (Edschmid, Pourtalès, S. 21 u. 31f.)

Zum Glück ist die Schlossküche kein Grusellabor. Eine Rast im Schloss-Café sei daher jedem empfohlen. Bei schönem Wetter kann man anschließend auch einen Wander- oder Radausflug in den „Fôret de la Robertsau" machen, eine der wenigen erhaltenen Riedlandschaften entlang des Rheins. Bereits Goethe und seine Freunde haben sich hier oftmals aufgehalten. Heute erschließen verschiedene Lehrpfade das Gebiet. Wer will, kann durch den Wald sogar bis zum Dorf La Wantzenau radeln. Autofahrer dagegen müssen wohl oder übel bis zur „Eglise protestante" im Zentrum der Robertsau zurückfahren. Dort geht es nach rechts über die Rue Boecklin weiter stadtauswärts. Bald schon treffen wir auf die Route de la Wantzenau, die D 223. Sie führt uns geradewegs zum Ziel.

Die Wantzenau gilt Feinschmeckern als eines der letzten Rückzugsgebiete der feinen Straßburger Küche, wo man an die Goethe-Verse denken mag: „Ich liebe zu tafeln am lustigen Ort, ich kost' und ich schmecke beim Essen." Wer dort angekommen ist, sollte diesen literarischen Führer schleunigst mit einem kulinarischen vertauschen. Denn was Wolfgang Koeppen in Straßburg passierte, braucht man hier sicher nicht zu fürchten:

Das Sauerkraut ist mäßig, der Schinken ist versalzen, das geschmorte Kaninchen hat sich mit schlechtem Fett vermählt, der Rote Wein ist die beizende Rache Algeriens am französischen Mutterland, aber man tafelt mit guten Manieren und betonter Genüßlichkeit, als hätte jeden die Sage von der guten französischen Küche um den Verstand gebracht (...). Selbst in die heiligsten Küchen ist die Einheitssoße eingezogen, und die „Poularde au Riesling" kommt aus dem Schnellkochtopf, ist ein Fließbandgeschäft. (Koeppen, S. 10 u. 16)

Frisch gestärkt geht es von der Wantzenau weiter über die D 468 Richtung Reichstett zum Fort Rapp-Moltke (ca. 10 km). Die Straße ist eine hübsche Allee, an deren Rand auch ein Radweg verläuft. Sie führt zu einem „Rond Point" (Kreisverkehr), wo wir nach rechts auf die D 63 abbiegen. Bald darauf zweigt nach links eine Straße nach „Reichstett Centre" ab, die leicht zu übersehen ist. Die Straße führt an eine Gabelung, wo es rechts zur „Mairie" geht. Wir biegen allerdings links in die Avenue d'Alsace ein, die nach einigen Kurven auf einen weiteren „Rond Point" führt. Hier wenden wir uns wieder nach links und verlassen Reichstett über die Rue du Général-de-Gaulle.

Circa 100 Meter nach dem Ortsausgang weist ein Schild nach links auf das von Bäumen verdeckte Fort Rapp-Moltke hin. Wer mit dem Auto unterwegs ist, muss hier seinen Wagen abstellen und die letzten Meter zu Fuß gehen. Das Gebäude ist weniger literarisch, dafür aber historisch interessant. In der Zeit des deutschen Kaiserreichs wurden

Straßburg und seine Nachbarstadt Kehl durch 14 mächtige Forts befestigt, von denen heute nur noch wenige erhalten sind. Das Fort Moltke, das nach 1918 nach dem französischen General Rapp benannt wurde (daher sein deutsch-französischer „Doppelname“), wurde freigelegt und restauriert. Einer der Baumeister dieser Forts war übrigens der Vater des Schriftstellers Oskar Jerschke, der – als Straßburg noch zum Deutschen Reich gehörte – am hiesigen Landesgericht (siehe Seite 176) als Anwalt tätig war.

Nicht nur um Straßburg herum, im ganzen Elsass wurden in den Jahren vor dem Ersten Weltkrieg Befestigungsanlagen errichtet. Teilweise sind sie immer noch im Betrieb, obwohl sie weder im Ersten noch im Zweiten Weltkrieg irgendeinen militärischen Nutzen hatten. Eine der größten Anlagen entstand mitten in einem Weinberg bei Mutzig, der den Eltern von René Schickele gehörte. Im Vorwort zur zweiten Auflage seines Essaybandes „Schreie auf dem Boulevard“ (1919) erinnert sich der elsässische Schriftsteller an diese „Vergewaltigung“ der Natur:

In unserm Rebberg war eine Festung eingewühlt, unterirdische Stadt voll dunkler Drohung. Ihre unsichtbaren Geschütze spielten in den Manövern dem Städtchen unten zum Bärentanz auf. Um diese Hölle zu bauen, hatten sie unseren Kastanienwald enteignet und in drei Tagen umgeschlagen. Jeder Weg führte vor ein mächtiges Gitter, vor dem ein finstrer Soldat mit geschultertem Gewehr stand. Zum Trost sagten sie uns, daß dies die stärkste Festung der Welt sei, und deshalb hieße sie Feste Kaiser Wilhelm II. Die Kornfelder in der Ebene bargen zahllose Forts, von denen wir Kinder wußten, daß uns der schwarze Mann holen werde, wenn wir ihnen zu nahe kämen, denn in den großen rechteckigen Maulwurfshügeln, da wohnte er (...). Wieviel Fremde für uns, schwindelnde Ferne und nächste Feindschaft! (Schickele, Bd. 3, S. 277f.)

Vom Fort Rapp-Moltke folgen wir der D 37 Richtung Straßburg. Schon bald stoßen wir auf den Rhein-Marne-Kanal, an dessen Ufer ein Radweg angelegt ist. Für die Radfahrer führt der Weg von hier zurück zum Europarat am Wasser

Das Goethe-Denkmal (Mémorial Goethe) in Sessenheim

entlang, die Autofahrer folgen der Route de Bischwiller über die Dörfer Richtung Straßburg. Zum Trost gibt es auf der Strecke ein paar hübsche Fachwerkhäuser und romantische Dorfkirchen zu sehen. Vom Place Hagenau am westlichen Stadtrand von Straßburg folgt man am besten der Beschilderung Richtung Offenburg/Kehl und fährt über die Avenue des Vosges zurück ins Zentrum.

Eine andere Variante der Nordroute führt von der Wantzenau nicht nach Reichstett, sondern über die D 468 durch eine Reihe kleiner Dörfer in das etwa 30 Kilometer entfernte Sessenheim, ein kleines Dorf, das durch Goethes „Sesenheimer Gedichte" in die Literaturgeschichte eingegangen ist. Sessenheim lebt heute ganz vom Goethe-Kult. Dem deutschen Dichter sind ein Goethe-Denkmal, eine Goethe-Scheune, ein Goethe-Weg, ein Goethe-Hügel und ein kleines Goethe-Museum gewidmet, das im Hinterzimmer des Gasthofs „Au Bœuf" untergebracht ist.

Dabei war Goethes Aufenthalt in Sessenheim alles andere als literarisch motiviert. Hier lebte nämlich Friederike Brion, die Tochter des Dorfpfarrers, dessen Grabstein noch heute links vom Eingang der alten Dorfkirche zu sehen ist. Der alte Brion war ein Protestant alten Schlages, ein Moralist ohne viel Sinn für die schönen Dinge des Lebens. Nicht ein einziges literarisches Buch war in seiner Bibliothek zu finden. Und ausgerechnet ein „Schöngeist“ und „Schönling“ dazu, der Student Goethe aus Straßburg, war es, der seiner Tochter den Hof zu machen begann, noch dazu mit einigem Erfolg, wie es schien. Allerdings war es nicht der Vater, sondern der Verehrer selbst, der die Beziehung nach nur wenigen Monaten wieder beendete.

Der ungarische Komponist Franz oder Férenz Léhar machte aus dieser Liebesgeschichte eine allerdings recht schwülstig geratene Operette: „Friederike“. Dabei stützte er sich zum einen auf die „Sesenheimer Gedichte“ Goethes, zum anderen auf den Bericht in dessen Autobiographie „Dichtung und Wahrheit“. Vierzig Jahre nach seiner Begegnung mit Friederike hat der bereits alte Goethe darin seinen persönlichen „Liebesroman“ nacherzählt. Bis heute zieht er Leser und Liebende gleichermaßen in seinen Bann. Das alte Pfarrhaus, in dem die beiden sich das erste Mal gesehen haben sollen, steht zwar nicht mehr, doch in Goethes Text ist dieses Ereignis dennoch lebendig geblieben:

In diesem Augenblick trat sie wirklich in die Türe; und da ging fürwahr an diesem ländlichen Himmel ein allerliebster Stern auf (...). Ein kurzes weißes rundes Röckchen (...); ein knappes weißes Mieder und eine schwarze Taffetschürze – so stand sie auf der Grenze zwischen Bäuerin und Städterin. Schlank und leicht, als wenn sie nichts an sich zu tragen hätte, schritt sie, und beinahe schien für die gewaltigen Zöpfe des niedlichen Köpfchens der Hals zu zart. Aus heiteren blauen Augen blickte sie sehr deutlich umher und das artige Stumpfnäschen forschte so frei in die Luft, als wenn es in der Welt keine Sorge geben könne... (Goethe, Bd. 14, S. 471)

Wer diese Beschreibung liest, den wundert nicht, dass Goethe nicht der einzige Verehrer von Friederike blieb. Ausgerechnet sein damals bester Freund verliebte sich ebenfalls in das Mädchen: der Dichter Jakob Michael Reinhold Lenz. Selbst ein Pfarrerskind, verdiente er sich seinen Lebensunterhalt als Gesellschafter der Offiziere von Kleist, die

Goethe und Friederike Brion (nach einem Holzschnitt aus dem 19. Jahrhundert)

sich in der Kaserne von Fort Louis aufhielten, nur wenige Kilometer von Sessenheim entfernt. Doch dem schüchternen und wohl auch etwas tolpatschigen Lenz war nicht der Erfolg Goethes vergönnt. Seine Verzweiflung darüber schrieb er sich in mehreren Gedichten von der Seele. Doch auch den Schmerz Friederikes über den Verlust ihres Johann Wolfgangs hat er – anders als Goethe – in einem Gedicht zu formulieren versucht:

An ihrem Brotschrank an der Wand
Er immer, immer vor ihr stand,
Und wenn ein Schlaf sie übernahm
Im Traum er immer wieder kam.
(...)
Denn immer, immer, immer doch

Schwebt ihr das Bild an Wänden noch,
Von einem Menschen, welcher kam
Und ihr als Kind das Herze nahm.
(Lenz, S. 361 u. 364)

Von Sessenheim fährt man auf der D 468 zurück bis ins Nachbardorf Drusenheim. Dort biegen wir in die D 429 ein, die ans Rheinufer hinabführt. Mit der Rheinfähre kann man sich hier zum deutschen Ufer übersetzen lassen. Wer mit dem Fahrrad unterwegs ist, kann von dort am Rheinufer entlang über Kehl nach Straßburg zurückradeln. Autofahrer müssen sich mit der Bundesstraße 36 begnügen.

Rheinaufwärts – die Südroute

Wir beginnen diesen Ausflug am besten am Place de l'Etoile, einem unüberschaubar großen, vom Durchgangsverkehr umbrausten Platz am Südrand der Altstadt. Von hier aus folgen wir den Schienen der Tram A – in ihr sitzend oder auf dem Rad hinterher strampelnd – stadtauswärts und kommen so in den südlichen Vorort Neudorf (gesprochen: „Nödórf").

Schlagartig ändert sich das Bild. Man ist umgeben von verwilderten Grünflächen, kleinen verwinkelten Elsässerhäuschen, durch die sich statt einer Blechlawine die leise summende Trambahn schlängelt. Vor dem Ersten Weltkrieg war dies ein kaum entwickeltes Stadtrandgebiet, in dem sich der Güterbahnhof der Stadt befand. 1918 mussten sich die aus Straßburg ausgewiesenen Deutschen hier versammeln. In den dann folgenden Jahren entwickelte sich Neudorf zu dem am stärksten expandierenden Viertel der Stadt. Im Gegensatz zur wilhelminischen „Neustadt", der Straßburger „Boomtown" aus der Zeit vor dem Ersten Weltkrieg, hat Neudorf – Nomen est Omen – allerdings seinen teilweise ländlichen Charme bewahrt.

In den Jahren 1933/34 ließen sich hier viele deutsche Emigranten nieder, die wir auf unseren Spaziergängen durch die Stadt bereits kennen gelernt haben. In den engen

Gässchen und Hinterhöfen Neudorfs scheinen sie sich sicherer gefühlt zu haben als entlang der großen Boulevards. Wer ihre weit verstreut liegenden Wohnungen aufsuchen möchte, sollte einen guten Stadtplan zur Hand nehmen und am besten ein Fahrrad mieten, mit dem die Strecken in diesem doch recht weitläufigen Viertel leichter und schneller zu bewältigen sind.

Als Erstem statten wir Georg Reinbold einen Besuch ab. Der ehemalige badische SPD-Landesvorsitzende bewohnte ein hübsches, sehr versteckt gelegenes Haus in einer Sackgasse, der Rue de la Chêne Nr. 22. Man findet es, wenn man von der Tramhaltestelle „Schluthfeld" der kleinen Rue du Ban-de-Sapt folgt und dann in die erste Straße rechts einbiegt. Zusammen mit einem elsässischen Partner betrieb Reinbold eine antifaschistische Buchhandlung in der Krutenau (siehe Seite 121).

Von der Rue de la Chêne zweigt die Rue Stuber ab, die nach wenigen Metern in die Rue St.-Dié mündet. Hier wenden wir uns nach links und folgen der Straße bis zum Ende. Sie führt vorbei and der „Ecole du Schluthfeld", einem auffälligen Bau aus der „deutschen Zeit" vor 1918. Der Kontrast ist offensichtlich: Damals kamen die Deutschen nicht als Flüchtlinge, sondern als Eroberer. Sie versteckten ihre Häuser nicht, sondern stellten sie zur Schau.

Die Rue St.-Dié führt uns zurück auf die Avenue de Colmar, auf der die Tram A verläuft. Wir überqueren sie und folgen der gegenüberliegenden Rue de Mulhouse bis zur nächsten Hauptstraße, der Route du Polygone. Wir befinden uns nun in einem ehemaligen Arbeiter- und Kommunistenviertel. Im Haus mit der Nr. 101 befand sich in der Zwischenkriegszeit die kommunistische Druckerei mit dem russischen Namen „Sostralib".

Wir wenden uns auf der Route du Polygone nach rechts und biegen gleich in die nächste Straße nach links ab. Es ist die Rue du Ruisseau-Bleu, die von typischen Arbeiterwohnblocks gesäumt wird. In dem Doppelhaus mit der Nummer 33/34 wohnte Edmond Wencker, ein Angestellter der Straßburger Stadtwerke. In den Jahren 1933/34 beherbergte er den jungen Hans Mayer, der wie viele seiner Genossen illegal nach Straßburg gekommen war und daher auf dem freien Markt keine Wohnung suchen konnte (siehe Seite 70 und 94).

Mag sein, dass Mayer hier eine Reihe der Artikel entwarf, die er in der „Neuen Welt“ veröffentlichte, der Zeitung der Straßburger Kommunisten. Mit einer Tagesauflage von gerade mal 1.200 Stück (zum Vergleich: Die „Dernières Nouvelles de Strasbourg“ verkaufte sich jeden Tag 100.000 Mal) war sie zwar nur ein kleines Blättchen neben vielen anderen. Doch die politisch scharfzüngig geschriebenen Artikel, die vor allem gegen den deutschen Faschismus gerichtet waren, hatten es in sich.

Wir kehren nun zurück zur Route du Polygone und folgen der Straße bis ins Zentrum von Neudorf. Es wird markiert durch den rechteckigen Place du Marché, der etwas überdimensioniert wirkt. Er wird gesäumt von einigen hübschen Gründerzeit- und Jugendstil-Häusern. In der alten Markthalle sind heute eine Mediathek und ein Kulturzentrum untergebracht, in dem auch literarische Lesungen in deutscher und französischer Sprache stattfinden.

Wir folgen weiter der Route du Polygone bis zur Kirche St.-Eloise. Hier biegen wir nach links in die Rue de Rhinau ein, die in die Rue de Plobsheim übergeht. In dem eleganten Haus mit der Nummer 30 wohnte Frédéric Hecker, genannt „Freddo“, einer der engagiertesten Journalisten Straßburgs. Von 1928 bis zum Ausbruch des Krieges war er Chefredakteur der Tageszeitung „La République“. Ab 1935 gab er zudem den „Unabhängigen Zeitungsdienst“ (UZD) des deutschen Emigranten Berthold Jacob heraus, mit dem er eng befreundet war (siehe Seite 132f.).

Die Rue de Plobsheim mündet in die große Avenue Jean-Jaurès, benannt nach dem legendären Sozialistenführer, der am Vorabend des Ersten Weltkriegs ermordet wurde. René Schickele hat ihn während seines Paris-Aufenthaltes in den Jahren 1909–11 im französischen Parlament erlebt und war begeistert. Sowohl in seinem Essayband „Schreie auf dem Boulevard“ als auch seinem Roman „Meine Freundin Lo“ hat er ihm einige Seiten gewidmet:

Da war Jaurès! Ein massiger Körper, kurzbeinig und breitschultrig, darauf ein viereckiger Schädel. Er setzte sich an den Tisch auf der Bühne und wischte den Schweiß aus dem Gesicht. Das Gesicht war rot wie eine Ananas. Dann zupfte er nervös am krausen Rothaar des knappen Bartes, die Augen lächelten die Menge an (...). Jaurès war eine Trompete. Sie schmettert mit meridionalem Klang. Ihr Ton war weich, wie golden, sie konnte zögern,sie konnte stocken, sie wurde spielerisch, sie brach jäh ab und verlor nie, in keiner Sekunde, ihre warme Sonorität, das Strömende, Leuchtende einer südlichen Musik (...). Der Apparat schwitzt in Strömen. Von Zeit zu Zeit zieht er ein rotes Taschentuch vom Umfang eines Kinderbettlakens hervor (...) und fährt sich damit gewaltig übers Gesicht und dreimal um den Kopf. (Schickele, Bd. 2, S. 175ff.)

Wir wenden uns auf der Avenue Jean-Jaurès nach links und gehen, radeln oder fahren langsam Richtung Stadtzentrum zurück. Dann biegen wir rechts in die Rue de la Kurvau ein. In dieser Gegend, unweit des Straßburger Stadthafens, lebten in den dreißiger Jahren einige deutsche Emigranten, zum Beispiel Ernst Roth (Rue St.-Urban Nr. 34) und Berthold Jacob (Rue Martin Nr. 16), beides Mitarbeiter der Tageszeitung „La République“ (siehe Seite 132f.). Ihre damaligen Häuser stehen nicht mehr, doch bekommt man einen Eindruck von den wohl recht beengten Wohnverhältnissen, wenn man durch die umliegenden Gässchen schlendert.

Der Stadthafen, der Neudorf nach Süden hin begrenzt, wird heute von der „Pont Churchill“ überspannt. Von dort hat man einen guten Blick über die Hafenanlagen und das „Bassin d'Austerlitz“, das älteste Hafenbecken von Straßburg. Die Brücke führt hinüber in das Viertel Esplanade. Wer will, kann vom „Rond Point de l'Esplanade“ einen Abstecher über die Rue de Boston zu den Resten der Straßburger Zitadelle machen, um die herum ein hübscher Park angelegt ist. Er ist ein beliebter Treffpunkt für Boule-Spieler, Skate-Border und Liebespärchen.

Wem noch nicht nach Ausruhen zumute ist, kann sich auch auf sein Rad schwingen (oder ins Auto steigen) und über die Avenue Jean Jaurès zum Place de l'Etoile zurückfahren. Von dort geht es weiter in den südlichen Vorort Illkirch-Graffenstaden. Wie immer bieten sich auch hier verschiedene Transportmöglichkeiten an. Am einfachsten ist es, in die Tram A zu steigen, die uns über Neudorf in wenigen Minuten direkt nach Illkirch bringt.

Länger, aber schöner ist die Radtour am Wasser entlang. Wir biegen zunächst vom Place de l'Etoile in den Quai Louis-Pasteur ein, der an der Ill entlang in westlicher Richtung verläuft. Danach überqueren wir auf der „Pont du Heyritz" die Ill und biegen unmittelbar danach rechts in den Fahrradweg ein, der von hier am Rhein-Rhone-Kanal entlang bis nach Illkirch führt. Über die Route de Lyon geht es ins Ortszentrum.

In Illkirch-Graffenstaden befindet sich ein großer Campus der naturwissenschaftlichen Universität von Straßburg, der an ein hübsches Waldgebiet grenzt. Im Sommer lockt außerdem ein Baggersee mit Strandbad. Ferner befindet sich am Ortsende das Fort Uhrich, eine weitere alte Festung aus der deutschen Kaiserzeit, vergleichbar dem Fort Rapp-Moltke in Reichstett. Allerdings ist diese Anlage größtenteils von Dickicht überwuchert und leider nicht öffentlich zugänglich.

Mit dem Namen Graffenstaden bzw. „Grafenstaden" – so die frühere deutsche Schreibweise – ist eine der großen Affären verbunden, die das Elsass in den Jahren vor Ausbruch des Ersten Weltkriegs erschütterten: die „Grafenstadener Affäre" von 1912. Die „Rheinisch-westfälische Zeitung", zu deren Mitarbeitern übrigens auch Hans Brandenburg gehörte, der Schwager René Schickeles, hatte den Verdacht in die Welt gesetzt, die Führung der „Grafenstadener Maschinenwerke" sei profranzösisch eingestellt. Die vom Kaiser eingesetzte Landesregierung von Elsass-Lothringen kündigte daraufhin alle dorthin vergebenen Aufträge, während in der deutschen Rechtspresse eine Verdächtigungswelle gegen die angeblich „verwelschte" elsässische Industrie einsetzte. Als der elsass-lothringische Landtag gegen diese „Gesinnungsschnüffelei" protestierte, polterte Kaiser Wilhelm II. los, er werde die „Verfassung in Scherben schlagen“, wenn sich so etwas wiederhole. Empört schrieb René Schickele dazu in seiner „Straßburger Neuen Zeitung“:

Unsere Regierung scheint wirklich entschlossen, alles Vertrauen und das gute Verhältnis zwischen Einheimischen und Eingewanderten, das ganze schon halbgelungene Versöhnungswerk langer Jahre, kurz und klein zu schlagen (...). Damit sind wir nun der alldeutschen Meute vollends ausgeliefert, deren Siegesgekläff uns schon in den Ohren klingt. (Straßburger Neue Zeitung vom 15. 5. 1912)

Für den Rückweg in die Straßburger Innenstadt können Rad- und Autofahrer die Rue du 23-Novembre einschlagen, die von der Route de Lyon abzweigt. Nachdem wir die Ill überquert haben, biegen wir nach rechts in die Rue du Maréchal-Foch ein, die in die Rue du Général-Leclerc und schließlich die Rue d'Ostwald mündet. Ab hier führt der Weg für Radfahrer wieder an der Ill entlang, während Autofahrer über die Route de Schirmeck ins Zentrum zurückkehren.

Wer noch immer keine Lust zum Umkehren hat, kann von Illkirch-Graffenstaden aus weiter bis Séléstat (Schlettstadt) fahren. Radlern sei der Weg am Rhein-Rhone-Kanal bis Erstein empfohlen, 20 Kilometer südlich von Straßburg. Der Ort ist ein Schauplatz der Handlung von Michel Tourniers Roman „Le Roi des Aulnes“ (Der Erlkönig) von 1970, den Volker Schlöndorff 1996 verfilmt hat. Sein Held Abel Tiffauges erlebt hier als Soldat der französischen Armee den deutschen „Blitzkrieg“ von 1940. Von Erstein geht es auf der D 468 weiter, die die Autofahrer bereits ab Illkirch nehmen. Nach etwa 50 Kilometern erreichen wir Marckolsheim. Von dort geht es auf der D 424 weiter ins nur noch wenige Kilometer entfernte Séléstat.

Die Stadt in der Rheinebene besitzt zwei schöne mittelalterliche Kirchen: die romanische Kirche Sainte-Foy (St. Fides) und die gotische Kirche Saint-Georges (St. Georg). Ihre große Zeit erlebte die kleine Stadt im 15. und 16. Jahrhundert, als sich hier eine der berühmtesten Humanistenschulen Europas befand. Zu ihren Schülern gehörten Jakob

Wimpfeling, Martin Bucer und Beatus Rhenanus (eigentlich: Beat Bild), der ihr seine Privatbibliothek vermacht hat. 1414 hat sich auch Erasmus von Rotterdam hier aufgehalten und war so angetan, dass er gleich eine Elegie auf die Stadt verfasst hat (siehe Seite 56).

Seit 1888 ist die „Humanistenbibliothek" im oberen Stockwerk der ehemaligen Kornhalle untergebracht (Rue de la Bibliothèque). In einer Reihe von Schaukästen mit deutscher und französischer Beschriftung werden wertvolle Handschriften und Drucke vom 7. bis zum 15. Jahrhundert gezeigt, darunter die Annalen von Fulda, die Kapitularien Kaiser Karls des Großen und das Buch über Architektur von Vitruvius.

Von Séléstat fahren wir entweder über die N 83 (für Autofahrer) nach Straßburg zurück oder aber wir überqueren bei Marckolsheim den Rhein und machen einen (letzten) Abstecher ins badische Ettenheim. Das verschlafene Städtchen mit seiner hübschen Altstadt war von 1790 bis 1803 eine leibhaftige Bischofsstadt. Mit dem Ausbruch der Revolution zog sich Kardinal Rohan aus Straßburg hierher zurück (siehe Seite 47). Von hier aus wetterte er gegen die Revolutionäre in Straßburg und die Druckerei in Kehl (siehe Seite 195). Sein – im Vergleich zu Straßburg eher bescheiden wirkender – Bischofspalast, seine provisorische „Bischofskirche" auf dem Kirchberg und sein Grab (in dieser Kirche) können besichtigt werden.

Wer möchte, kann aber auch von Sélestat aus der „Route du Vin" weiter nach Süden folgen, immer am Vogesenrand entlang. Die Straße führt an der berühmten „Haut-Koenigsbourg" vorbei, durch einige malerische Städtchen, darunter Riquewihr und Ammerschwihr. In den dreißiger Jahren wurden an diesen beiden Orten Teile des Films „Le roman de Werther" gedreht, nach Goethes weltberühmtem Roman „Die Leiden des jungen Werther". Die ambitionierte Literaturverfilmung war ein Gemeinschafts-Projekt von Franzosen und deutschen Emigranten, die vor Hitler geflohen waren und daher natürlich nicht in Deutschland drehen konnten. Die Regie übernahm der aus dem Saarland stammende Regisseur Max Ophüls, dem zu Ehren die Stadt Saarbrü-

Die Schätze der Humanistenbibliothek in Séléstat

cken seit 1980 regelmäßig ein Filmfestival veranstaltetet. Für die Musik war der deutsch-jüdische Komponist und Brecht-Freund Paul Dessau verantwortlich. Die Hauptrollen wurden mit bekannten französischen Schauspielern besetzt.

Die Uraufführung fand am 17. November 1938 in Paris statt, nur eine Woche, nachdem in Deutschland der schrecklichste Juden-Pogrom in der jüngeren deutschen Geschichte stattgefunden hatte, von den Nazis zynisch „Reichskristallnacht“ genannt. Die Kluft zwischen den „beiden“ Deutschlands, dem der Nazis und dem der Emigranten, hätte kaum eindrücklicher dargestellt werden können. Ironie der Geschichte: Während der Film in der Presse von Paris bis Moskau gelobt wurde, fand die erste Vorführung in der Bundesrepublik erst 1978 statt, also genau vierzig Jahre später.

Richtung Vogesen – die Westroute

Auch diese Route ist in ihrem ersten Teil für Radler, im zweiten eher für Autofahrer geeignet. Wir beginnen vor dem Musée de l'Art Moderne et Contemporain. Autofahrer biegen dort in die Rue de Wasselone ein, unterqueren die Eisenbahnlinie und die Autobahn und folgen der Route des Romains bis zu der Stelle, wo diese sich gabelt. Hier biegen wir halb links in die Avenue du Général-de-Gaulle ein, auf der wir bis Breuschwickersheim weiterfahren.

Radler haben auch hier eine schönere Strecke vor sich. Am Museum folgen sie der Rue Marc-Bloch, die in südlicher Richtung an der Ill entlang verläuft. Weiter geht es, immer am Fluss entlang, über den Quai du Brulig, die Rue van Eyck und den Quai de la Flassmatt, bis zu der Stelle, wo der „Canal de la Bruche" von der Ill abzweigt. Diesem Kanal folgen wir durch einige Vororte: Eckbolsheim, Wolfisheim, Oberschaeffolsheim und Achenheim. Von dort fahren wir über die D 45 weiter in das Nachbardorf Breuschwickersheim.

Dieses Dorf ist ein typisches Straßendorf mit großen Höfen, reich geschnitzten Einfahrten, geziert mit Sinnsprüchen, häufig in deutscher Sprache. Es liegt auf halber Strecke zwischen Straßburg und Mutzig, wo René Schickeles Eltern gewohnt haben. Vermutlich diente es dem Schriftsteller als Vorlage für das Dorf Breuschheim aus seiner Romantrilogie „Das Erbe am Rhein".

Von Breuschwickersheim geht es für Rad- und Autofahrer auf der D 45 weiter bis Ergersheim. Dort biegen wir nach links auf die D 30 Richtung Molsheim ab. Das kleine Städtchen hat eine hübsche Altstadt, ein wunderschönes Renaissance-Rathaus (die „Metzig") und eine alles überragende Kirche im Stil des Frühbarock. Als Straßburg lutherisch geworden war, zogen sich hierher die Jesuiten zurück und machten die Kirche zu ihrem Hauptsitz. Außerdem gründeten sie – mit Unterstützung vom deutschen Kaiser – in Molsheim eine katholische „Gegenuniversität" zu der protestantischen von Straßburg. Sie verfügte immerhin über zwei Fakultäten – eine theologische und eine philosophische –, die einen sehr guten Ruf hatten. Nachdem Straßburg französisch geworden war, zog die Universität dorthin um. Mit der französischen Revolution wurde sie – ebenso wie ihre protestantische Konkurrentin – aufgelöst.

Ganz in der Nähe von Molsheim, schon am Vogesenhang, liegt der kleine Weinbauernort Mutzig. Hierher zogen sich – wie bereits erwähnt – die Eltern von René Schickele nach der Pensionierung des Vaters zurück, um sich ganz dem Weinbau zu widmen. Doch sie fanden den erwünschten Frieden nicht. In den Berg wurde eine unterirdische „Felsburg" gegraben, die den stolzen Namen „Wilhelmsfeste" trug und als die sicherste der Welt gepriesen wurde. Ihr militärischer Nutzen in zwei Weltkriegen war gleich Null. Das hindert die Militärs allerdings nicht daran, sie auch heute noch „einsatzbereit" zu halten.

Wir fahren zurück nach Molsheim und von dort über die D 500 und D 35 nach Rosheim. Neben seiner wunderschönen romanischen Kirche hat das Städtchen auch eine interessante Geschichte aufzuweisen. Im Mittelalter befand sich hier der Sitz des elsässischen Rabbinats, anders gesagt: Rosheim war die Hauptstadt der elsässischen Juden. Einer von ihnen, Josselman von Rosheim brachte es sogar bis zum „Obersten aller Juden deutscher Nation". In dieser Funktion nahm er auch an Reichstagen teil und verkehrte mit Kaiser Karl V.

Für die Radfahrer letztes Ziel auf unserer Tour ist Obernai, das nur wenige Kilometer von Rosheim entfernt ist und viele Gelegenheiten zu einer schönen Rast bietet. In dem kleinen, sehr hübschen, aber leider sehr touristisch gewordenen Städtchen am Vogesenrand, haben drei Persönlichkeiten gelebt, die in literarischer Hinsicht interessant sind. Die erste ist eine Frau, die noch dazu heilig gesprochen wurde: Odilia. Etliche Schriftsteller des 20. Jahrhunderts haben ihr Verse gewidmet, unter ihnen die Elsässer René Schickele und Louis Edouard Schaeffer (siehe Seite 111).

An zweiter Stelle ist der Franziskanermönch Thomas Murner (1475–1537) zu erwähnen, ein Meister der Satire und des (anti-reformatorischen) Pamphlets, den Kaiser Maximilian zum „poeta laureatus" krönte. Mit Jacob Wimpfeling lieferte sich Murner eine Fehde, deren politische Brisanz er wahrscheinlich selbst noch nicht abschätzen konnte. Es ging um die Frage, ob Straßburg den Deutschen oder den Franzosen gehöre. Murner ergriff damals Partei für die Franzosen. Dass diesen zwei Jahrhunderte später die Stadt tatsächlich zufallen würde, hätte er sich wahrscheinlich nicht träumen lassen.

Der Dritte und Letzte in der Runde ist René Schickele (1883–1940), der in der Rue de Boersch Nr. 2, gleich neben der Kirche Saints-Pierre-et-Paul geboren wurde. Eine Gedenktafel erinnert daran. Sein Vater hatte sich sein Haus brav „erdient". Nach der Annexion Elsass-Lothringens war der gebürtige Elsässer und ehemalige Bahnbeamte in die deutsche Polizei eingetreten, wahrlich nicht die Regel im damaligen Elsass. Der Lohn dafür bestand in einer steilen Karriere und er übernahm nach wenigen Jahren die Stelle des Polizeipräsidenten in Obernai. Innerhalb des Hauses wurde allerdings nur Französisch gesprochen. Dort herrschte die Mutter, eine frankophone Elsässerin. Schickele hat seine Kindheit so beschrieben:

Die Väter waren Löwen, die scherhäutig durch die Zimmer und die Gassen des Städtchens wandelten, die Lehrer Verbrecher und Idioten und neun von zehn Mädchen Puppen, ahnungslos, dumm und verlogen. Nur in der Kirche bekamen sie halbwegs ausdrucksvolle Gesichter. Gelegentlich lauerten wir ihnen in der Nähe des Beichtstuhls auf, um uns an ihrer Demütigung zu weiden. In den alleinigen Händen der Mütter ruhte das Leben – aus unerforschlichen Quellen gespeist. Alles andre schmeckte nach Sünde und Vernichtung. Es war das finstere Mittelalter. (Schickele, Bd. 3, S. 864)

Für Radler und Fußgänger ein bisschen anstrengend, aber durchaus lohnend, ist der Weg hinauf auf den „Mont Sainte-Odile" (Odilienberg), der Obernai überragt. Für Autofahrer

Die Kirche von Waldersbach (Steintal)

ist die Fahrt natürlich kein Problem – aber dafür auch kein solches Erlebnis. Wegen seines Wallfahrtsklosters gilt der Mont Sainte-Odile als der „Heilige Berg“ des Elsass. Darüber hinaus ist er neben der Münsterplattform aber auch ein literarischer „Gipfel“, der von den Deutschen Goethe und Stadler, den Franzosen Claudel und Barrès und den Elsässern Matthis und Schickele „besungen“ worden ist.

Wer mit dem Auto unterwegs ist, kann noch tiefer in die Vogesen hineinfahren, bis ins Steintal (Ban de la Roche), das so abgelegen ist, dass dort im 18. Jahrhundert nicht etwa Elsässisch, sondern noch auf die römische Zeit zurückgehende lateinische Dialekte gesprochen wurden. Wie es damals mit der Bildung aussah, schildert der elsässische Schriftsteller Fritz Lienhard in seinem Roman „Oberlin“

aus dem Jahr 1910. Darin berichtet der Straßburger Pfarrer Stuber über seine Ankunft als Seelsorger in dem Dorf Bellefosse:

Gleich am Tage nach meiner Ankunft in Waldersbach wanderte ich hinauf nach Bellefosse und wollte dort die Schule besuchen. „Nun, Leute, wo habt ihr denn euer Schulhaus?" Gut, ich trete ein. In einem niedrigen und schmutzigen Zimmer lärmen Kinder durcheinander. Es wird still bei meinem Eintritt. „Kinder, wo habt ihr den Schulmeister?" – „Dort liegt er!" Ich trete näher und sehe auf einem ärmlichen Bett ein graues abgezehrtes Männchen liegen. „Seid ihr der Schulmeister, lieber Freund?" – „Ja, Herr", ächzt das Mänchen, „der bin ich." – „Was lehrt ihr denn die Kinder?" – „Nichts." – „Warum denn nicht?" – „Weil ich selber nichts weiß." – „Wie seid Ihr denn alsdann Schulmeister worden, wenn Ihr selber nichts wißt?" – „Sehen Sie, lieber Herr, ich bin viele Jahre Schweinehirt gewesen. Weil ich aber vorgerückten Alters halber unfähig worden bin, die Schweine zu hüten, so hat man mir die Kinder anvertraut." (Lienhard, Oberlin, S. 221)

Nach einem mehrjährigen Aufenthalt im Steintal wurde Pfarrer Stuber nach Straßburg an die Kirche St.-Thomas versetzt. Sein Nachfolger wurde der berühmte Reformpfarrer „Papa Oberlin" (siehe Seite 69 und 104), in dessen Haus sich zeitweise auch der Dichter Jakob Lenz und Goethes einstige Freundin Friederike Brion aufhielten. Oberlins Kirche und Wohnhaus in dem kleinen Dorf Waldersbach können besichtigt werden. In Letzterem befindet sich ein kleines, aber sehr liebevoll eingerichtetes Oberlin-Museum. Die Schriftstellerin Barbara Honigmann hat es besucht – und war zunächst etwas enttäuscht:

Das kleine Museum in Waldersbach gilt aber nur dem Pfarrer Oberlin und gibt von Lenz nichts, nicht mal einen einzigen Hinweis auf seinen Aufenthalt hier, preis. Keine Spur von ihm in dem ganzen Haus. Darüber waren wir zuerst empört, dann erstaunt, aber schließlich dachten wir, daß es ja vielleicht auch besser so sei, denn was sollte man da sehen?

Was könnte einem noch erzählt werden, das man nicht schon in seinem Kopf mit heraufgetragen hat: Nämlich der verrückte Lenz, die Kälte, wenigstens ein warmes Bett in dem Schulhaus da drüben, und der Pfarrer Oberlin, der nach ihm sieht, aber dann stürzte er sich doch in den Brunnen. Wer es kennt, findet ja alles, das Haus, den Hof, den Brunnen, die Kirche und den Blick aus dem Fenster. (Honigmann, Am Sonntag, S. 25)

Richtung Schwarzwald – die Ostroute

Diese letzte Exkursion führt uns auf die deutsche Seite ins so genannte Hanauerland. Der Name verwirrt viele. Hanau? Das liegt doch bei Frankfurt! Völlig richtig. Aber den Grafen von eben jenem Hanau war dieser Teil des Oberrheins im 15. Jahrhundert durch Heirat zugefallen. Erst seit 1803/1804 gehört er zu Baden.

Von Straßburg aus geht es zuerst nach Kehl, das wir bereits gründlich erkundet haben (siehe Seite 182). Von dort folgen wir der Straßburger Straße Richtung Schwarzwald. Nach etwa 10 Kilometern liegt rechter Hand die Gemeinde Willstätt, die angeblich nach dem Alemannenherzog Willehar benannt ist und im 17. Jahrhundert Sitz des Hanauer „Amtmanns“ war.

Zwei berühmte Autoren des Frühbarocks haben hier das Licht der Welt erblickt: Johann Michael Moscherosch (1601–69) und sein jüngerer Bruder Quirin (1623–75). Ihr Geburtshaus dürfte an einem der Kinzig-Arme gestanden haben. Heute erinnert an sie ein Denkmal rechts neben der Kirche und eine Stube im Gasthof „Adler“. Johann Michael hat im ersten Teil seines Prosawerks „Gesichte“ seine Kindheit in Willstätt kurz erwähnt:

Nach dem von meinen Aelteren ich zeits der ersten Jugend in dem Christenthumb einfältig als wein Kind underwiesen, bald im Eylfften Jahr auff die nächstgelegene Hoheschul, an der Ill, umb Kunst und Tugend zu erlernen, verschicket worden… (zitiert nach Schäfer, S. 16)

Auch während seiner Studienzeit am Straßburger „Gymasium illustre“ hielt sich Moscherosch regelmäßig in Willstätt auf und wurde dabei häufig auch von seinen Lehrern Brülow und Crusius begleitet (siehe Seite 102). Später wurde er mit seinen pädagogischen und satirischen Schriften eine der bekanntesten Persönlichkeiten des literarischen Barock. Sein Bruder Quirin nahm 1655 eine Pfarrstelle in dem kleinen Dorf Bodersweier an, das heute zu Kehl gehört. Dort verfasste er für seinen Herrn, den Fürsten von Hanau-Lichtenberg einige Huldigungsgedichte. Umgekehrt hat der im benachbarten Oberkirch lebende Schriftsteller Grimmelshausen seinem „wehrten H. Nachbarn“ ein Huldigungsgedicht gewidmet.

Von Willstätt geht es weiter auf der B 28 bis Oberkirch. Das kleine Städtchen am Fuße des Schwarzwaldes ist berühmt wegen seiner Schnappsbrennereien. Gelegenheit zum Probieren gibt es überall. Darüber hinaus ist Oberkirch aber auch ein in literarischer Hinsicht hochinteressanter Ort. Im Ortsteil Gaisbach ließ sich der deutsche Barockschriftsteller Grimmelshausen (1621–76) nach dem Rastatter Frieden von 1648 nieder und blieb 20 Jahre. Zunächst arbeitete er als Verwalter für Reinhard von Schauenburg. Die Ruine der Burg, hoch über der Stadt, kann besichtigt werden, und natürlich fehlt auch die obligatorische Burgschenke nicht. Später betrieb Grimmelshausen den Gasthof „Zum silbernen Stern“ in Gaisbach. Der Gasthof existiert auch heute noch.

Während seiner Zeit in Oberkirch schrieb Grimmelshausen seinen „Simplizissimus“ (1668), den wohl bedeutendsten Roman des deutschen Barock. Daneben entstanden eine Reihe weiterer Werke, zum Beispiel die „Courasche“ (1670), die Berthold Brecht zu seinem Stück „Mutter Courage“ inspirierte. Im Stadtmuseum von Oberkirch (Hauptstraße 32) sind dem Dichter einige Räume gewidmet. Etliche wertvolle Erstdrucke und Dokumente aus Grimmelshausens Leben werden hier ausgestellt. Bei Voranmeldung werden auch Führungen veranstaltet.

Die Wasserfälle von Allerheiligen (nach einer Zeichnung von Gustave Doré)

Von Oberkirch geht es weiter ins Renchtal und in den Schwarzwald hinein. Für Radler wird es ab hier etwas anstrengend, denn die Straße führt steil bergauf. An einigen Burgruinen vorbei fahren wir bis Oppenau und folgen dort der Beschilderung Richtung Allerheiligen nach links. Beim Schild „Wasserfälle von Allerheiligen" stellen wir das Auto (oder Fahrrad) auf dem Parkplatz ab und folgen der Beschilderung weiter bergauf. Der Weg führt uns in eine wildromantische Schlucht, die bereits im 19. Jahrhundert für den Tourismus entdeckt wurde. Der Straßburger Gustave Doré hat sich in einer seiner Zeitungen über die „Sommerfrischler" aus der Großstadt lustig gemacht (siehe Abbildung Seite 53 und 98).

Von den Wasserfällen aus kann man zu Fuß bis zu der Ruine des Klosters Allerheiligen wandern. Oder man fährt mit dem Auto, bis links ein Schild auf die Abzweigung hinweist. Von dem Kloster, das zum Bistum Straßburg gehörte, sind heute nur noch wenige, dafür sehr pittoreske Mauerreste vorhanden. Gegenüber lädt ein Gasthof zur Einkehr ein.

Die Bibliothek des Klosters dürfte ein maßgebliches „Bildungsreservoir" für Grimmelshausen dargestellt haben. Zu ihrem Bestand gehörten wertvolle Frühdrucke aus dem 16. Jahrhundert. Als das Kloster 1803 aufgelöst wurde, ging ein Teil der Bücher verloren, andere gelangten teils auf Umwegen in verschiedene badische Bibliotheken. Der größte Teil befindet sich heute in Karlsruhe.

Literaturverzeichnis

Joachim von Arnim/Clemens Brentano: Des Knaben Wunderhorn. Alte deutsche Lieder (1806), 3 Bände, Stuttgart 1987

Hans Arp: Ich bin in der Natur geboren. Gedichte, Hamburg/Zürich 1992

Claus Back: Ritter Gensfleisch zum Gutenberg. Historische Erzählung, Berlin (Ost) 1972

Dagmar Beckmann/Ulrike Strauch: Straßburg und das Elsaß, Reinbek 1989

Hans Bender/Fred Oberhauser (Hrsg.): Schwarzwald und Oberrhein. Der literarische Führer, Frankfurt am Main/ Leipzig 1993

Hildegard und Heinrich Bock: Literaturreisen: Straßburg und das Elsaß, Stuttgart/Dresden 1993

Ludwig Börne: Werke in 2 Bänden, Berlin (Ost)/Weimar 1986

Hans Brandenburg: München leuchtete. Jugenderinnerungen, München 1953

Sebastian Brant: Das Narrenschiff, 3. erweiterte Auflage, Stuttgart 1986

Clemens Brentano: Werke, 2 Bände, Darmstadt 1963

Georg Büchner: Werke und Briefe, München 1980

Elias Canetti: Das Augenspiel. Lebensgeschichte 1931–37, München 1985

Giacomo Casanova: Geschichte meines Lebens, 12 Bände, Berlin 1964–67

Paul Claudel: Gedichte, Zürich 1963

Sigrid Damm: Vögel, die verkünden Land, Berlin (Ost) 1985

Alfred Döblin: November 1918 - eine deutsche Revolution. Erster Teil: Bürger und Soldaten 1918, Olten 1991

Alexandre Dumas: Die Halsbandaffäre, Mainz/Rastatt 1948

Kasimir Edschmid: Albert Schweitzer, Hagedorn 1949

Kasimir Edschmid: Georg Büchner – eine deutsche Revolution, München 1966

Kasimir Edschmid: Pourtalès Abenteuer, München 1947
Kasimir Edschmid: Vom Bodensee zur Nordsee. Städte und Landschaften, Berlin/Darmstadt/Wien 1963
Einstein-Gymnasium (Hrsg.): 100 Jahre höhere Schule Kehl, Kehl 1995
Lion Feuchtwanger: Exil, 4. Auflage, Berlin 1998
Johann Fischart: Das Glückhaft Schiff von Zürich, Stuttgart 1967
Otto Flake: Es wird Abend. Bericht aus einem langen Leben, Frankfurt am Main 1980
Otto Flake: Freitagskind, Berlin 1913
Theodor Fontane: Aufsätze, Kritiken, Erinnerungen, München 1973
Gudrun Fröba/Rainer Nitsche: Durchfall in Zabern. Eine Militärdemontage, Berlin 1982
Claire Goll: Ich verzeihe keinem. Eine literarische Chronique scandaleuse unserer Zeit, Bern/München 1976
Johann Wolfgang von Goethe: Sämtliche Werke, 40 Bände, Frankfurt am Main 1986ff.
Heinrich Heine: Sämtliche Schriften, 6 Bände, München 1997
Ernest Hemingway: „Geldmachen in Kehl“ (Übersetzung aus dem Amerikanischen von Michael Tocha). In: Baden-Württemberg, 3, 1984, S. 14f.
Barbara Honigmann: Am Sonntag spielt der Rabbi Fußball, Heidelberg 1998
Barbara Honigmann: Roman von einem Kinde, Hamburg/Zürich 1989
Barbara Honigmann: Soharas Reise, Berlin 1996
Victor Hugo: Voyages, Paris 1987
Victor Hugo: Rheinreise, Frankfurt am Main 1982
Johann Heinrich Jung-Stilling: Henrich Stillings Jugend, Jünglingsjahre, Wanderschaft und häusliches Leben, Stuttgart 1994
Carl Knapp: D’r „Schiller“ in d’r Krutenau. Parodien bekannter Balladen in elsässischer Mundart, Kehl 1992
Wolfgang Koeppen: Reisen nach Frankreich, Frankfurt am Main 1979

Jakob Michael Reinhold Lenz: Werke, Stuttgart 1992
Fritz Lienhard: Oberlin, Suttgart 1910
Franz von Löber: Aus Natur und Geschiche von Elsaß-Lothrigen, Leipzig 1871
Ottokar Lorenz/Wilhelm Scherer: Die Geschichte des Elsasses. Bilder aus dem politischen und geistigen Leben der deutschen Westmark, 3. Auflage, Berlin 1871/1886
Paul Michael Lützeler: Schreiben zwischen den Kulturen. Beiträge zur deutschsprachigen Gegenwartsliteratur, Frankfurt am Main 1996
Paul Michael Lützeler: Hoffnung Europa. Deutsche Essay von Novalis bis Enzensberger, Frankfurt am Main 1994
Joachim Maass: Das magische Jahr, Wien/München/Basel 1957
Raymond Matzen: Goethe und Friederike Brion. Das Sesenheimer Liebesidyll, 2. Auflage, Kehl 1997
Hans Mayer: Ein Deutscher auf Widerruf. Erinnerungen, 2 Bände, Frankfurt am Main 1982/84
Hans Mayer: Georg Büchner und seine Zeit, Frankfurt am Main 1972
Gérard de Nerval: Lorely. Souvenirs d'Allemagne, Paris 1995
Henriette-Louise d'Oberkirch: Mémoires, Paris 1989
Ulrich Ott: „O Freyheit! Silberton dem Ohre…". Französische Revolution und deutsche Literatur, Marbach 1989
Jean Paul: Sämtliche Werke, 10 Bände, München 1959–85
Marie-Christine Périllon: Promenades littéraires à Strasbourg, o. O. 1990
Mario Praz: Il mondo che ho visto, o. O. 1982
Robert Redslob: Entre la France et l'Allemagne. Souvenirs d'un Alsacien, Paris 1933
Angelica Sadlau/Helmut Schneider/Carl Helmut Steckner: Die lange Bruck. 600 Jahre Wege zum Nachbarn, Kehl 1989
Antoine de Saint-Exupéry: Œuvres, Paris 1994
Walter E. Schäfer: Johann Michael Moscherosch. Staatsmann, Satiriker und Pädagoge des Barockzeitalters, München 1982

Wilhelm Scherer: Geschichte der deutschen Literatur, Leipzig o. J.
René Schickele: Blick auf die Vogesen, Frankfurt am Main 1983
René Schickele: Die Leibwache. Gedichte, Leipzig 1914
René Schickele: Das Vermächtnis, Freiburg 1948
René Schickele: Werke in drei Bänden, Köln/Berlin 1959–61
Nina Schneider (Hrsg.): Ernst Stadler und seine Freundeskreise. Geistiges Europäertum zu Beginn des zwanzigsten Jahrhunderts, Hamburg 1993
Albert Schweitzer: Gesammelte Werke in 5 Bänden, München 1974
Jörg Sieger: Kardinal im Schatten der Revolution. Der letzte Fürstbischof von Straßburg in den Wirren der Französischen Revolution am Oberrhein, Kehl 1986
Peter Sloterdijk: Der Zauberbaum, Frankfurt am Main 1987
Ernst Stadler: Dichtungen, Schriften, Briefe, München 1983
Stendhal: Rot und Schwarz, München 1998
Hartmut Stüwe: Kehl im Dritten Reich. Stadtgeschichte 1933–45, Kehl 1997
Moritz August Thümmel: Sämtliche Werke, 7 Bände, Stuttgart 1820
Michel Tournier: Der Erlkönig, 10. Auflage, Frankfurt am Main 1996
Ludwig Uhland: Gedichte, Frankfurt am Main 1987
Voltaire: Œuvres complètes, 70 Bände, Kehl 1784–88
Stefan Zweig: Gesammelte Werke in Einzelbänden, Frankfurt am Main 1981ff.

Zitierte Presse

Die Aktion
Baden-Württemberg
Der Elsässer (1877–1986)
Die Ortenau
La République (1919–1939)
Straßburger Neue Zeitung (1909–1949)
Service de Presse Indépendant (1932–1939)
Der Stürmer (1902)

Personenregister

Jean Le Rond d'Alembert 197
Achim v. Arnim 17, 117
Georg Daniel Arnold 125f., 213
Hans (Jean) Arp 61, 110, 116, 143, 156
Claus Back 18, 20, 55, 148
Honoré de Balzac 71, 100
Henri Barbusse 156, 170
Maurice Barrès 90, 237
Paul Bassenge 49, 136
Herrmann Baumgarten 154
Beaumarchais (Pierre Augustin Caron) 135, 195, 197f., 202
Hector Berlioz 96, 110
Marc Bloch 157
Jean-Francois Blondel 110
Johannes Bobrowski 65
August Boehmer 49f., 136
Ludwig Börne 187
Léon Boll 76
Hieronymus Bosch 129
Johannes Brahms 110
Anna Brandenburg 99
Hans Brandenburg 96, 99, 141, 155, 230
Teta Brandenburg 99
Heinrich Brandler 70, 206
Sebastian Brant 42, 129f.
Karl v. Braun 154
Berthold Brecht 170, 240
Clemens v. Brentano 26, 34, 117
Harry Breßlau 154
André Breton 61
Aristide Briand 142
Bernhard ten Brinck 154
Friederike Brion 35, 223ff., 238
Kaspar Brülow 102, 240
Martin Bucer 78, 232

Pierre Bucher 90, 160, 176
Georg Büchner 23, 37, 68f., 77, 104, 107, 114f., 146, 215
Cagliostro (Joseph Balsamo) 52f.
Jean Calvin 150
Johann Heinrich Campe 196, 202
Elias Canetti 28, 40, 79, 109f.
Giacomo Casanova 135f.
Conrad Celtis 56
Paul Claudel 29f., 91, 237
Isaac Claus 80
Friedrich Christoph Cotta 58f.
Johann Friedrich Cotta 58
Fustel de Coulanges 52, 82
Johann Paul Crusius 102, 240
Friedrich Curtius 75
Ernst Robert Curtius 75, 91, 155
Camille Dahlet 131f., 171
Sigrid Damm 32, 65
Peter Denais 80
Paul Dessau 233
Philippe de Dietrich 47, 58, 95
Alfred Döblin 56, 107, 166, 179f., 192, 208
Theo van Doesburg (Christian Emil Marie Küpper) 110
Gustave Doré 53, 98, 116, 242
Albrecht Dürer 129
Alexandre Dumas 48f., 53, 138
Frédéric Eccard 91
Kasimir Edschmid (Eduard Schmid) 23, 32, 37, 44, 68f., 77, 125, 146, 155, 208, 216, 218, 219f.
Theophil Friedrich Ehrmann 202
Hans Eisler 170, 215
Gudrun Ensslin 141
Hans Magnus Enzensberger 172, 216
Erasmus v. Rotterdam 56, 208, 232
Erwin v. Steinbach 18
Alfred Falk 100f.
Ernst Falk 132
Lucien Febvre 157
Ferdinand v. Österreich 196

Lion Feuchtwanger 133f.
Cleophe Fibich 118
Johann Fischart 102, 139f.
Carolina Flachsland 72
Otto Flake 34, 39, 61, 89f., 95f., 142, 155f., 157f., 162, 174f., 184
Theodor Fontane 24, 39, 42f., 82ff., 86, 106
Georg Forster 60
Sigmund Freud 201
Charles Frey 138
Paul Gerhard Fricke 157
Isaac Fröreisen 105
Friedrich II. v. Preußen 135, 197
Wilhelm Furtwängler 89
Johann Geiler v. Kaysersberg 42, 100, 129
André Gide 76, 172
Ernst Glaeser 206
Samuel Gloner 102
Joseph Goebbels 210
Johann Wolfgang v. Goethe 18, 20f., 28, 32, 35f., 48, 52ff., 55, 59f., 61ff., 64ff., 72ff., 79, 104, 122, 125f., 141, 151, 161, 185f., 199, 220, 223ff., 232, 237
Clara Goldschmidt 121
Claire Goll 156
Ivan Goll 156
Gottfried v. Straßburg 161
Jacob Grimm 106, 114
Hans Jakob v. Grimmelshausen 25, 240, 242
Karl-Friedrich Gröhl 98, 158
Salomon Grumbach 141f., 155
Andreas Gryphius 102
Christian Gryphius 102
Johannes Gutenberg (Gensfleisch) 20, 55f., 148
Peter Hacks 68
Harro Harring 114
Johann Peter Hebel 212
Frédéric Hecker 193, 228
Werner Hegemann 132
Heinrich Heine 33, 37, 93f., 172, 187f., 200

Heinrich v. Glîchezaere 141
Heinrich v. Preußen 196
Joseph Heissler 108
Ernest Hemingway 205
Herman Hempel 157
Johann Gottfried Herder 34, 55, 59, 66, 72f., 79
Herrad v. Hohenberg (Landsberg) 106
Hermann Hesse 156
Theodor Heuss 127
Elly Heuss-Knapp 127
Karl Hillebrand 33
Magnus Hirschfeld 155
Johann Christian Friedrich Hölderlin 59
Arno Holz 176
Barbara Honigmann 25, 88, 167f., 184, 194
Ludwig Ferdinand Huber 60
Therese Huber 60
Peter Huchel 65
Charles Hueber 92, 94, 138, 206, 217
Victor Hugo 27, 34, 38, 42, 45, 78, 107f., 112, 172, 189, 193
Heinrich Institoris 56, 140
Berthold (Salomon) Jacob 98, 100f., 132ff., 158f., 175, 208, 228f.
Johann Jakob Jaeglé 145
Wilhelmine Jaeglé 23, 37, 68, 77, 146, 215
Emil Jannings 176
Jean Jaurès 228
Oskar Jerschke 176, 222
Hans Theodor Joel 132
Johann Casimir v. Polen 135
Hanns Johst 201
Joseph II. v. Österreich 135
Josselmann v. Rosheim 235
Johann Heinrich Jung(-Stilling) 64f., 66, 73, 104
Karl Eugen v. Württemberg 196
Karl-Friedrich v. Baden 196
Katharina II. v. Russland 197
Johann Georg Kerner 59

Egon Erwin Kisch 132, 170
Jean-Baptiste Kléber 107
Heinrich v. Kleist 210
Friedrich Gottlieb Klopstock 34
Jean Knittel 133, 193
Wolfgang Koeppen 44, 46f., 84f., 118, 131, 193, 221
Heinz Kükelhans 201
Paul Laband 154, 160
Alphonse de Lamartine 190
August Wilhelm Lamey 190
Gustav Landauer 140, 155
Johann Kaspar Lavater 34
Franz (Férenz) Léhar 224
Lenin (Wladimir Iljitsch Uljanow) 176f.
Jakob Michael Reinhold Lenz 31, 65ff., 69, 102, 104, 115, 118, 199, 224, 238
Maria Lescynska 21
Gotthold Ephraim Lessing 161
August Lewald 200
Wilhelm Lexis 154
Alfred Lickteig 32f.
Fritz Lienhard 74f., 104, 170f., 237
Rouget de Lisle 81, 95, 208
Franz Liszt 96, 110
Franz v. Löber 38
Ottokar Lorentz 112
Louis XIV. 21, 116, 218
Louis XV. 21
Louis XVI. 21
Ludwig I. v. Bayern 93
Martin Luther 58, 78
Joachim Maass 92f., 132
Gustav Mahler 110
André Malraux 121, 170
Golo Mann 109
Heinrich Mann 172, 193
Thomas Mann 193
Marie Antoinette 21, 49ff., 61, 136, 185, 208
Ernst Martin 154

Adolphe Matthis 128f., 237
Albert Matthis 128f., 237
Hans Mayer 70, 94, 145, 206, 218, 227f.
Felix Mendelssohn-Bartholdy 110
Prosper Mérimée 106
Klemens Wenzel v. Metternich 81
Hans Meyer 155
Jules Michelet 106
Lucien Minck 131, 133, 193, 208, 216
Robert Minder 155, 166
Theodor Mommsen 82
Johann Michael Moscherosch 102, 239f.
Quirin Moscherosch 239f.
Erich Mühsam 176
Johann Gottlieb Müller 198f.
Curt Mündel 33
Willi Münzenberg 130
Thomas Murner 236
Alfred de Musset 190
Napoleon I. 47, 164
Napoleon III. 189, 219
Gérard de Nerval 26, 29, 112, 138, 188, 204
Novalis (Georg Philipp Friedrich v. Hardenberg) 172
Henriette-Louise d'Oberkirch 21, 31, 48, 53, 64
Johann Friedrich Oberlin 69, 104, 145, 238
Max Ophüls 232
Carl v. Ossietzky 101, 133, 176, 208
Louis Pasteur 143, 151
Jean Paul (Richter) 36, 38, 59f.
Hans Pfitzner 89
Theodor Plivier 170
Wladimir Poliakov 143
Mélanie de Pourtalès 217, 219
Mario Praz 30
René Prévôt 99
Alberta v. Puttkamer 164, 171
Max v. Puttkammer 164
Paul Raynal 92
Robert Redslob 91, 128, 219

Georg Reinbold 121, 227
Erich Maria Remarque 114
Cathérine Renaud 136
Beatus Rhenanus (Beat Bild) 232
Edouard Reuss 76f.
Rodolphe Reuss 76f., 124, 128
Rainer Maria Rilke 120
Georges Ritleng 94, 143
Sophie de la Roche 198
Wilhelm Röntgen 154
Louis René Edouard de Rohan 47ff., 195, 232
Romain Rolland 76, 156, 170, 172
Ernst Roth 132, 229
Jean-Jacques Rousseau 104, 131, 135, 196
Friedrich Rückert 190f.
Antoine de Saint-Exupéry 99, 115
Saint-Simon (Claude Henri de Rouvroy) 172
Frédéric (Friedrich) Saltzmann 103f., 198
Johann Daniel Salzmann 66, 79, 103
Johann Christian Schäffer 199
Louis Edouard Schaeffer 111, 235
Gottfried Jakob Schaller 199
Friedrich Wilhelm Joseph v. Schelling 60
Wilhelm Scherer 112, 145, 154
Anna Schickele 159
Gustave Schickele 124, 167
Rainer Schickele 159
René Schickele 17, 22, 30, 32, 45, 61, 70f., 75, 81f., 89f., 96, 98f., 108, 111, 118, 120, 124, 129ff., 135, 138, 141, 143f., 146f., 150, 155f., 158, 159f., 162, 164, 168, 171, 174ff., 178, 191, 200, 204, 209, 215f., 222, 228, 230f., 234ff.
Friedrich Schiller 59, 82, 145, 161
Karl Friedrich v. Schinkel 34
Friedrich Schlegel 34, 60
Erich Schmidt 154
Carl Schmitt 154
Christian Schmitt 162, 164, 171, 176
Max Schneckenburger 189f.

Eulogius (Johann Georg) Schneider 60, 81, 104, 107, 114
Peter Schneider 65
Johann Daniel Schöpflin 74
Peter Schott 100
Christian Schubart 34, 198
Edouard Schuré (Schurer) 128
Albert Schweitzer 75, 125ff., 151, 154, 192, 219
Thomas Seltz 75, 160, 174f., 176
David Christian Seyboldt 198
Georg Simmel 154
Joseph Singer 96f.
Peter Sloterdijk 27, 34, 122
Henri Solveen 143f.
Charles Spindler 116, 170
Ernst Stadler 33, 45f., 61, 71, 75, 89ff., 141, 145, 154f., 158, 164, 176, 192, 217, 237
Hermann Stegemann 78
Rudolf Steiner 128
Stendhal (Frédéric Beyle) 203
Adolf Stoeber 114f.
August Stoeber 114f.
Daniel Ehrenfried Stoeber 60, 114
Gustave Stoskopf 90, 97, 111, 116, 130, 164, 172, 175
Richard Strauss 110
Gustav Stresemann 142
Jean (Johann) Sturm 76, 80, 101
Sophie Taeuber-Arp 110
Hippolyte Taine 41
August Thalheimer 206
August v. Thümmel 135, 202
Ludwig Tieck 114
Michel Tournier 231
Anita Traboldi 99
Karl Trübner 33, 217
Henri de Turenne 135
Ludwig Uhland 34f., 114
Paul Valéry 76
Sébastien le Prestre de Vauban 194
Will Vesper 141

Voltaire (François-Marie Arouet) 34, 82, 135, 196
Johann Heinrich Voß 114
Heinrich Leopold Wagner 66f., 126
Richard Wagner 96, 110, 128
Otto Warth 151
Carl Friedrich v. Weizäcker 157
Hermann Wendel 75, 97f., 176
Hans Wesemann 133f.
Martin Wieland 33, 199
Wilhelm I. 107, 165
Wilhelm II. 47, 61, 63, 164, 230
Wilhelm v. Aquitanien 145
Jacob Wimpfeling 232, 236
Werner Wittich 171
Oskar Wöhrle 68, 132
Wolfram v. Eschenbach 106, 145
Theobald Ziegler 154
Stefan Zweig 48, 58, 71, 81, 95, 156, 185, 208

Anton Braun

Route Jeanne d'Arc

Frankreich von der Maas bis an die Seine
auf den Spuren der Johanna von Orléans

392 Seiten, 48 Abbildungen, 22 Karten und Stadtpläne
ISBN 3-88571-244-X

Frankreich neu entdecken auf einer Erlebnis-Reise in die europäische Geschichte: zu den Stationen des Lebens der Johanna von Orléans – der Frau des Jahrtausends.

Von Domrémy an der Maas, dem Ort ihrer Kindheit, den sie 1429 verließ und nie wieder sehen sollte, über Orléans, das sie von den Engländern befreite, und Reims, in dessen Kathedrale sie Karl VII. zum König von Frankreich krönen ließ, geht es bis nach Rouen an der Seine, wo sie 1431 ihr tragisches Ende auf dem Scheiterhaufen fand. Insgesamt 20 Etappen umfasst die „Route Jeanne d'Arc", die der Autor eigens für dieses Buch ausgearbeitet hat.

Rund 200 lohnende Ziele abseits des Weges in Lothringen, an der Loire, in der Champagne, rund um Paris, in der Picardie, in Flandern und in der Normandie sind zu 7 weiteren Reisevorschlägen zusammengestellt. Sie führen zu „verborgenen Schätzen", auf historischen Pfaden ans Meer, zu den Ursprüngen des „perlenden Weines", zu den Schlössern der Könige, zu den Stätten der hohen Dichtkunst, zu den Festungen Ludwigs XIV. und in die Heimat Wilhelms des Eroberers.

Ausführlich werden die historischen Ereignisse dargelegt, Landschaft, Kunst und Kultur beschrieben, touristische Tipps gegeben und kulinarische Entdeckungen aus den einzelnen Regionen vorgestellt. Die übersichtliche Kapiteleinteilung und das umfangreiche Register erlauben einen direkten Zugriff auf jede gewünschte Information.

MORSTADT VERLAG   KEHL STRASBOURG BASEL